HISTOIRE

DE LA

MARÉCHAUSSÉE DU GÉVAUDAN

Société d'Agriculture, Industrie, Sciences et Arts
du département de la Lozère

HISTOIRE

DE LA

MARÉCHAUSSÉE DU GÉVAUDAN

PAR

LE COMMANDANT J. PLIQUE
Chef d'escadron de Gendarmerie

MENDE
IMPRIMERIE TYPOGRAPHIQUE A. PRIVAT
5, RUE BASSE, 5

1912

AVERTISSEMENT

Le comté de Gévaudan faisait partie de la province de Languedoc qui comprenait les anciens comtés de Toulouse, Carcassonne, Béziers et Nimes et autres territoires voisins réunis à la couronne de France du XIIe au XIVe siècle. Ce fief n'était pas héréditaire ; il appartenait à l'évêque de Mende qui portait le titre de comte de Gévaudan. On ignore à quelle époque l'évêque obtint ce pouvoir temporel dont le plus ancien témoignage est une charte, désignée sous le nom de Bulle d'or, *octroyée en 1161 par le roi de France Louis VII à l'évêque Aldebert III du Tournel. Le roi d'Aragon ayant cédé à Louis IX, en 1258, la vicomté de Grèzes en Gévaudan, le roi de France devint le vassal de l'évêque de Mende, situation difficile à laquelle il fut remédié dès juin 1266. Le roi abandonna quelques terres à l'évêque et jouit de la vicomté de Grèzes en toute indépendance. Dès lors, l'évêque ne put garder un pouvoir absolu dans son comté. Entre le roi et lui, surgirent des conflits qui furent réglés définitivement par l'acte de paréage passé au mois de février 1307 (n. s.) entre Philippe le Bel et l'évêque Guillaume Durand. Cet acte fixa l'organisation judiciaire du Gévaudan ; confirmé plusieurs fois par des édits royaux, il fut observé jusqu'à la Révolution. Le roi et l'évêque devaient, d'un commun accord, nommer un bailli et un juge ordinaire pour rendre la justice au nom des deux seigneurs. Au cas où l'accord ne pourrait se faire, ces officiers devaient être désignés successivement, une année par le roi et l'année suivante par l'évêque. On ne put s'entendre pour cette nomination puisque le roi eut un bailli particulier qui alternait avec celui de l'évêque pour rendre la justice au nom des deux seigneurs. Cette juridiction, nommée Bailliage du Gévaudan, ou Cour commune, connaissait des crimes dits cas royaux comme les bailliages et sénéchaussées ordinaires du royaume.*

Le Gévaudan était administré par des Etats dont on ne connait pas non plus l'origine. Présidés par l'évêque ou, en son absence, par le vicaire général, ils se réunissaient alternativement, une année dans la ville royale de Marvejols et une année dans la ville épiscopale de Mende. L'assemblée était composée de sept membres représentant le clergé; des huit barons-pairs du Gévaudan (ceux d'Apcher, de Peyre, de Cénaret, de Tournel, de Randon, de Florac et de Mercœur), et de douze gentilhommes, représentant la noblesse; des trois consuls de Mende, des trois consuls de Marvejols (quand la séance était tenue à Marvejols, et du premier seulement quand elle était tenue à Mende), et de seize consuls des villes principales, délégués du tiers-état. Un envoyé des Etats de Languedoc, des officiers du roi et des officiers du diocèse assistaient aussi aux Etats du Gévaudan. Dans l'intervalle des sessions, les affaires courantes étaient réglées par une commission, désignée sous le nom d'assemblée des commis et députés, et composée de l'évêque, du syndic et du greffier du diocèse, du vicaire général représentant le clergé, d'un baron délégué de la noblesse, et des consuls de Mende et de Marvejols députés du tiers-état.

Les limites du Gévaudan étaient à peu près les mêmes que celles du département de la Lozère. Au nord-est, le diocèse de Mende comprenait Saugues et quelques paroisses qui furent rattachées au département de la Haute-Loire; par contre, le département de la Lozère s'adjoignit, au sud-est, Villefort et d'autres communes du diocèse d'Uzès et, au sud, Meyrueis du diocèse d'Alais.

Nous avons essayé de reconstituer l'histoire de la maréchaussée du petit pays dont nous venons d'esquisser l'organisation administrative et judiciaire. Ce travail, qui commence au milieu du XVIe siècle et se termine à la Révolution, a trouvé ses divisions naturelles dans les dates des édits qui modifièrent la maréchaussée. Pourtant l'histoire que nous avons écrite est intimement liée à celle du Gévaudan. Le service qu'eurent à assurer les prévôts et leurs archers ou cavaliers fut la conséquence des évènements qui troublèrent le pays : guerres de religion pendant la seconde moitié du XVIe siècle, guerres civiles, suite des guerres religieuses, puis brigandage, suite des guerres civiles, pendant tout le XVIIe siècle, nouvelles guerres religieuses et brigandage encore (cependant de moins en moins violent) pendant le XVIIIe siècle. Quand arriva la Révolution, le Gévaudan n'avait pas trouvé la tranquillité complète, mais il était dans un état de prospérité relative ; l'industrie des laines y avait fait son apparition, l'administration du diocèse y avait créé de nombreux chemins et amélioré les vieilles routes.

Une histoire du Gévaudan, à laquelle nous aurions pu renvoyer, aurait allégé notre tâche ; malheureusement cette histoire n'existe pas [1]. *Pour la clarté de notre récit, nous avons dû résumer quelques parties de cette histoire et donner un aperçu de celle de la maréchaussée en France, et en particulier en Languedoc. Nous avons trouvé dans les archives du département de la Lozère la majeure partie de nos renseignements sur la maréchaussée de Languedoc, sur celle du Gévaudan et sur le Gévaudan lui-même; mais nous avons eu aussi recours aux archives de la Haute-Garonne et à celles de l'Hérault. Les papiers de la série C des archives de la Lozère, c'est-à-dire les documents administratifs, ceux qui devaient nous fournir le plus de matériaux, ne remontent pas, pour la plupart, jusqu'à l'époque de l'établissement de la maréchaussée en Gévaudan. En outre, un incendie survenu en 1887, a détruit une notable partie de cette série. Ces circonstances défavorables sont la cause des lacunes qu'on trouvera dans notre étude.*

Nous avons donné, dans un appendice, les noms des prévôts de Languedoc, prévôts du Gévaudan, archers, cavaliers et officiers de justice que nous avons relevés au cours de nos recherches; ces listes (sauf peut-être les deux premières) ne sauraient être complètes. Enfin, nous avons rapporté, comme pièces justificatives,

1 L'*Histoire du Gévaudan* de l'abbé Prouzet et la *Notice historique sur le Gévaudan* du chanoine Ollier qui traitent de l'histoire du Gévaudan dans son ensemble sont très insuffisantes.

les documents qui nous ont paru les plus curieux ; reproduire tous ceux qui pouvaient offrir de l'intérêt, aurait donné une ampleur exagérée à cette partie de l'ouvrage.

En terminant, nous tenons à exprimer notre gratitude à la Société d'agriculture, industrie, sciences et arts du département de la Lozère qui a publié ce travail dans son Bulletin, et à remercier notre ami, M. Clovis Brunel, archiviste du département, qui a si aimablement guidé nos recherches.

Mende, 1911.

HISTOIRE

DE

LA MARÉCHAUSSÉE DU GÉVAUDAN

I

INTRODUCTION

C'était une maxime de l'ancien régime que la justice n'appartenait qu'au roi et qu'elle faisait partie intégrante de la puissance royale [1]. En déléguant au connétable et aux maréchaux de France le commandement de ses armées, c'est-à-dire en leur remettant une partie de son pouvoir, le roi leur avait naturellement attribué juridiction sur ceux qu'il leur subordonnait. Ainsi s'explique l'institution d'une cour souveraine, appelée le Tribunal de la *Connétablie et Maréchaussée de France*, chargée de juger toutes les causes civiles et criminelles des officiers et des soldats, ainsi s'explique également la création des prévôts des maréchaux, juges dont la mission était de veiller à la discipline et à la police des gens de guerre.

On ignore à quelle date les prévôts des maréchaux furent établis, mais on suppose avec assez de vraisemblance que ce fut

1. *Nouveau commentaire sur l'Ordonnance criminelle d'août 1670,* t. I, p. XVII. — Expilly, *Dictionnaire géographique, historique et politique des Gaules et de la France, verbo* Justice.

lorsque le connétable et les maréchaux de France, qui à l'origine n'étaient que des officiers de la maison du roi, devinrent les chefs de l'armée, c'est-à-dire vers l'an 1200 [1].

Le plus ancien document relatif aux prévôts des maréchaux que l'on connaisse est une ordonnance citée dans des lettres royaux du 5 mai 1357 [2]. Mais il semble que ces officiers sont les mêmes que ceux dont il est parlé dans quelques pièces antérieures, peu nombreuses d'ailleurs, sous les dénominations de prévôts des guerres et maréchaux des guerres [3]. Cette ordonnance de 1357 porte que « les prévôts des maréchaux députés en raison de la guerre n'ont juridiction que sur les soldats [4].» Malgré sa concision, cet article prouve que les prévôts des maréchaux étaient des juges, et que leur juridiction était exclusivement militaire.

D'autres règlements nous renseignent plus exactement sur les fonctions de ces officiers, fonctions qui sont détaillées en particulier dans l'ordonnance du 20 janvier 1514 [5], rédigée avant que les attributions des prévôts aient été augmentées ainsi qu'elles le furent quelques années plus tard. Ce document fait comprendre quelle était la juridiction militaire des prévôts des maréchaux. Il est prescrit aux capitaines de remettre entre les mains des prévôts les gens de guerre qui seraient surpris pillant dans les campagnes, ainsi que ceux qui, après avoir remis des billets aux habitants pour payer des vivres, se les feraient rendre par menace ou contrainte. Il est en outre ordonné aux prévôts de chevaucher de garnison en garnison pour rendre la justice et punir les soldats qui pilleraient. Il faut remarquer que cette ordonnance commande de livrer aux juges ordinaires les vagabonds

1. De Bauclas, *Dictionnaire des Maréchaussées*, t. I, part. 2, p. 3. — Daniel, *Histoire de la Milice française*, t. I, p. 172, t. II, p. 5. Comme le Père Daniel explique que la charge de maréchal de France fut une charge militaire dès 1204, au plus tard, alors que celle de connétable ne le devint qu'en 1218, on peut supposer que dès l'origine les maréchaux eurent des prévôts, et que c'est pour cette raison que ces officiers furent appelés prévôts des maréchaux et non prévôts du connétable.

2. Secousse, *Ordonnances des Rois de France*, t. III, p. 164.

3. *Ibidem*, t. III, p. 105 et 112.

4. « Permittunt..... exerceri per Capitaneos et Prepositos Marescallorum ibidem ratione Guerre deputatos, qui nullum habent ibidem Jurisdictionem nisi super stipendiariis..... ».

5. Fontanon, *Les Edits et Ordonnances des Rois de France*, t. II, p. 910.

qui suivent les troupes [1]. Il n'en sera plus de même en 1536, quand François Ier aura étendu la juridiction des prévôts. Il est vraisemblable que ces officiers ne connaissaient pas des délits militaires proprement dits, et que ceux-ci étaient jugés par les capitaines, les maréchaux et le connétable. En résumé, les prévôts des maréchaux étaient principalement institués pour empêcher les troupes de piller [2].

Il n'y eut d'abord qu'un seul prévôt des maréchaux, comme il n'y avait qu'un seul maréchal de France, et même le prévôt resta unique quand le nombre des maréchaux fut porté à deux, sous Charles VII [3]. Par exemple, sous Louis XI, le prévôt des maréchaux était Tristan l'Ermite, et à ce titre, il signa le procès-verbal de l'entrée du roi à Toulouse en 1463 [4].

Un seul personnage ne pouvait suffire à exercer la juridiction dévolue au prévôt des maréchaux ; il dut nommer des lieutenants, ou plus exactement commettre des personnes pour exercer ses

1. « ..... Et s'ils [les gens de guerre] sont trouvez allans fourrager sur les champs, veut et ordonne iceluy Seigneur [le roi] qu'ils soyent livrez par les Capitaines au Prévost des Mareschaux, ou a son Lieutenant en son absence, pour en faire la punition...... » art. 5.

« Si aucuns desdits hommes d'armes ou archers font cedules aux bonnes gens des vivres, ou autres choses qu'ils auront prins d'eux, et après par menaces, contraintes ou autrement ils se font quitter, ou donner lesdites choses, par ceux qui les auront ainsi fournis, et rompent lesdites cedules, en manière que les bonnes gens perdent leur deu, le Roy veut et entend, que de ceux qui seront trouvez faisant tels actes, punition en soit faite par les Gouverneurs, ou par les Prévosts des Mareschaux ou leurs Lieutenans, si rigoureusement que ce soit exemple a tous autres. » art. 15.

« ..... Et quand lesdites compagnies chevaucheront par pays, les Capitaines, Lieutenans, et autres gens de guerre d'icelles, ne recueilleront ny advoueront a eux aucuns leurs parents, laquais ne vagabons, souz couleur d'estre leurs serviteurs : mais s'il s'en trouve aucuns suyvans lesdites compagnies voulans vivre souz ombre desdits gens de guerre, en ce cas telles manières de gens seront prins par lesdits gens de guerre, et delivrez à ceux de la justice prochaine où ils seront trouvez, pour estre punis corporellement...... » art. 23.

« Le Roy veut et ordonne, que doresnavant les Prévosts des Mareschaux chevaucheront les pays, eux et leurs Lieutenans, et feront résidence sur leurs compagnies ; et qu'ils chevauchent de garnison en garnison, pour mieux faire justice, tenir ordre et police ausdits gens de guerre, et corriger les fautes, oppressions et pilleries que lesdits gens de guerre pourront faire au peuple : et ne se trouveront point en cour, si le Roy, mondit seigneur le Connestable, ou messeigneurs les Mareschaux ne les mandent. Et pourront commettre lesdits Prevosts en chacune compagnie un homme de bien Lieutenant, pour administrer justice...... » art. 34.

2. C'est encore la principale fonction des officiers de gendarmerie en campagne. (*Instruction ministérielle du 13 février 1900*, art. 7).

3. Delamare, *Traité de la Police*, t. I, p. 267. — Du Tillet, *Recueil des Roys de France*, 2e partie, p. 68.

4. *Histoire générale de Languedoc*, Edition Privat, t. XI, p. 51.

fonctions à la suite des diverses armées. C'est ainsi qu'on peut comprendre que, bien qu'il n'y eût qu'un seul prévôt des maréchaux, les lettres du 15 mai 1357 parlent des prévôts des maréchaux *députés* en raison de la guerre. Il est probable que par la suite, certains de ces lieutenants obtinrent de faire transformer leurs commissions en titre d'office, ou qu'on institua un prévôt près de chaque maréchal.

Sous François Ier, les prévôts chargés uniquement de la police militaire étaient au nombre de six. Il y avait un prévôt de l'hôtel du roi ; cet officier avait, à la suite de la cour, des fonctions analogues à celles des prévôts des maréchaux aux armées, et plusieurs personnages remplirent à la fois les deux charges ; il est donc nécessaire de mentionner cet officier [1]. Il y avait un prévôt de la Connétablie et Maréchaussée de France, ou grand prévôt, chargé de l'exécution des arrêts de cette cour. Le titre de grand prévôt de France fut donné au prévôt de l'hôtel à partir de 1578 [2]. Il y avait enfin quatre prévôts des maréchaux, l'un à la suite du connétable, les autres à la suite des trois maréchaux de France. Chacun de ces prévôts commandait une troupe d'archers. Pendant le règne du même roi François Ier, il y eut cent archers sous la charge du grand prévôt de la Connétablie [3], cinquante dans la compagnie du prévôt à la suite du connétable [4], et vingt dans chacune de celles des prévôts à la suite des maréchaux [5]. Parfois on ne trouve que soixante-douze archers, au lieu de cent dix, pour ces quatre dernières compagnies [6].

1. Une note du *Catalogue des actes de François Ier*, (t. IX, p. 513), porte que le titre de grand prévôt désignait le prévôt de l'hôtel. Cela fut vrai plus tard, mais non sous François Ier. Dans un certain nombre d'actes du catalogue, de 1526 à 1532, Louis de Chandio est désigné comme grand prévôt de France, mais il était alors prévôt de la Connétablie et non prévôt de l'hôtel, car pendant cette période, cette dernière charge fut remplie par deux autres officiers cités dans d'autres actes (t. I, n° 2546, t. II, n° 5791, t. III, n° 8151, t. IV, n° 18235). Dans la pièce n° 11499 (t. IV), Claude Genton, qui était prévôt de l'hôtel, est appelé grand prévôt des maréchaux, mais il était en même temps prévôt de la Connétablie.

2. De Bauclas, *Dictionnaire des Maréchaussées*, t. I, 3e partie, p. 279.

3. *Catalogue des actes de François Ier*, t. I, n° 3752, t. II, n° 4593, t. V, n° 18558, t. VI, nos 19558, 20071, t. VII, n° 28027.

4. *Ibidem*, t. VIII, nos 31043, 31418, 32128.

5. *Ibidem*, t. III, nos 9737, 9738, t. IV, nos 11924, 12123, t. V, nos 18795, 18806, t. VIII, nos 29987, 31056, 31299, 31429.

6. *Ibidem*, t. II, nos 4956, 4958, 5082, 5084, t. VI, n° 20485, t. VII, nos 27633, 23934[7] .

Les prévôts des maréchaux, chargés d'empêcher le pillage des troupes, avaient fort à faire ; les procès-verbaux des assemblées provinciales sont remplis de plaintes au sujet des dommages causés par les gens de guerre. Mais, si l'occupation d'un pays par une armée, si même le seul passage de cette armée était une lourde charge pour le peuple, celui-ci souffrait d'un fléau plus terrible encore. Il subissait les ravages des bandes sans aucune discipline ; de celles levées sans permission du roi, de celles qui régulièrement levées ne rejoignaient pas les postes qui leur étaient assignés, de celles, enfin, qui après la guerre se formaient des soldats licenciés et de tous les déserteurs et vagabonds qui venaient les grossir. On dut parfois envoyer des armées régulières pour tailler en pièces quelques-unes de ces bandes. Telle fut l'expédition du connétable du Guesclin, en 1366, qui ne parvint à débarrasser la France des *Grandes Compagnies* qu'en les emmenant combattre en Espagne. Le maréchal de France de la Rochepot reçoit, le 27 octobre 1522, l'ordre de se transporter dans les bailliages et sénéchaussées où il sera averti que se trouvent des bandes d'aventuriers, gens de guerre, pillards, vagabonds etc., pour en faire punition rigoureuse et exemplaire [1]. Des commissions semblables étaient données quelquefois à d'autres officiers ; Jacques Taupin, baron de Crissay, en reçut une le 8 mai 1523 [2]. Il en était également délivré aux prévôts des maréchaux ainsi que le prouve un mandement du 15 décembre 1518 [3] prescrivant de rembourser à Jacques de Saint-Aubin, prévôt général de la Connétablie, la somme de 400 livres tournois qu'il avait déboursée en marchant, en divers points du royaume, contre « plusieurs grosses bandes de vaccabons, volleurs, pilleurs, larrons, adventuriers mal vivans sur le povre peuple. » Un ordre de la régente, du 15 novembre 1525 [4], prescrit à Charles Dizimieu, lieutenant général du grand prévôt des maréchaux, de se rendre en Bourgogne et Champagne et autres pays où des aventuriers et vagabonds sont assemblés et se livrent au pillage, de lever dans les bailliages et sénéchaussées,

1. *Catalogue des actes de François Ier*, t. V, n° 17539. — Anne de Montmorency, sieur de la Rochepot, maréchal de France, puis connétable.
2. *Ibidem*, t. I, n° 1809.
3. *Ibidem*, t. V, n° 16864.
4. *Ibidem*, t. VII, n° 23861.

par où il passera, le ban et l'arrière-ban, les francs-archers, les gens des ordonnances, les communautés de villes et de paroisses, pour combattre et disperser lesdits aventuriers.

Bien que les prévôts des maréchaux n'aient pas eu à l'origine juridiction sur les vagabonds, on voit que dès les premières années du règne de François Ier on attribua parfois cette juridiction à certains d'entre eux. Comme il devait être assez difficile de distinguer nettement les gens de guerre qui se débandaient pour vivre sur le peuple des vagabonds voleurs et guetteurs de chemins, on imagine assez facilement comment le roi fut amené à donner définitivement aux prévôts cette juridiction, et même comment on en vint à créer des prévôts sédentaires, ayant un territoire désigné, dans le but de purger les provinces des vagabonds en leur faisant une chasse continue. Jusqu'alors les prévôts n'avaient aucun ressort particulier, ainsi que l'avait spécifié notamment un arrêt du Parlement de Paris de l'an 1388 [1].

La création de prévôts provinciaux connaissant des crimes commis par les aventuriers, vagabonds et voleurs présentait toutefois deux difficultés. D'une part, comme ces officiers étaient spécialement destinés à assurer la sécurité des campagnes, il était naturel que le roi fit payer leurs gages par les provinces où ils étaient établis ; c'était donc une charge budgétaire pour ces provinces. Les auteurs qui ont écrit sur la maréchaussée s'accordent à dire que l'établissement des nouveaux prévôts fut très bien vu des populations et que les diverses provinces en demandèrent tour à tour [2]; c'est ce qui est porté dans les édits de création [3]. Les gouverneurs, les lieutenants du roi, les parlements ont pû réclamer des maréchaussées, mais on verra par l'exemple du Languedoc que les populations n'apprécièrent pas immédiatement l'utilité de cette réforme. D'autre part, cette nouvelle institution était un empiètement sur les attributions des juges ordinaires, particulièrement sur celles des baillis et sénéchaux. Mais, c'est

1. Papon, *Recueil d'Arrêts notables*, p. 229. — Brillon, *Dictionnaire des Arrêts*, t. IV, p. 227.

2. Delattre, *Historique de la gendarmerie française*, p. 83. — De Chambert, *Précis historique de la gendarmerie*, p. 47 et 52. — Lèques, *Histoire de la gendarmerie*, p. 61. — Le Maître, *Historique de la gendarmerie*, p. 84.

3. Saugrain, *La Maréchaussée de France*, Edit de juin 1540, t. I, p. 19; Lettres du 23 juin 1543, t. I, p. 26 ; Edit de juin 1543, t. I, p. 78, etc.

précisément parce que les baillis et les sénéchaux, ainsi que le remarque Du Tillet, ne pouvaient plus assurer la sûreté du pays qu'on dut augmenter les pouvoirs des prévôts des maréchaux [1]. Néanmoins, les parlements et les assemblées provinciales firent plusieurs fois des remontrances au sujet des attributions données aux prévôts [2].

La création des premiers prévôts provinciaux semble avoir eu lieu sous Louis XII. Certains auteurs la font remonter beaucoup plus loin [3], mais ils ont dû confondre les prévôts provinciaux avec les prévôts ou lieutenants députés dans certains pays à l'occasion des guerres, ou chargés de missions temporaires. Les plus anciennes lettres de provision d'un prévôt provincial dont le texte ait été publié sont celles qui, octroyées le 3 janvier 1520, établissaient Claude Genton au pays et duché de Berry [4]. La teneur de ces lettres prouve que Claude Genton n'était pas le premier prévôt provincial : il remplace Jacques de la Trimouille qui avait été lui-même nommé par François Ier ; il lui est ordonné de s'entendre avec « les autres commissaires sembablement députez ès autres quartiers des environs » ; enfin, en fixant les gages de la compagnie, le roi dit qu'il le fait « en ensuivant ce qui a été ordonné par nôtre feu très-cher Seigneur et beau-père pour l'entretenement desdits Prévosts, Lieutenans et Archers qui furent établis de son temps. »

La juridiction des prévôts des maréchaux ne commença à s'augmenter que pendant le règne de François Ier. Les lettres de provision de Claude Genton lui ordonnaient de punir les aventuriers, vagabonds et gens sans aveu qui vivaient sur le peuple, mais elles ne visaient que les gens de guerre débandés [5]. Une

1. Du Tillet, *Recueil des Roys de France*, partie I, p. 396. « Lesdits Connestables et Mareschaux de longtemps ont leurs prevosts ayans juridiction criminelle au camp, et durant la guerre, et sur les vagabonds et non domiciliez durant la paix, depuis beaucoup amplifiée sous divers pretextes, par la negligence ou absence des Baillifs et Seneschaux. »

2. *Inventaire des Archives de la Haute-Garonne*, Série B (Parlement de Toulouse), t. I, p. 334, col. 1 ; Série C (Procès-verbaux des Etats de Languedoc), t. II, p. 34, col. 2, p. 44, col. 1, p. 48, col. 2.

3. Delattre, *Historique de la gendarmerie française*, p. 84.

4. Saugrain, *La Maréchaussée de France*, t. I, p. 4.

5. «..... regardez s'il y a aucuns, soient gens [de] Guerre des Ordonnances, ou de pied, avanturiers, vagabonds, gens sans aveu, de quelque état et condition qu'ils soient, vivans sur ledit Peuple sans payer, et fai-

déclaration du 25 janvier 1536 [1] étendit cette juridiction aux domiciliés ayant commis des crimes qui, auparavant, n'étaient de la compétence des prévôts que s'ils avaient pour auteurs les gens de guerre : pillages, viols, attaques des voyageurs. Et même, si les domiciliés avaient commis d'autres crimes, les prévôts devaient connaître du tout [2]. Des lettres du 26 mai 1537 [3] confirmèrent la précédente déclaration en expliquant qu'elle avait été nécessitée par la négligence des baillis et sénéchaux à punir les vagabonds. Une autre déclaration du 3 octobre 1544 [4] donna de nouveau juridiction aux prévôts sur les domiciliés et vagabonds tenant les champs et pillant le peuple. L'édit de juillet 1547 [5] qui condamnait au supplice de la roue les meurtriers et assassins de guet-apens, attribua la connaissance de ces crimes aux prévôts des maréchaux concurremment avec les juges ordinaires. Enfin, la déclaration de 5 février 1549 maintint définitivement les prévôts dans le droit de juger en dernier ressort les pillards, meurtriers et voleurs ; elle leur donna également juridiction sur les auteurs des sacrilèges avec effraction et des agressions avec port d'armes, ainsi que sur les faux monnayeurs [6].

sans maux, excez et outrages, foules et oppressions à nôtredit Peuple et Sujets, et vous employiez par tout les meilleurs moyens que vous pourrez à les prendre, corriger et punir rigoureusement, et faire cesser ladite pillerie, délits et malefices..... ».

1. Saugrain, *La Maréchaussée de France*, t. I, p. 7.

2. « Comme ayant été avertis que plusieurs gens de Guerre, de cheval et de pied, de nos Ordonnances, et autres vagabons et domiciliez, oppriment grandement nôtre pauvre Peuple en leurs personnes et biens en maintes manieres, et tenans les Champs, pillent, dérobent leurs hôtes, forcent et violent femmes et filles, détroussent et meurtrissent les passans, allans et venans...

« Pour ce est-il, que nous vous mandons, commandons et enjoignons, qu'en la meilleure diligence que faire se pourra, procedez, et faites proceder contre tous et chacuns, que par informations faites et à faire trouverez chargez et coupables, de quelque état ou condition qu'ils soient..... soit qu'ils ayent domiciles, ou se fussent retirez en iceux, ou qu'ils fussent errans ou vagabons.....

« Et avec ce, où lesdits domiciliez ayans commis lesdits crimes et délits, dont la connoissance vous appartient, se trouveront avoir fait et commis d'autres cas, avant que de se retirer en leur domicile, ou après : Voulons et ordonnons, et nous plaît, que de tout preniez la connoissance, et procediez à la punition et reparation telle qu'il appartiendra, selon l'exigence des cas...... »

3. Fontanon, *Edits et Ordonnances*, t. II, p. 978.

4. Saugrain, *La Maréchaussée de France*, t. I, p. 39.

5. *Ibidem*, t. I, p. 61.

6. *Ibidem*, t. I, p. 69.

«..... Avons ordonné et statué, ordonnons, statuons, voulons et Nous

Pendant que les prévôts provinciaux, qu'on appela aussi prévôts subsidiaires, voyaient leurs prérogatives s'augmenter et recevaient la mission de veiller à la sécurité des campagnes et des voies de communication, les anciens prévôts continuaient à assurer la police des troupes. Mais, bien que ceux-ci aient subsisté jusqu'à la révolution sous la dénomination de prévôts à la suite des maréchaux, ils eurent un rôle de plus en plus effacé. La maréchaussée, au contraire, ne devait plus disparaître, car en 1791 elle ne fut que réorganisée sous le nom de gendarmerie. Ses chefs ont reçu, sous l'ancien régime, des qualifications diverses ; la plus commune fut celle de prévôt général. Ceux établis sous Charles IX furent généralement appelés vice-baillis ou vice-sénéchaux. Enfin, Henri II créa des prévôts spéciaux sous le nom de lieutenants criminels de robe courte ; celui de la ville de Paris ne fut supprimé qu'à la révolution.

Sans pouvoir fixer exactement la date de l'établissement des premiers prévôts provinciaux en Languedoc, on est en droit de présumer qu'il eut lieu en 1513. En effet, aux Etats de la Province tenus au mois d'août dans la ville du Puy, il fut présenté trois lettres patentes adressées par le roi à trois prévôts ordonnés dans chacune des trois sénéchaussées de Languedoc, pour faire cesser le pillage des gens de guerre [1]. Mais ces prévôts ne remplirent

plait par ces presentes, que contre tous ceux qui par informations faites et à faire, se trouveront chargez desdites voleries, ou seront prins en flagrant délit, ou qui se trouveront avoir tenu, ou tenir les champs, soient Gens de Guerre tant de cheval que de pied, et autres non étans Gens de Guerre, de quelque qualité et condition qu'ils soient, guetteurs de chemins, tant aux Villes qu'aux Champs, sacrileges avec fractures, aggressions faites avec port d'armes és Villes et aux Champs, tant en Maisons des Nobles qu'autres quels qu'ils soient ; et consequemment et generalement de tous ceux qui se trouveront chargez des autres cas, crimes et délits, dont la connoissance par iceux Edits et Ordonnances de nos predecesseurs et de Nous, appartient indirectement ausdits Prevosts de nos Connétable et Maréchaux de France, ou leurs Lieutenans, soit que lesdits délinquans soient domiciliez, et de nos Ordonnances, ou vagabons : Iceux Prevosts et leursdits Lieutenans puissent à l'encontre d'eux proceder....... Lesquels pareillement pour semblables negligences dont usent nos Juges à punir et extirper des Provinces de leurs Ressorts, les Faux-Monnoyeurs et Fabricateurs de fausses Monnoyes..... connoîtront aussi..... du crime de Fausse-Monnoye, et des Fabricateurs d'icelle, adherans et complices.... »

1. Archives de la Haute-Garonne, C 2276, fol. 383 v°.
« Du lendemain vingt ungniesme jour dudit mois d'aoust au lieu que dessus par devant ledit Messire Geoffroy des Tours présidant susdit, environ une heure après midy, est venu a lad. assemblée monsieur le vicomte de Bayeux commissaire susdit, lequel a présenté trois lettres patentes ordonnées par le Roy pour faire cesser la pillerie des gens de guerre et pour les faire punir, adressans à trois prévosts de marcschaulx par ledit sieur

pas leur mission à la satisfaction du pays, car au mois de novembre de la même année, le procureur en la sénéchaussée de Carcassonne se plaignit « que les prévosts des mareschaux mis nouvellement audit païs de Languedoc..... soubz ombre de leursdits offices font de rançonnemens et maulx innumérables [1]. » Cependant, les Etats reconnurent que les prévôts étaient nécessaires, mais ils demandèrent qu'ils fussent gens de bien [2]. Aux Etats de 1514, tenus à Béziers, il fut porté de nouvelles plaintes, notamment contre le prévôt de la sénéchaussée de Carcassonne, Joachim Jencien ; celui-ci dénonça à son tour le procureur de la sénéchaussée, mais l'assemblée, après enquête, déclara que les accusations présentées contre le prévôt étaient fondées et elle requit une punition exemplaire [3]. En 1516, les Etats refusèrent 4442 livres que le roi demandait pour l'entretien des prévôts, ne les jugeant pas utiles pour le moment, mais ils délibérèrent que si cependant le roi en voulait commettre pour cette année, il devait les payer, comme ses autres officiers, sur les finances générales du royaume [4]. L'année suivante 1517, l'assemblée estimant de nouveau que les prévôts étaient utiles, en demandait au roi [5]. Il ne semble pas qu'il lui ait été donné satisfaction, car pendant un certain temps il n'est plus fait mention de ces officiers, même quand il est parlé des pillages commis par les gens de guerre. Ainsi, le 21 octobre 1525, le Parlement de Toulouse enjoint au sénéchal de faire cesser « les oppressions et pilleries des gens de guerre, et de se transporter à cet effet, aux lieux où sont les garnisons [6] » ; les Etats de 1532 prient le roi d'ordonner aux baillis et sénéchaux de résider dans leurs juridictions pour « chasser et extirper les malfaicteurs et agresseurs de chemins », des lettres patentes furent données conformément à cette demande [7].

Des lettres de provision du 13 novembre 1551 nomment un pré-

ordonnés audit païs de Languedoc, en chacune sénéchaussée ung, pour les causes que dessus. »

1. Archives de la Haute-Garonne, C 2277, fol. 4.
2. *Ibidem*, C 2277, fol. 9.
3. *Ibidem*, C 2277, fol. 31 et 37.
4. *Ibidem*, C 2277, fol. 82.
5. *Ibidem*, C 2277, fol. 108.
6. *Inventaire des Archives de la Haute-Garonne*, Série B, t. I, p. 153, col. 2.
7. Archives de la Haute-Garonne, C, 2277, fol. 522 et 568.

vôt général de Languedoc en remplacement de François Pataud décédé [1]. François Pataud, sieur de la Voulte, paraît avoir été le premier prévôt général de la Province. Cet officier fut l'un des quatre prévôts des maréchaux qui, sous le règne de François Ier, ainsi qu'on l'a vu plus haut, exerçaient la police à la suite des troupes [2]. Il fut également prévôt de l'hôtel [3] et grand prévôt de la connétablie [4]. Il était le prévôt d'Anne de Montmorency qui, maréchal de France le 6 août 1522 et connétable le 6 février 1537 [5], fut nommé gouverneur de Languedoc le 23 mars 1525 (a. s.) [6]. Il s'ensuit que François Pataud séjourna le plus souvent dans la Province, mais il semble qu'il n'ait été prévôt général de Languedoc qu'à partir de 1528. En effet, le 17 août de cette année, Clermont-Lodève, lieutenant d'Anne de Montmorency, écrivait qu'il avait appris que le maréchal avait fait pourvoir le prévôt La Voulte de l'office de lieutenant de robe courte, c'est-à-dire de prévôt provincial, mais que le chancelier avait ajourné cette nomination en demandant l'avis des Etats qui, ajoute l'auteur, sont incapables de dire si cet office est profitable au pays [7]. François Pataud fut néanmoins pourvu de la charge, et il est fait plusieurs fois mention de lui dans les délibérations des Etats de la Province [8].

1. De Beauclas, *Dictionnaire des Maréchaussées*, t. I, part. I, p. 122.

2. *Catalogue des actes de François Ier*, t. II, p. 226, n° 4956 (6 octobre 1532), t. VI, p. 310, n° 20485 (27 novembre 1532), t. VIII, p. 192, n° 31043 (1538).

3. *Ibidem*, t. VI, p. 822, n° 23170 (8 janvier 1547). — Du Tillet, *Recueil des Rois de France*, part. III, p. 186. — De Beauclas, *Dictionnaire des Maréchaussées*, t. I, part. III, p. 277.

4. De Beauclas, *Dictionnaire des Maréchaussées*, t. I, part. I, p. 105. — Pinson de la Martinière, *La Connétablie et Maréchaussée de France*, p. 342. — Aubert de la Chesnay, *Dictionnaire militaire*, t. III, p. 461.

5. De Beauclas, *Dictionnaire des Maréchaussées*, t. I, part. II, p. 104.

6. *Histoire générale de Languedoc*, Edition Privat, t. XII, preuves, p. 391.

7. *Ibidem*, t. XII, preuves, p. 461. « Monseigneur, j'ay veu ce que m'avès escript par deux frères touchant les offices que ceulx de Besiers estoyent allez poursuyvre, et comme avyès faict pourveoir le prévost La Voulste de l'office de lieutenant de robbe-courte. Et depuis ay entendu par eulx comme monseigneur le chancelier a trouvé ung expédient pour ne depescher l'affère, de la remectre aux estatz, affin d'en sçavoir leur oppinion. Je crois que vous sçavès assès que les gens desdits estatz ne sont que tous consulz de ville, car s'il y a trois ou quatre gentilz hommes et autant de gens d'esglise, c'est le tout. Le demeurant sont rusticz, qui n'ont cerveau de sçavoir dire si lesdits offices sont au païs prouffitables ou dommageables, mais tant seulement sont là envoyez pour l'octroy de la taille et debatre leurs particulières doleances. Il vous a pleu m'escripre que tout le grand conseil a trouvé la chose bonne pour le prouffit du païs, et ensuyvant ce que m'en mandès je y feray à mon pouvoir selon votre intencion.....»

8. *Inventaire des Archives de la Haute-Garonne*, Série C, t. II, p. 31, col. 2 ; p. 35, col. 2 ; p. 36, col. 1 ; p. 38, col. 1 ; p. 41, col. 2.

La maréchaussée ainsi établie en Languedoc était une institution royale ; elle était payée sur les deniers du taillon, c'est-à-dire au moyen de l'impôt spécialement levé pour la solde des troupes. En 1579, elle comprenait un prévôt général, trois lieutenants généraux et cinquante archers [1] ; cettre troupe était insuffisante pour assurer la sécurité dans une province aussi étendue que celle de Languedoc où les guerres religieuses occasionnaient des crimes et des désordres continuels. Aussi, peu après que le roi y eut installé un prévôt général, la plupart des diocèses créèrent des maréchaussées particulières composées d'un lieutenant du prévôt général, ou prévôt diocésain, et de quelques archers, qu'ils payaient des deniers vôtés dans les assemblées d'assiettes. Le diocèse de Mende eut ainsi une maréchaussée spéciale.

Pour suivre l'histoire de la maréchaussée du Gévaudan qui, d'abord diocésaine, devint royale en 1696 et fut définitivement réunie à la prévôté générale de la Province en 1720, il est nécessaire d'avoir une notion exacte de la juridiction des prévôts des maréchaux, car cette juridiction était la base du service exécuté par les officiers et par la troupe. On a vu comment, essentiellement militaire à l'origine, elle s'était accrue et transformée sous les règnes de François Ier et de Henri II. L'analyse des règlements qui la modifièrent par la suite ne peut prendre place dans cette étude [2]. Il suffira d'indiquer ce qu'elle fut quand l'ordonnance criminelle du mois d'août 1670 coordonna et fixa toutes les dispositions antérieures, et de noter les quelques changements qui y furent apportés plus tard. L'article 12 du titre premier de cette ordonnance de 1670, fixe ainsi la compétence des prévôts des maréchaux :

« Les Prévosts de nos Cousins les Maréchaux de France, les « Lieutenans Criminels de Robbe-courte, les Vicebaillys, Vice- « senéchaux, connoîtront en dernier Ressort de tous crimes com-

1. Archives de la Lozère, C 536, fol. 5.

2. Voici les principaux de ces règlements qui sont tous rapportés dans *La Maréchaussée de France* de Saugrain ; tome I : Ord. d'Orléans, janvier 1560 (p. 141), Edit de Roussillon, août 1564 (p. 152), Ord. de Moulins, février 1566 (p. 159), Edit d'Amboise, janvier 1572 (p. 177), Ord. de Blois, mai 1579 (p. 234), Edit de mars 1581 (p. 240), Edit d'août 1581 (p. 243), Edit de décembre 1594 (p. 291), Déclaration du 18 juin 1598 (p. 318), Edit du 4 août 1598 (p. 321), Ord. du 26 juin 1524 (p. 474), Ord. de janvier 1629 (p. 494), Déclaration du 22 avril 1636 (p. 553), Edit de juin 1643 (p. 639), Edit de septembre 1651 (p. 738).

« mis par vagabons, gens sans aveu et sans domicile, ou qui au-
« ront été condamnez à peine corporelle, bannissement ou amen-
« de-honorable ; connoîtront aussi des oppressions, excez, ou
« autres crimes commis par Gens de Guerre, tant dans leur mar-
« che, lieux d'Etape, que d'Assemblées et de séjour pendant leur
« marche, des deserteurs d'Armées, Assemblées illicites avec
« port d'armes, levée de Gens de Guerre sans Commission de
« Nous, et des vols faits sur les grands chemins; connoîtront
« aussi des vols faits avec effraction, port d'armes et violence
« publique dans les Villes qui ne seront point celles de leurs Re-
« sidences ; comme aussi des sacrileges avec effraction, assassi-
« nats premeditez, seditions, émotions populaires, fabrication,
« alteration, ou exposition de monnoye, contre toutes personnes,
« en cas toutefois que les crimes ayent été commis hors des Vil-
« les de leurs résidences [1]. »

La déclaration du 5 février 1731 [2] modifia légèrement les dispositions précédentes. Les prévôts des maréchaux, tout en continuant de juger les crimes commis par ceux qui avaient été condamnés au bannissement, ne pouvaient cependant connaître de l'infraction de ban lorsque la peine n'avait pas été prononcée par eux. Ils jugeaient non-seulement les déserteurs, mais aussi ceux qui avaient favorisé la désertion. Les sacrilèges devaient être accompagnés d'effraction extérieure ou de port d'armes et violence publique. Les assassinats prémédités n'étaient plus de leur compétence, non plus que l'altération des monnaies, mais seulement la fabrication et l'exposition. Enfin, par l'édit du mois d'août 1679, ils avaient connaissance du crime de duel, même commis dans les villes, mais à la chage de l'appel [3].

Les procès de ces crimes, ou cas prévôtaux, étaient instruits et jugés de la façon suivante [4] : Le prévenu arrêté, soit en flagrant délit, soit par décret de prise de corps à la suite d'une plainte, il

1. Saugrain, *La Maréchaussée de France*, t. I, p. 904. — *Nouveau commentaire sur l'Ordonnance criminelle du mois d'août 1670*, t. I, p. 40. — Bornier, *Conférences des Ordonnances de Louis XIV*, t. II, p. 21.

2. *Recueil chronologique des Ordonnances*, t. III, p. 377. — Guyot, *Répertoire de Jurisprudence*, t. VII, Verbo Cas prévôtaux ou présidiaux.

3. Saugrain, *La Maréchaussée de France*, t. I, p. 962.

4. D'après le titre II de l'ordonnance criminelle de 1670, dans *Nouveau commentaire sur l'Ordonnance criminelle du mois d'août 1670* et Bornier, *Conférences des Ordonnances de Louis XIV*.

était fait, en présence de deux voisins, inventaire des effets trouvés sur lui. Dans les vingt-quatre heures de la capture, il était interrogé par le prévôt assisté de son assesseur. Au début de l'interrogatoire, le prévôt déclarait à l'accusé qu'il entendait le juger prévôtalement, c'est-à-dire en dernier ressort. Dans les trois jours, le prévôt devait faire juger sa compétence au présidial dans le ressort duquel la capture avait été faite. Le jugement de compétence était rendu par sept juges au moins, après avoir ouï l'accusé. Si le prévôt était déclaré compétent, il procédait immédiatement à l'instruction qui comprenait : un nouvel interrogatoire, l'audition des témoins, le recollement de ces témoins et leur confrontation à l'accusé. Ensuite, celui-ci était jugé au plus prochain siège royal, par sept juges au moins, y compris le prévôt, sauf pour le crime de duel où il n'y avait que cinq juges [1]. Les sentences des jugements qui pouvaient intervenir étaient intitulées au nom du prévôt. Si l'accusé était appliqué à la question, le procès-verbal était fait par le rapporteur en présence d'un conseiller du siège et du prévôt. Enfin, en cas de condamnation à peine corporelle, le condamné était remis au prévôt qui faisait immédiatement appliquer la peine par l'exécuteur de justice.

Les actes de l'instruction étaient écrits par le greffier du prévôt, et à chaque phase la procédure était communiquée au procureur en la maréchaussée [2]. En l'absence du prévôt, ses lieutenants avaient les mêmes pouvoirs que lui.

1. Parce que la sentence était soumise à l'appel.

2. Il avait été créé successivement près de chaque prévôt et lieutenant : un greffier (5 février 1549), un procureur du roi (mai 1581) et un assesseur (décembre 1594). Saugrain, *La Maréchaussée de France*, t. I, p. 69, 240 et 291.

II

DE L'ORIGINE A 1606
(1re PARTIE)

Il n'est pas possible de préciser à quelle époque, ni à quelle occasion les diocèses commencèrent à avoir des maréchaussées particulières. Les Etats de Languedoc décidèrent, le 4 octobre 1557 [1], que le prévôt général serait tenu de présenter un lieutenant et un greffier à chaque diocèse. Le Gévaudan n'avait pas attendu cette délibération pour avoir un prévôt [2], car il en existait un dans le diocèse de Mende depuis 1555, et peut-être même auparavant. Ce premier prévôt était Gabriel de Pierresbesses, dit du Mazel, sieur du Mazel. L'acte le plus ancien que nous connaissions où cet officier soit désigné sous le titre de lieutenant de prévôt des maréchaux, est une procuration donnée par lui, le 11 septembre 1555, à Robert Fontunye, lieutenant du bailli de Gévaudan, afin de recevoir aux Etats de Languedoc les sommes qui lui étaient dues pour les condamnations qu'il avait fait prononcer [3]. Cette procuration s'explique par une décision des Etats, confir-

1. Archives de la Haute-Garonne, C 2280, fol. 205.
« Conclud que le prévost des mareschaulx présant et advenir sera tenu de présenter ung lieutenant et un greffier à chacune assiette des diocèses dudit païs, lesquels estant gens de bien, suffizans et prins pour agréables par lesdits diocèses aux assemblées des assiettes ilz exerceront leur office au lieu et absence dudit prévost, et au cas qu'ils ne feussent de la qualité requize ne seront receuz esdits diocèses, mais sera proveu par ledit prévost d'aucuns lieutenens et greffier capables et de bonnes mœurs, lesquelz se tiendront et résideront dans le diocèse, et que toutes les années sera faict rapport en l'assemblée des Estats de Languedoc de la vie et conversation desdits lieutenent et greffier de prévost, comment ilz se sont portés en la charge et s'il est trouvé qu'ilz ayent bien versé et faict leur debvoir ils seront continués en ledit estat, au contraire s'il y a plaincte d'eulx et soict veriffié de ne s'estre acquictés de leursdites charges, ils en seront privés et mis d'autres en leur lieu ; laquelle présente deslibération a esté monstrée et donné a entendre au prévost Lagasse affin qu'il n'en puisprethendre ignorance. »

2. Ainsi qu'on l'a vu dans l'introduction, cet officier était appelé indifféremment lieutenant du prévôt général et prévôt du diocèse.

3. Archives de la Lozère, Série E, Minutes de Pierre Torrent, notaire à Mende, année 1556, fol. 42.

mée le 30 septembre de la même année 1555, de payer aux prévôts des maréchaux vingt livres tournois par voleur et guetteur de chemin condamné à mort [1].

Gabriel de Pierresbesses était lieutenant de prévôt depuis peu de temps, car il ne porte pas ce titre dans une autre prièce de l'année 1552 [2]. Il est permis de supposer qu'il fut le premier prévôt du Gévaudan. Cela ne pourrait être absolument prouvé que par l'acte de son établissement que nous ne possédons pas [3]. Mais s'il avait eu un prédécesseur, il en aurait sans doute été fait mention dans l'une des nombreuses délibérations de la Province qui furent prises, à partir de 1548, au sujet d'excès commis dans le diocèse de Mende par Etienne d'Olmières, dit Bussac, qui avec ses complices, s'était retranché dans la place de Recoulettes [4].

On ne sait si le sieur du Mazel fut nommé par le diocèse de Mende et présenté comme lieutenant au prévôt général, ou s'il fut pourvu directement par celui-ci. Des termes de la délibération des Etats de Languedoc de 1557, il semblerait que la seconde hypothèse est plus vraisemblable que la première ; mais nous penchons néanmoins pour cette dernière. D'abord, parce que Gabriel de Pierresbesses était un seigneur du Gévaudan [5], ensuite, parce que le diocèse de Mende revendiqua toujours le droit de nommer et présenter un lieutenant particulier au prévôt général, enfin, parce que les Etats de Languedoc eux-mêmes ont toujours défendu ce privilège. Ils décidèrent en 1560 que les diocèses, et non le prévôt général, pourraient seuls casser leurs

1. Archives de la Haute-Garonne, C 2280, fol. 74.

2. Archives de la Lozère, Série E, Minutes de Pierre Torrent, notaire à Mende, année 1552, fol. 213.

3. Les documents administratifs des Archives de la Lozère (Série C) pouvant fournir des renseignements sur la maréchaussée commencent tous après 1555 : Procès-verbaux des délibérations des Etats de Languedoc, en 1579 ; Procès-verbaux des délibérations des Etats du Gévaudan, en 1563 ; Procès-verbaux des délibérations des commis et députés, en 1562 ; Procès-verbaux des délibérations de l'Assiette, en 1586 ; Comptes des receveurs aux Etats du Gévaudan, en 1575.

4. *Inventaire des Archives de la Haute-Garonne*, Série C, tome II, p. 42, col. 2, p. 47, col. 1, p. 48, col. 1, p. 49, col. 1, p. 50, col. 2, p. 52, col. 1. — Voir *Histoire générale de Languedoc*, Edition Privat, t. XI, p. 314.

5. Il possédait un bien noble qui, d'après une enquête de 1529, avait un revenu annuel de 45 livres tournois. Archives de la Lozère, C 14, fol. 3, Publié par la *Société d'agriculture..... de la Lozère*,. Documents, année 1889, p. 127.

lieutenants et en nommer d'autres à leurs places [1]. En 1565, ils enjoignirent au prévôt général de recevoir pour lieutenants, avec tout pouvoir de juger, ceux qui seraient élus par les diocèses [2]. Ils le blâmèrent en 1570 parce qu'il ne prenait pas pour lieutenants ceux qui lui étaient ainsi désignés [3]. Dans le Gévaudan, le lieutenant de prévôt était nommé par les Etats, mais lorsque la charge devenait vacante, les commis, sindic et députés commettaient provisoirement un lieutenant dont la nomination était soumise à l'approbation des Etats suivants [4].

Ce fut pendant que Gabriel de Pierresbesses était lieutenant de prévôt que les premiers troubles sérieux, causés par la réforme protestante, commencèrent en Languedoc. Henri II, par un édit du mois de juillet 1557 [5], donna pouvoir aux juges royaux de connaître du fait de la religion quand il y aurait scandale ou trouble public de la part de ceux qu'on appelait alors les *Sacramentaires*. Des assemblées de protestants en armes ayant eu lieu dans les Cévennes, le Parlement envoya pour faire le procès aux délinquants, des commissaires auxquels le roi fit donner main-forte [6]. Le 22 novembre, il fut payé par Nicolas Dangu, évêque de Mende, 470 livres 4 sous 5 deniers, au prévôt Du Mazel pour 38 journées qu'il avait employées, avec six archers à cheval et cinq à pied, à escorter ces commissaires et à exécuter leurs décrets [7].

Les Etats de Languedoc décidèrent, en 1558, de présenter des doléances au roi parce que Pierre de Born, gouverneur de Marvejols, avait obtenu une commission donnant pouvoir à un prévôt des maréchaux de procéder contre les domiciliés. Ces doléances

1. Archives de la Haute-Garonne, C 2280, fol. 433.

2. *Ibidem*, C 2281, fol. 291.

3. *Inventaire des Archives de la Haute-Garonne*, Série C, t. II, p. 77, col. 1.

4. *Procès-verbaux des délibérations des Etats du Gévaudan*, t. I, (1588) p. 224, (1589) p. 241, (1592) p. 324; t. II, (1596) p. 14, (1597) p. 150; t. III, (1600) p. 35; t. IV, (1622) p. 434: t. V, (1639) p. 104, (1668) p. 590; t. VI, (1687) p. 90.

5. *Histoire générale de Languedoc*, Edition Privat, t. XI, p. 321.

6. *Ibidem*, t. XII, preuves, p. 559. « Henry, par la grâce de Dieu, roy de France, au séneschal de Nismes, ou à son lieutenant..... nous aurions par nos lettres patentes mandé a votredit lieutenant criminel, assembler le prévòt de nos amez et féaux les mareschaux de France en notredit pays de Languedoc, avec ses lieutenans et officiers, et autres personnaiges en tel nombre qu'estoit requis...... »

7. Archives de la Lozère, Série E, Minutes de Pierre Torrent, notaire à Mende, année 1557, fol. 328.

furent renouvelées en 1559 et en 1560 [1]. Il est à présumer que ce prévôt était Gabriel de Pierresbesses, autrement il faudrait admettre qu'il y avait un second lieutenant dans le diocèse de Mende, ainsi que cela eut lieu quelques années plus tard. On verra qu'il est peu probable qu'avant 1563 il y ait eu deux lieutenants à la fois. Quant à l'attribution accordée au prévôt du Gévaudan, c'était sans doute la confirmation de la juridiction donnée aux prévôts par la déclaration du 5 février 1549.

En 1559, les Etats de Languedoc enjoignirent au prévôt général Lagasse et à ses lieutenants de se transporter aux montagnes du Gévaudan pour prendre et punir les larrons de bétail [2]. Il ne faudrait pas en conclure qu'il n'y avait pas alors de lieutenant particulier, car plus d'une fois le prévôt général reçut l'ordre de se rendre dans le diocèse, lorsque les crimes ou les désordres nécessitaient une force plus importante que celle dont disposait le lieutenant du pays.

Le Gévaudan fut, pendant l'année 1563, le théâtre de nombreux combats entre catholiques et protestants. Ceux-ci s'emparèrent des places de Quézac, Mende, Chanac et Chirac, mais avant la fin de l'année, les catholiques avaient repris partout l'avantage [3]. Prévoyant le siège de Mende, le baron d'Apcher avait appelé les seigneurs de la Vigne et du Mazel pour défendre cette ville [4]. Il est probable que ce sieur du Mazel n'était autre que le lieutenant du prévôt [5]. L'édit d'Amboise ou édit de pacification, du 19 mars 1563, vint apporter un peu de calme [6]; mais à la faveur des troubles, le nombre des criminels de droit commun avait fort augmenté. Les commis et députés du Gévaudan, dans leur séance du 13 juillet de cette année, observèrent qu'il y avait encore un grand nombre de voleurs et vagabonds qui tenaient les champs

1. Archives de la Haute-Garonne, C 2280, fol. 280, 333 et 422. — Dans la *Notice historique sur le Gévaudan* du chanoine Ollier, Pierre de Born est qualifié, par erreur, consul de Marvejols, p. 129 et table, p. 309.

2. Archives de la Haute-Garonne, C 2280, fol. 370. — Archives de la Lozère, C 535, fol. 3. Publié par la *Société d'agriculture..... de la Lozère*. Documents, année 1891, p. 7.

3. *Histoire générale de Languedoc*, Edition Privat, t. XI, p. 421.

4. G. de Burdin, *Documents historiques sur la province de Gévaudan*, t. II, p. 5.

5. Ou son frère cadet Antoine; quant à ses fils, ils avaient tout au plus 20 ou 22 ans (La Roque, *Armorial de la noblesse de Languedoc*, t. I, p. 339).

6. *Histoire générale de Languedoc*, Edition Privat, t. XI, p. 436.

et faisaient mille maux. Le lieutenant Du Mazel fut chargé de leur donner la chasse, et pour lui en fournir les moyens, on lui accorda vingt archers à cheval pour un mois [1].

Cette même année 1563, la juridiction des prévôts des maréchaux fut augmentée par le règlement du roi Charles IX, en date du 4 octobre, qui ajoutait le crime de sédition à ceux qui étaient de leur compétence [2]. Le Parlement de Toulouse fit d'ailleurs des remontrances au roi au sujet de cette nouvelle attribution donnée aux prévôts [3].

L'édit de pacification avait, momentanément, produit d'heureux résultats en Gévaudan, car les Etats du pays, tenus à Marvejols au mois de novembre 1564 [4], décidèrent sur la proposition de Pierre de Born, gouverneur de Marvejols, d'écrire à Damville [5] que le pays et les habitants des villes étaient en bonne union, paix et tranquillité, et qu'on pouvait retirer les garnisons qui étaient établies dans le diocèse. Deux lieutenants de prévôt sont nommés dans ces délibérations. L'un, Pierre Molyères, qui avait procédé contre des faux-monnayeurs, était le lieutenant du diocèse du Puy, ainsi qu'il ressort des délibérations des Etats de Languedoc [6]. L'autre, Pierre Boyssonnade, est désigné comme lieutenant de prévôt des maréchaux au pays de Gévaudan. Il demandait que les captures et exécutions qu'il avait faites lui soient taxées. Cette demande fut renvoyée aux commissaires « faisant les fraiz. » Pierre Boyssonnade n'était pas le successeur de Gabriel de Pierresbesses, puisque celui-ci, ainsi qu'on va le voir, était toujours en fonctions. Nous n'avons trouvé que cette mention relative à ce prévôt; comme il apparaît aussitôt

1. Archives de la Lozère, C 813, fol. 25. Publié par la *Société d'agriculture..... de la Lozère,* Documents, année 1886, p. 69.

2. Saugrain, *La Maréchaussée de France*, t. 1, p. 144.

3. *Inventaire des Archives de la Haute-Garonne*, Série B, t. I, p. 334, col. 1.

4. Archives de la Lozère, C 813, fol. 74 à 87. Ce procès-verbal, qui figure dans un registre des délibérations des commis et députés, où sans doute il a été relié par erreur, est en majeure partie inédit; il en a été publié un extrait dans le *Bulletin de la Société d'agriculture..... de la Lozère.* Documents, année 1886, p. 70; mais ce document est désigné comme faisant partie d'une délibération des commis et députés.

5. Henri Ier de Montmorency, seigneur de Damville, gouverneur de Languedoc, second fils du connétable Anne de Montmorency, maréchal de France en 1566 et connétable en 1593.

6. Archives de la Haute-Garonne, C 2281, fol. 292 et 319.

après l'édit de pacification, il faut supposer qu'il fut le premier des lieutenants que les protestants firent plusieurs fois nommer en Gévaudan pour juger plus particulièrement les criminels de la religion réformée [1].

Le 29 novembre de la même année, les commis et députés confirmèrent les gages habituels du sieur du Mazel, bien que, disaient-ils « il ne fait dilligences suffisantes pour chasser et prendre les volleurs et vaccabonds [2]. »

Les Etats de Languedoc tenus en 1565, après avoir reçu Nicolas Paschault comme prévôt général, lui demandèrent de prendre pour lieutenants, avec tout pouvoir de juger, ceux qui seraient élus par les diocèses; mais ces lieutenants devaient être catholiques. Le prévôt général fut requis, en particulier, de remettre les provisions nécessaires au sieur du Mazel, du diocèse de Mende [3].

Pendant les mois de juin et de juillet de cette année, le lieutenant Molyères continua ses procédures dans le Gévaudan contre deux faux-monnayeurs, Cézary la Cassaigne et Guillaume Bastel, un voleur, Loys Reversat dit Brasset, et leurs complices. Ces criminels furent conduits au Puy pour y être jugés par le prévôt général Paschault qui était dans cette ville. Celui-ci vint ensuite à Mende et à Marvejols avec vingt-cinq archers ou soldats; il resta six jours à Mende et il fut payé aux hôtes, qui les avaient logés, seize sous par jour « homme et cheval », et vingt sous à celui qui avait reçu le prévôt et les principaux de sa suite [4].

N'ayant trouvé aucun document postérieur à 1565 qui parle de Gabriel de Pierresbesses, nous ignorons quand il cessa d'être prévôt du Gévaudan [5]. Les renseignements que nous possédons

1. De deux autres documents il résulte qu'il était bien protestant; ces pièces rapportent qu'il fut fait prisonnier par l'armée catholique du duc de Joyeuse qui prit Marvejols en 1586, et que n'ayant pu payer sa rançon, il fut noyé avec une pierre au cou. (*Bulletin de la Société d'agriculture..... de la Lozère*, Documents, année 1887, p. 253 et 459). Dans le premier de ces documents, il est qualifié prévôt, mais dans le second il est dit qu'il avait « esté par le passé prévost. »

2. Archives de la Lozère, C 813, fol. 88.

3. Archives de la Haute-Garonne, C 2281, fol. 291. D'après ces délibérations des Etats de la Province, les diocèses qui avaient des lieutenants en 1565, seraient ceux de Montpellier, Carcassonne, Narbonne, Nimes, Béziers, Castres, Uzès, Alby, Saint-Pons, Toulouse, Le Puy et Mende.

4. Archives de la Lozère, C 813, fol. 104, 107, 110, 114, 115 et 116.

5. La *Notice historique sur le Gévaudan* du chanoine Ollier indique un

sur l'effectif et les gages de sa compagnie sont très-vagues. Lui-même recevait 200 livres tournois par an [1]. En 1557, il avait au moins six archers à cheval et cinq à pied [2]; en juillet 1563, on porta à vingt le nombre de ses archers, mais pour un mois seulement, et aux gages de quinze livres chacun pour le mois [3].

Le lieutenant qui paraît après Gabriel de Pierresbesses est Guillaume de Caprières, sieur de la Tour, « docteur ez droictz. » En 1565, il avait été reçu aux Etats de Languedoc pour exercer la charge de lieutenant de prévôt dans le diocèse de Montpellier [4]. En 1570, il remplissait les mêmes fonctions en Gévaudan, car l'assemblée de l'assiette lui accorda cent livres pour ses gages des mois d'octobre, novembre et décembre, et 400 livres pour ceux de l'année suivante [5]. Dans une délibération de l'assiette de 1574, il est rapporté que Pierre de Born, gouverneur de Marvejols, et Pierre Crécy, procureur du roi, avaient été condamnés à mort, comme rebelles, par le Parlement de Toulouse sur la procédure faite par Caprières, que la Cour avait accordé à celui-ci 1200 livres à prendre sur les biens des condamnés ; mais, qu'en conséquence de l'édit de pacification de 1568, leurs héritiers furent rétablis dans les biens confisqués. Pour récompenser le prévôt, l'assemblée de l'assiette lui accorda 800 livres, payables en quatre années, les commis et députés ayant décidé, en 1568, que les poursuites contre les rebelles seraient faites aux dépens du pays [6]. Il semble que c'est à l'occasion du procès de Pierre de Born que Guillaume de Caprières vint en Gévaudan. L'exécution

capitaine Du Mazel qui aurait commandé une troupe en Gévaudan après l'édit de pacification du 23 mars 1568 (p. 139, note 1), mais c'est une erreur, car la pièce visée, n° 1320 de la Série C des Archives de la Lozère est datée de 1563 et concerne le payement des compagnies en 1562. Nous avons parlé plus haut de ce capitaine Du Mazel.

1. Archives de la Lozère, C 813, fol. 25 et 88.

2. *Ibidem*, Série E, Minutes de Pierre Torrent, notaire à Mende, année 1557, fol. 328.

3. *Ibidem*, C 813, fol. 25.

4. Archives de la Haute-Garonne, C 2281, fol. 307.

5. Archives de la Lozère, C 877, fol. 13.

6. *Ibidem*, C 877, fol. 95. Publié par la *Société d'agriculture... de la Lozère*, Documents, année 1886, p. 109. (Par une faute d'impression, le document des archives est désigné comme catalogué sous le numéro C 977 ; au lieu d'indiquer la date réelle 1570, on a porté celle de 1568, qui est celle de la mort de Pierre de Born).

du gouverneur de Marvejols eut lieu en 1568 [1], sans doute entre la publication de l'édit de pacification qui est du 23 mars [2], et son enregistrement, le 5 juin, au Parlement de Toulouse, car pendant cet intervalle le Parlement prononça de nombreuses condamnations contre les protestants [3]. De cet exposé il résulte donc qu'avant 1570, et presque certainement dès 1568, Guillaume de Caprières exerça la charge de lieutenant de prévôt dans le diocèse de Mende.

Cependant, un cahier de doléances du mois de mai 1573, envoyé par les commis et députés du Gévaudan à Damville, gouverneur de Languedoc, fait observer qu'il n'y a aucun lieutenant de prévôt dans le diocèse, et qu'il est nécessaire que le prévôt général envoie des lettres de provision en blanc pour que les commis remplissent la charge en y nommant quelque homme de bien [4]. Mais, comme dans un acte de 1572, Guillaume de Caprières se qualifie lieutenant du prévôt des maréchaux en Gévaudan [5], et qu'en 1574, on lui paye ses gages ordinaires [6], il faut en conclure qu'en 1573 il n'avait pas encore reçu l'attache du prévôt général, et que néanmoins il n'avait pas cessé ses fonctions depuis son arrivée dans le diocèse.

Pendant les années 1572 et 1573, Philippe de Robert, sieur de Boisverdun, bailli du Gévaudan, eut les mêmes attributions que le lieutenant du prévôt ; voici à quelle occasion. Par l'édit du mois d'août 1564 (art. 4 et 5) et par l'ordonnance de février 1566, dite de Moulins (art. 42) [7], Charles IX avait spécifié que la compétence des prévôts et les procès prévôtaux devaient être jugés

1. Un document relatif à la prise de Marvejols en 1586 par le duc de Joyeuse rapporte que c'est en 1568 que Pierre de Born et Pierre Crécy furent exécutés ; ils étaient accusés d'avoir fait fondre les reliques et tomber les cloches (*Bulletin de la Société d'agriculture... de la la Lozère*, Documents, année 1887, p. 410). Si le procès a été commencé par le lieutenant du prévôt, c'est sans doute en vertu de la déclaration du 5 février 1549 qui attribuait aux prévôts la connaissance du crime de sacrilège.

2. Archives de la Lozère, C 1794. — *Histoire générale de Languedoc*, Edition Privat, t. XI, p. 501.

3. *Histoire générale de Languedoc*, Edition Privat, t. XI, p. 501.

4. Archives de la Lozère, C 1794. Publié par la *Société d'agriculture.... de la Lozère*, Documents, année 1886, p. 163.

5. *Ibidem*, Série E, Minutes de J. Desestreyetz, notaire à Mende, année 1572, fol. 34.

6. *Ibidem*, C 877, fol. 94.

7. Saugrain, *La Maréchaussée de France*, t. I, p. 152 et 161.

par les sièges présidiaux. Toutefois, des Lettres patentes avaient attribué au bailli du Gévaudan le droit de juger en dernier ressort les cas prévôtaux. On en avait conclu sans doute que le bailli devait faire l'office de prévôt, et il lui avait été accordé à cet effet 400 livres de gages avec six archers, y compris un greffier. Sur l'observation du bailli que, vu le temps des troubles, il n'avait pas assez d'archers ni de gages pour faire ses chevauchées, l'assemblée de l'assiette du mois de novembre 1572 lui accorda pour l'année suivante 500 livres et dix archers, y compris le greffier, aux gages de quatorze livres tournois, chacun, par mois, « jusqu'à ce qu'il en soit autrement ordonné [1]. » Le bailli ne continua pas ces fonctions particulières, car ses gages et ceux de ses archers ne figurent plus dans la répartition des sommes imposées en 1574 [2]. Néanmoins, tant avant 1572, qu'après 1573, il fut plusieurs fois remboursé des frais qu'il avait faits en poursuivant les larrons, vagabonds et gens mal vivants sur le peuple [3].

Un nouvel édit de pacification avait été rendu au mois de juillet 1573 [4]; comme les précédents, il fut violé, presque immédiatement, par les deux partis. Mais l'effervescence ne fut pas très-grande dans le Gévaudan ; il y eut cependant des mouvements à Mende et à La Canourgue ; le baron de Combas, gouverneur, se plaignit d'avoir été molesté par le bailli [5]. Le maréchal de Damville se contenta d'envoyer le prévôt général Pezon dans le diocèse. Il fut payé par le pays 1.775 livres six deniers aux hôtes qui avaient logé le prévôt, ses archers, « et famille de justice [6]. »

Au commencement de l'année 1574, le baron de Fourquevaux,

1. Archives de la Lozère, C 3. Ce document n'est qu'un extrait de l'assiette ; si on possédait la délibération en entier, on saurait exactement si le lieutenant De Caprières avait momentanément cessé d'être employé en Gévaudan pendant les années 1572 et 1573.

2. *Ibidem*, C 877, année 1574.

3. *Ibidem*, C 877, fol. 11 et 12 (année 1570, 35 et 50 livres), fol. 91 (année 1574, 100 livres), fol. 116 (année 1577, 100 livres).

4. *Histoire générale de Languedoc*, Edition Privat, t. XI, p. 568.

5. *Bulletin de la Société d'agriculture... de la Lozère*, Documents, année 1886, p. 183.

6. Archives de la Lozère, C 877, fol. 98. « Pour ce que pour la conservation de ce diocèse, sauroit esté le bon plaisir de Monseigneur de Damville, maréchal de France, gouverneur et lieutenant général pour le Roy en Languedoc, y envoyer Mr Nicolas Pezon, prévost général audit pays de Languedoc pour informer des intelligences, rebellion et désobéissance qu'estoint ès villes de Mende, La Canourgue, et autres lieux dudit diocèse, et faire le procès a ceulx qui se trouveroient coulpables..... »

gouverneur de Narbonne, avait fourni au roi un mémoire sur l'état du Haut-Languedoc [1]. Il y faisait un tableau fort sombre des justices de son gouvernement ; il disait notamment : « Des « prévosts des maréchaulx ou leurs lieutenans, les uns sont de « condition basse et abjecte, qui ne sçavent lire ny écrire ; ils ne « font chevauchée ny diligence d'apréhender les voleurs, ny de « punir faux monnoyeurs, meurtriers et autres criminels ; par « laquelle négligence les crimes multiplient, et le nombre des « méchants ; car si lesdits prévosts ou lieutenans ne voyent le « proffit et salaire devant la main, n'est possible de les faire « marcher. » Comme Mende est assez éloigné de Narbonne, il est permis de croire que le prévôt du Gévaudan était plus instruit, plus diligent et plus désintéressé que ceux que connaissait le sieur de Fourquevaux [2].

D'ailleurs, si quelques prévôts n'étaient pas sans reproche, leur utilité en Languedoc n'en était pas moins reconnue de tous. Ainsi, au mois de juillet 1575, les protestants et les catholiques politiques, réunis à Nimes sous l'autorité du maréchal de Dam-

1. *Histoire générale de Languedoc*, Edition Privat, t. XI, p. 577, et t. XII, Preuves, p. 1078.

2. Il faut rapprocher du mémoire de Fourquevaux, les commentaires d'un avocat au Grand Conseil en 1568 (Du Chalard, *Sommaire Exposition des Ordonnances du Roi Charles IX)* : « .....Ont esté establiz des Prévosts des Mareschaux : lesquels doivent estre lettrez, de bonne vie et bien experts en pratique et non ignorans du droict. Toutefois la plupart sont du tout en tout sans l'une et l'autre partie, et n'ont plus de lettres qu'un crappaud a de plumes, ce qui les rend tant cruels et sévères, et qui leur fait tenir moins de compte de la vie d'un homme que de la vie d'une beste brute : par cela on les nomme sanguinaires, tyrans et bourreaux du peuple. Il y en a qui font conscience (mais bien peu) [fol. 114]..... Contre eux crie bien asprement Jaques de Beaunoys en sa *Pratique*, disant, qu'il n'appartient a des idiots et ignares avoir si grande charge, que cognoistre de la vie de l'homme [fol. 115] .....En quoy faisant la police des gens de guerre lesdits Prévosts des Mareschaux se sont portez fort négligemment par le passé, ou par une crainte et pusillanimité trop grande, ou par connivence, portant faveur a quelques Capitaines, les bandes desquels ne vouloyent suyvre et talonner, craignant les fascher [fol. 116]..... Ils ont esté toutefois fort négligens et paresseux par le passé, et cause de beaucoup de maux par leur négligence, voire que contre aucuns en maints lieux l'opinion populaire a couru, qu'ils avoyent intelligence avec les voleurs, et en prenoyent tribut pour les tolérer, et laisser vivre en paix [fol. 119]... etc. »

Nous avons indiqué dans le chapitre Ier que la juridiction attribuée aux prévôts des maréchaux était considérée par les juges ordinaires comme un empiètement sur leurs prérogatives. De là des exagérations dans les jugements de certains écrivains. Quelques prévôts pouvaient mériter de telles critiques, mais de combien de juges ordinaires aurait-on pu parler encore plus sévèrement ! D'ailleurs, le sieur de Fourquevaux n'est pas plus tendre pour les autres juges que pour les prévôts. Quant à l'avocat Du Chalard, sa violence prouve sa partialité.

ville, décrétèrent dans un règlement fait pour l'administration de la Province qu'il serait établi un lieutenant de prévôt aux villes principales où il n'y en avait pas encore [1].

Pendant le cours de l'année 1576, M. Pandeau, lieutenant général du prévôt de Languedoc fut envoyé par le maréchal de Damville pour sommer la place du Malzieu de recevoir une garnison. Il fut payé à Jehan Lallenc, hôte, soixante-cinq livres tournois pour la dépense que ce lieutenant avait faite, avec cinq archers, lors de son passage à Mende, tant à l'aller qu'au retour [2].

Un édit de pacification fut encore rendu le 14 mai 1576 [3]. A cette époque troublée, toute suspension d'armes était aussitôt marquée par une recrudescence de vols et autres crimes, commis sans doute par les soldats licenciés. Les commis et députés du Gévaudan durent porter de six à douze les archers du lieutenant. Ces archers supplémentaires firent le service pendant les mois d'août, septembre et octobre, puis ils furent congédiés [4]. Guillaume de Caprières n'ayant pas été payé de ses gages ni de ceux de ses archers, fit faire une sommation au receveur du pays, lors de la réunion des commis du 17 décembre. Le vicaire général, qui présidait, objecta qu'on attendait le retour des députés aux Etats de Languedoc. Le lieutenant, prenant cette réponse pour un refus, en fit dresser acte [5].

Les Etats particuliers du Gévaudan ne furent réunis qu'au mois d'avril 1577. Dans l'intervalle, Guillaume de Caprières avait été payé de ses gages de 1576, ainsi que ses archers ordinaires. Il réclama à l'assemblée le payement des six archers « de crue » qui avaient fait le service pendant trois mois de l'année précédente [6].

1. *Histoire générale de Languedoc*, Edition Privat, t. XI, p. 602, et t. XII, p. 616, Preuves, p. 1122.

2. *Bulletin de la Société d'agriculture..... de la Lozère*, Documents, année 1886, p. 287. — Archives de la Lozère, C 1326.

3. *Histoire générale de Languedoc*, Edition Privat, t. XI, p. 619.

4. Archives de la Lozère, C 813, fol. 130, et C 877, fol. 137.

5. *Ibidem*, Série E, Minutes de Jean Désestreyctz, notaire à Mende, année 1576, fol. 479. — Les Etats de Languedoc avaient été tenus à Béziers du 24 novembre au 7 décembre (*Histoire générale de Languedoc*, Edition Privat, t. XI, p. 622).

6. Archives de la Lozère, C 813, fol. 130.
Le procès-verbal des délibérations des Etats de 1577, du 15 au 20 avril, a été publié (*Procès-verbaux des délibérations des Etats du Gévaudan*, t. I, p. 47 à 72); mais ce procès-verbal est incomplet. Nous avons trouvé dans

Il demanda en outre que les gages des archers fussent portés de treize à seize livres par mois, somme qui leur était nécessaire, disait-il, pour entretenir leurs chevaux et se fournir d'une « cazaque pour estre plus autorisez. » Les Etats maintinrent les gages de treize livres, mais donnèrent l'ordre de payer les archers extraordinaires de 1576 ; ils accordèrent au lieutenant quatre archers nouveaux jusqu'à la fin de l'année. Enfin, ils confirmèrent une décision des commis du 17 octobre précédent, qui avait désigné Antoine, fils de Guillaume de Caprières, pour exercer la charge de lieutenant quand il plairait à son père de s'en défaire. Jean Désestreyetz, notaire royal à Mende, fut nommé greffier de la prévôté. Antoine de Caprières ne paraît pas avoir rempli les fonctions de prévôt, car son père continua l'exercice de sa charge jusqu'en 1581, époque à laquelle il fut remplacé par André de Baldit [1]. La même assemblée fit remettre entre les mains du lieutenant de prévôt, pour en faire justice exemplaire, des voleurs et boutefeux qui avaient été faits prisonniers [2].

La trêve qui suivit l'édit de pacification de 1576 fut de courte durée ; dès le mois de janvier suivant, les catholiques et les protestants de Languedoc avaient repris les armes [3]. Henri III signa, en septembre 1577, un nouvel édit de pacification qui d'ailleurs, ne fut pas observé en Languedoc [4]. Le 14 mai 1578, le Parlement de Toulouse enjoignit aux prévôts des maréchaux de procéder diligemment contre ceux qui contrevenaient à l'édit [5]. Les Etats

un registre des délibérations des commis et députés un fragment inédit (séance du 24 avril), c'est de ce fragment que sont extraits les renseignements que nous donnons.

1. Antoine de Caprières mourut sans doute pendant que son père était encore lieutenant ; il s'était marié le 16 novembre 1570, et sa veuve était remariée en 1583 (Archives de la Lozère, Série E. Minutes de Jean Desestreyetz notaire à Mende, année 1578, fol. 397, année 1583, fol. 228 et 252).

2. *Procès-verbaux des délibérations des Etats du Gévaudan*, t. 1, p. 68.

3. *Histoire générale de Languedoc*, Edition Privat, t. XI, p. 638.

4. *Ibidem*, t. XI, p. 652 et 655.

5. *Inventaire des Archives de la Haute-Garonne*, Série B, t. I, p. 452, col. 2, « Sur la requeste présentée par le procureur général du Roy contenant que nonobstant l'édict dernier de pacification publié en la court, et serement naguières presté en l'assemblée des Estats de Languedoc, par ceulx qui se seroient trouvés en lad. assemblée, tant catholiques que de la religion prétendue réformée, sur l'observation et entretenement dud. édit, avec désadveu des contraventions, aulcuns personnages séditieux, haineux de paix et du repos public, désirans la guerre et cherchans occasion de nouveaulx remuemens et troubles, s'emparent de jour a autre d'aulcunes villes et lieux de ce ressort : faisans courses, voleries, pillaiges, rançonnemens

du Gévaudan, tenus au mois de juin, nommèrent en conséquence un second lieutenant, Jehan Boyer, dit Mytard, avec dix archers, pour exercer la charge tant qu'il plairait au pays, à la réquisition des protestants, « pour repoulsser, punyr et chastier les contrevenans à l'édict de pacification, volleurs, vagabondz, conjoinctement ou divisément avec ledit de Caprières [1]. »

Le cahier de doléances envoyé au roi, en 1579 [2], par les Etats du Gévaudan, explique que l'établissement de ce second prévôt avait été réclamé par les habitants des Cévennes et de Marvejols, les protestants n'ayant aucune justice particulière et ne pouvant faire punir les voleurs de leur religion. Le nouveau lieutenant étant lui-même protestant, il lui était permis de faire juger au bailliage ses coréligionnaires prévenus de crimes. Les Etats demandaient que cette création fût maintenue tant que la paix ne serait pas entièrement observée et que le payement eût lieu au moyen des deniers de l'aide et de l'octroi, en raison de la pauvreté et ruine du pays. Le roi répondit qu'il fallait en user comme précédemment, sans rien innover.

Le capitaine Mathieu de Merle, à la tête d'une bande de quatre ou cinq cents protestants, s'empara de Mende dans la nuit de Noël 1579. Le prévôt De Caprières était dans la ville ; il fut mis à rançon comme la plupart des habitants. Cette rançon fut fixée pour lui à 400 écus, mais au dire d'un témoin, il en fut déchargé par l'intervention de la mère du seigneur de Châtillon [3]. D'après une autre version, ce serait Antoine de Caprières qui aurait été rançonné par Merle, mais c'est peu vraisemblable [4].

sur les subjects du Roy et autres excès, sans qu'il y soit obvié par la connivence des magistrats et mesmement des prévosts des mareschaulx, estans tels cas et actes prévostables. »

1. Archives de la Lozère, C 876. Publié en partie par la *Société d'agriculture..... de la Lozère*, Documents, année 1886, p. 396.

2. *Bulletin de la Société d'agriculture..... de la Lozère*, année 1875, p. 62.

3. François de Coligny, comte de Châtillon, fils de l'amiral de Coligny.

4. *Bulletin de la Société d'agriculture..... de la Lozère*. Documents, année 1886, p. 454 et 477. — Archives de la Lozère, C 1794.
Il est peu vraisemblable que ce soit Antoine, parce qu'il est désigné comme lieutenant de prévôt et que son père était encore en fonctions l'année suivante. L'un des témoins qui parle de Guillaume est Jean Désestreyctz qui était greffier de la prévôté et notaire de la famille de Caprières, et son témoignage est confirmé par la déposition d'un troisième témoin. Cependant Désestreyctz commet une erreur en disant que la mère de Châtillon écrivit en faveur de Guillaume de Caprières, car la mère de Châtillon, Charlotte de Laval, mourut en 1568 (Moréri, *Dictionnaire historique*, t. III, verbo Coligny et t. V, verbo Laval).

Guillaume de Caprières toucha encore les gages de lieutenant en 1580 [1], mais il fut remplacé dans le cours de l'année suivante. On peut croire qu'il s'était rendu suspect au parti catholique par la façon dont Merle l'avait traité, et qu'il fut remplacé aussitôt après la reddition de Mende. Cette ville fut évacuée au mois de juillet 1581 [2], et André de Baldit, le nouveau lieutenant, fut payé à partir du 15 août de la même année [3]. Cependant Guillaume de Caprières n'était pas mort, car aux Etats de 1582 il fut décidé qu'on ne lui payerait quatre-vingts écus qui lui étaient dûs, que lorsqu'il aurait remis les papiers relatifs à sa charge depuis la prise de Mende jusqu'aux Etats précédents [4].

Nous avons, sur la compagnie de Guillaume de Caprières, des indications plus précises que sur celle de son prédécesseur. Il touchait 400 livres de gages annuels [5]. Il avait ordinairement six archers sous ses ordres [6]; cependant il n'en eut que cinq du 1er janvier au 15 juin 1578 [7], par contre il en eut douze pendant les mois d'août, septembre et octobre 1576 [8], et dix de mai à décembre 1577, ainsi que du 15 juin à la fin de l'année 1578 [9]. Le prévôt ayant été fait prisonnier en décembre 1579, il fut pendant six mois sans compagnie; l'assemblée de l'assiette de 1580 [10] lui accorda néanmoins, ainsi qu'à son greffier, les gages de l'année entière à la condition de s'armer et de se monter promptement; il lui était commandé de lever aussitôt neuf archers armés et montés, ce qui ramenait cette troupe à dix archers, y compris

1. Archives de la Lozère, C 877, fol. 166.

2. *Histoire générale de Languedoc*, Edition Privat, t. XI, p. 685, note 1, et p. 695, note 1.

3. Archives de la Lozère, C 1338.

4. *Procès-verbaux des délibérations des Etats du Gévaudan*, t. I, p. 111. — On voit dans cette délibération (p. 77) que les Etats de 1581 s'étaient tenus à Mende, par conséquent après le départ de Merle, ce qui confirme ce que nous venons de dire au sujet du remplacement de Guillaume de Caprières.

5. Archives de la Lozère, C 877, fol. 13 (1570), 94 (1574), 137 (1577), 166 (1580), C 876 (1578). — A partir de 1578, le décompte est fait en écus, soit 133 écus un tiers.

6. *Ibidem*, C 877, fol. 94 (1574) et 137 (1577); C 813, fol. 130 (1576).

7. *Ibidem*, C 876.

8. *Ibidem*, C 877, fol. 137 et C 813, fol. 130.

9. *Ibidem*, C 877, fol. 137, C 876, et C 813, fol. 130.

10. L'assiette fut tenue au mois de juillet, on peut en conclure que Guillaume de Caprières avait été relâché depuis peu par Merle.

le greffier [1]. Les gages du greffier et des archers étaient de douze livres par mois en 1574, treize livres en 1577 et vingt livres à partir du 15 juin 1578. On a vu qu'en 1577, Guillaume de Caprières réclamait une augmentation de gages pour ses archers afin de leur faire faire des casaques, c'est-à-dire un habit ou manteau d'uniforme, pour leur donner plus d'autorité.

André de Baldit remplaça Guillaume de Caprières ; il faisait partie de la troupe de 150 hommes à cheval et de 150 harquebusiers qui accompagnaient le baron d'Apcher quand celui-ci vint, en juillet 1581, traiter avec Merle de la reddition de Mende [2]. On a vu qu'il fut nommé, peu après, lieutenant de prévôt et que ses gages commencèrent à courir du 15 août de la même année [3].

Lors des Etats particuliers de 1582, il avait reçu procuration du seigneur de Saint-Alban pour siéger à sa place, mais il se fit remplacer par Jean Certain de Marvejols, sans doute parce qu'en raison de sa charge il ne pouvait faire partie de l'assemblée [4]. Il se présenta néanmoins aux Etats pour réclamer le payement des frais exposés par M. de Saint-Alban, en 1580, alors que celui-ci alla demander à Montmorency de venir faire le siège de Mende occupé par Merle [5].

Dans l'assiette de 1582, il fut imposé 166 écus deux tiers pour les gages du lieutenant, à la charge de résider dans la ville de Mende et de faire ses chevauchées tant à Marvejols qu'aux autres villes et lieux du diocèse, de remettre ses procédures au greffe du bailliage et de présenter tous les mois, aux commis et députés, ses archers « en bataille, armez de cuyrasse et montez à l'équipollent. » Ces archers devaient, lors de la revue, prêter serment devant le bailli et les commis [6]. Cependant, à la réunion des Etats du mois de juin 1583, André de Baldit remontra que ni lui, ni ses archers, n'avaient été payés de leurs gages. Il fut dé-

1. Archives de la Lozère, C 877, fol. 166.

2. *Bulletin de la Société d'agriculture..... de la Lozère*, Documents, année 1887, p. 21. — Archives de la ville de Mende, CC 21.

3. Archives de la Lozère, C 1338.

4. *Procès-verbaux des délibérations des Etats du Gévaudan*, t. I, p. 75.

5. *Ibidem*, t. I, p. 116.

6. Archives de la Lozère, C. 877, fol. 187, 209 et 234.

cidé que le receveur de l'année précédente, M. Antoine Chevalier, serait contraint de payer toutes les sommes qu'il redevait ; on porta, en outre, les gages du lieutenant à 200 écus. Sur une autre réquisition du prévôt, on vota des fonds pour être employés par les commis à solder les frais des procès prévôtaux et à nourrir les prisonniers [1].

Au mois de juillet, pendant la tenue des Etats, plusieurs crimes furent commis dans les environs de Marvejols ; le substitut du procureur du roi au bailliage demanda que le lieutenant de prévôt allât immédiatement informer contre les coupables, et requit l'envoyé de Marvejols de livrer à André de Baldit plusieurs étrangers qui se trouvaient dans cette ville [2]. M. Guillaume Gralli, l'envoyé de Marvejols, répondit en réclamant l'établissement d'un second lieutenant de la religion réformée ; l'assemblée jugea qu'un seul prévôt suffisait pour faire la capture des voleurs de l'une et de l'autre religion, mais elle décida néanmoins qu'on écrirait à Montmorency, gouverneur de Languedoc, afin qu'il ordonnât ce qu'il croirait nécessaire à ce sujet [3].

Nous avons dit que Charles IX, par l'ordonnance de Moulins de février 1566, avait prescrit que la compétence des prévôts des maréchaux, ainsi que les procès instruits par ces officiers, seraient jugés par les présidiaux. En 1567, les Etats de Languedoc avaient demandé que les jugements définitifs pussent être rendus par tous les sièges royaux, mais avec le concours de dix juges, au lieu de sept, nombre fixé par l'ordonnance [4]. Le bailliage du Gévaudan fut autorisé, en 1572, à juger en dernier ressort les cas prévôtaux [5]. Comme ceux-ci faisaient partie des crimes dits cas royaux, cette autorisation n'était que l'interprétation rationnelle de l'acte de paréage, passé en 1306 entre Philippe le Bel et l'évêque Guillaume Durand, qui attribuait au bailliage du Gévaudan la connaissance de tous crimes de fausse monnaie, de rebellion, de port d'armes, et aussi de tous crimes

1. *Procès-verbaux des délibérations des Etats du Gévaudan*, t. I, p. 150 et 166.

2. *Ibidem*, t. I, p. 160.

3. *Ibidem*, t. I, p. 170.

4. *Inventaire des Archives de la Haute-Garonne*, Série C, t. II, p. 71, col. 1.

5. Archives de la Lozère, C 3.

publics ou privés, tant ordinaires qu'extraordinaires, et même de lèse-majesté [1]. Lorsque les prévenus déclinaient la juridiction du lieutenant de prévôt, celui-ci devait les conduire à Nimes, où était le présidial le plus proche, pour faire trancher la question de compétence. Cette façon de procéder avait des inconvénients que faisait ressortir un cahier de doléances adressé au roi, en 1582, par les Etats du Gévaudan. Il y était dit que Nimes était séparé de Mende par plus de trois grandes journées, et que l'unique chemin traversait les Cévennes où, le plus souvent, prisonniers et procédures étaient enlevés, et les sergents, meurtris ou tués. En conséquence, les Etats demandaient pour le bailliage le droit de juger la compétence du prévôt, comme il jugeait déjà ses procès définitifs. Henri III fit droit à cette requête, mais pour trois ans seulement, sous la réserve que les jugements seraient rendus par le nombre de juges fixé par les ordonnances, c'est-à-dire sept juges [2].

Cette autorisation n'était que provisoire. Le roi pensa donner une solution définitive à la question en érigeant, par édit de mars 1583, une sénéchaussée à Mende [3]. Cette création fut annoncée, le 30 juin, par le baron de Saint-Vidal aux Etats du Gévaudan qui décidèrent de remercier le roi du bien qu'il lui avait plu faire

1. G. de Burdin, *Documents historiques sur la Province du Gévaudan*, t. I, p. 25.
Cette relation entre l'acte de paréage et la connaissance des cas prévôtaux, est nettement constatée dans des lettres patentes du 23 mai 1748 (Archives de la Lozère, Série B, fonds du bailliage, registre de la séance de Marvejols commencé le 13 septembre 1771 et terminé le 29 août 1786) : « En exécution dudit traité de paréage, le bailliage de Gévaudan a été depuis longtemps divizé en deux sièges dont l'un composé d'officiers pourveus par Nous tient sa séance dans la ville de Maruéjolz, l'autre composé d'officiers pourveus par l'Evêque tient sa séance dans la ville de Mende, et ce alternativement d'année en année, de sorte que l'un des deux sièges vaque pendant que l'autre remplit les fonctions, mais de telle manière que la justice doit toujours estre rendue tant en Notre nom qu'au nom de l'Evêque, et avec la même autorité de pouvoir nottamment pour les cas royaux, dans la connoissance desquels le feu Roy notre très honoré Seigneur et Bisaïeul confirma exprexément les officiers dudit Bailliage séant à Mende comme ceux qui ont leur séance à Maruéjols par lettres patentes du 1er décembre 1649, enregistrées au Parlement de Toulouse le 21 août 1654. C'est ce qui a donné lieu aux uns et aux autres d'instruire et juger conjointement avec le prévôt de nos Cousins les Maréchaux de France, ou son lieutenant, les procès criminels poursuivis pour les cas prévôtaux qui se sont présentés en l'année de leur exercice. »

2. Archives de la Lozère, C 955. — *Bulletin de la Société d'agriculture..... de la Lozère*, année 1875, p. 73 et 149.

3. Roucaute, *Deux années de l'histoire du Gévaudan au temps de la Ligue*, p. 143.

au pays [1]. Le principal motif, donné par l'édit pour justifier cet établissement, était les difficultés qu'éprouvait le prévôt de conduire les accusés à Nimes pour y faire juger sa compétence [2]; mais comme Saint-Vidal fut pourvu de l'office de sénéchal, on peut penser que, dans un intérêt personnel, il avait travaillé à cette création [3]. Le roi avait, par mandement spécial, attribué à la nouvelle sénéchaussée le droit de juger la compétence et incompétence du prévôt, droit qui en principe n'appartenait qu'aux présidiaux. A cet effet, le lieutenant général du siège était en même temps juge-mage [4].

Le sénéchal de Nimes, dont l'autorité était ainsi diminuée, représenta, dans un mémoire de 1585, que puisque l'occasion principale de la nouvelle création était la difficulté de faire juger la compétence du prévôt des maréchaux, les officiers de son siège consentaient que le bailliage du Gévaudan connût, non seulement des cas prévôtaux, mais aussi de la compétence, ainsi que le roi l'avait précédemment autorisé [5].

Les Etats du Gévaudan, qui avaient applaudi à la création d'une sénéchaussée à Mende, en demandaient la suppression

1. *Procès-verbaux des délibérations des Etats du Gévaudan*, t. I, p. 144.

2. « Nous recevons journellement une infinité de plainctes de meurtres, de raptz, volleries, assassinatz et autres grands et exécrables crimes commis et perpétrés audit pays, sans qu'il en soit faicte aucune punition ny par la voie ordinaire, ny par celle du prévost des mareschaulx ou son lieutenant audit pays, qui n'y peult vacquer ainsin qu'il seroit bien requis, d'aultant que les prévenus desdits crimes allègent incompétence contre luy, laquelle par nos ordonnances doibt estre jugée au plus prochain siège présidial de la province, qui est celluy dudit Nismes, auquel lesdits prévenus ne pouvant estre représentés, ny les informations et procédures faictes contre [eulx] rapourtées qu'avec une extrême longueur, danger et despense insupportable aux habitans dudit pays pour raison de leur pauvreté: a moyen de quoy nosdicts subjectz tant d'une que d'autre religion, sont grandement travaillés, affligés, opprimés, et contraintz le plus souvent de céder à la violence des méchants, et de laisser prendre et ravir leurs biens aux plus forts, pour n'avoir sur le lieu la défense et protection de nostre justice. » Edit de mars 1583.

3. Dans les délibérations des Etats du Gévaudan de 1585, il est désigné sous les titres de « Antoine de la Tour, chevalier de l'ordre du Roy, capitaine de cinquante hommes d'armes de ses ordonnances, gouverneur et lieutenant pour Sa Majesté et son Sénéchal audit pays de Gévaudan. » (*Procès-verbaux des délibérations des Etats du Gévaudan*, t. I, p. 180).

4. Dans le Languedoc, on appelait *Juge-Mage*, ou *Mage, judex major*, le Lieutenant Général d'un Présidial. (*Dictionnaire de Trévoux*, t. III, verbo Juge).

5. *Bulletin de la Société d'agriculture..... de la Lozère*, Documents, années 1893-1895, p. 151. Archives de la Lozère, G 914. — Un présidial était attaché à la sénéchaussée de Nimes.

dès 1588, d'abord à cause de la rivalité préjudiciable aux plaideurs, qui existait entre la nouvelle juridiction et le bailliage, ensuite parce que le pays ne pouvait payer les gages des officiers 1. Ils agitèrent encore cette question en 1595, mais sans prendre de décision 2. La sénéchaussée fut supprimée en 1596 3, et réunie à celle de Nimes. Le roi ayant de nouveau attribué au bailliage la connaissance des cas prévôtaux et de la compétence du prévôt, les officiers de la sénéchaussée de Nimes, par un traité du 5 décembre 1597, s'engagèrent à respecter ce droit 4.

Nous avons dit que les Etats du Gévaudan de 1583 avaient laissé au maréchal de Montmorency le soin de décider si un lieutenant de la religion protestante était nécessaire au pays. Le

1. *Procès-verbaux des délibérations des Etats du Gévaudan*, t. I, p. 217.

2. *Ibidem*, t. I, p. 534 et 535. — Archives de la Lozère, G 918.

3. *Procès-verbaux des délibérations des Etats du Gévaudan*, t. II, p. 146.

On lit dans l'*Histoire générale de Languedoc* (Edition Privat, t. XI, p. 728) que l'érection de la sénéchaussée de Mende n'eut pas lieu ; c'est une erreur, car on n'aurait pas demandé sa suppression si l'édit de création n'avait pas été suivi d'exécution. La délibération des Etats du Gévaudan de 1588, que nous venons de citer, ne laisse aucun doute à cet égard : « Et sur la plaincte commune que les habitans dudict païs de Gévaudan font de la nouvelle érection faicte d'ung siège de sénéchal en ladicte ville de Mende, pour le trouble, vexation et désordre qu'il leur apporte, tant à cause de la diversité des juridictions que sont maintenant dans ledict pays, par lesquelles le pauvre peuple d'icelluy est agité en mesme temps et pour mesme cause en deux diverses juridictions, que sont le siège du Bailliage ancien et celluy dudict Sénéchal, nouvellement érigé.....» A la mort du baron de Saint-Vidal, le Parlement de Toulouse commit, le 25 juin 1591, le baron Philibert d'Apcher à l'exercice de la charge, en attendant l'ordre du roi.

Nous avons trouvé aux Archives de la Lozère (Série C, liasse 1353) deux sceaux de la sénéchaussée de Mende, assez mal conservés. Ce sceau est rond, il a un diamètre de 37mm; au centre, sont les armes de France surmontées de la couronne royale et entourées des colliers des ordres de St-Michel et du St-Esprit. La légende est : SÉNÉCHAUSSÉE DE MENDE ET GÉVAUDAN, 1585.

M. Roucaute a prouvé l'érection de la Sénéchaussée de Mende par des arguments un peu différents. (*Bulletin de la Société d'Agriculture..... de la Lozère*, Chroniques et Mélanges, année 1904, p. 1).

4. Archives de la Lozère. G 918.

« Traité et transaction fait entre la Sénéchaussée de Nismes et Mgr l'Evesque de Mende. les officiers du baillaige de Gévaudan, portant que les officiers dudit Baillaige jouiront, comme ils avoient fait avant la suppression du Sénéchal de Mande, des cas prévostables et des appellations des ordinaires du Gévaudan.....

« Premièrement, que les officiers du baillaige, assistés du nombre de gradués requis par les ordonnances du Roy cognoitront comme ils faisoient auparavant de la sénéchaussée de Mende naguières supprimée des cas et crimes dont la cognoissance appartient aux prévosts pour les juger en [dernier] ressort et souverainetté, ensemble de la compétence et incompétence et déclinatoire qu'en seront proposées contre ledit prévost du moingz pour le regard desd. déclinatoires par provision ainsi qu'est porté par lesd. patantes et arrest du conseil du doutziesme septambre mil cinq cens quatre vingt seitze et autres patantes dudit arrest.....»

maréchal nomma à cette charge Grinhon Gerbal, seigneur de la Roche, habitant de Marvejols. Celui-ci ayant prêté serment devant le juge royal de Marvejols, le procureur du roi au bailliage et le procureur juridictionnel de l'évêque firent des remontrances à ce sujet, lors de l'assemblée des commis et députés du 8 janvier 1585, disant que le serment devait être reçu par la cour commune. Les commis, observant qu'il appartenait aux Etats de nommer le lieutenant, autorisèrent seulement Grinhon Gerbal à emprunter 200 écus, pour subvenir aux frais de sa charge, en attendant la décision des Etats suivants [1]. Les Etats de Languedoc constataient, le 17 juillet 1585, qu'un des lieutenants du Gévaudan n'avait été nommé ni par le diocèse, ni par le prévôt général Pezon, et que néanmoins il s'ingérait dans l'exercice de la charge (il s'agissait évidemment de Grinhon Gerbal) ; ils enjoignirent aux commis d'élire celui qu'ils voudraient, ou qu'autrement il y serait pourvu [2].

Les Etats du Gévaudan, tenus au mois d'octobre 1585, n'eurent pas à nommer un lieutenant protestant, car la guerre religieuse avait recommencé [3]. Henri III s'étant uni avec les ligueurs, rendit au mois de juillet un édit défendant l'exercice de la religion réformée [4]. Déjà des mouvements avaient eu lieu en Gévaudan ; au commencement de l'année, les catholiques essayèrent de surprendre Marvejols. Saint-Vidal écrivit aux commis que le lieutenant de prévôt Baldit et soixante à quatre-vingts soldats de Mende faisaient partie de cette expédition [5]. Les députés du diocèse aux Etats de Languedoc eurent mandat de protester contre ces accusations, et de représenter que cette entreprise était le fait de quelques troupes du Vivarais, et que, loin de se joindre à elles, le lieutenant de prévôt et la

1. Archives de la Lozère, C 814, fol. 39.

2. *Ibidem*, C 535, fol. 13 et C 536, fol. 58. Publié par la *Société d'agriculture..... de la Lozère*, Documents, année 1891, p. 26.

3. Grinhon Gerbal maria l'une de ses filles à Moynier, pasteur protestant; il était mort en 1586 lors de la prise de Marvejols par le duc de Joyeuse (*Bulletin de la Société d'agriculture..... de la Lozère*, Documents, année 1887, p. 410 et 468).

4. *Histoire générale de Languedoc*, Edition Privat, t. XI, p. 730.

5. Archives de la Lozère, C 1776, Lettre citée dans le *Bulletin de la Société d'agriculture..... de la Lozère*, Documents, année 1887, p. 147.

garnison de Mende s'étaient efforcés de les tailler en pièces [1].

Le baron de Saint-Vidal qui suivait la politique du roi, se déclara rapidement contre les protestants, et aux Etats particuliers de 1585, il entretint l'assemblée des moyens à employer pour réduire Marvejols et les autres places qui étaient au pouvoir de ceux de la religion réformée [2]. Le duc de Joyeuse [3] vint lui-même dans le Gévaudan en 1586 et s'empara successivement du Malzieu, de Marvejols et du château de Peyre [4]. Bien qu'on eut promis la vie sauve à la garnison, Pierre d'Auzoles dit le capitaine Lapeyre, qui commandait ce château, fut envoyé à Mende, et par sentence du lieutenant de prévôt, écartelé le 10 septembre [5].

Les Etats de Languedoc décidèrent, en 1587, que les lieutenants des diocèses seraient tenus de remettre chaque année, aux députés de leur pays, le cahier de leurs exploits et arrestations; ils confirmèrent les décisions, qui avaient été prises plusieurs fois, de payer à ces officiers vingt livres par condamnation à mort et dix livres par condamnation aux galères à perpétuité, mais il était défendu aux lieutenants d'exiger aucun salaire des particuliers [6].

André de Baldit et un de ses archers, Pierre Saint-Latgier, furent tués pendant le siège de Chirac alors occupé par les protestants. Un autre archer, Pierre Salmison, y reçut une blessure [7]. On peut fixer au mois de février 1588 la mort du lieutenant De Baldit. En effet, les protestants s'étaient emparés de Chirac le 21 décembre 1587 [8], les catholiques en commencèrent le siège

1. *Bulletin de la Société d'agriculture..... de la Lozère*, Documents, année 1887, p. 153.

2. *Procès-verbaux des délibérations des Etats du Gévaudan*, t. I, p. 181.

3. Anne de Joyeuse, amiral de France.

4. *Histoire générale de Languedoc*, Edition Privat, t. XI, p. 749.

5. *Bulletin de la Société d'agriculture..... de la Lozère*, Documents, année 1887, p. 253, 265, 273 et 274. — Pierre d'Auzoles était le beau-frère de Mathieu de Merle qui avait épousé Françoise d'Auzoles. (G. de Burdin, *Documents historiques sur la Province de Gévaudan*, t. II, p. 58, note).

6. Archives de la Lozère, C 536, fol. 77.

7. *Ibidem*, C 1353.

8. *Bulletin de la Société d'agriculture... de la Lozère*, Documents, année 1887, p. 335.

dans les premiers jours de février 1588 [1], et moyennant 1500 écus, se firent rendre la place avant la fin du mois [2].

Les gages d'André de Baldit qui étaient d'abord de 400 livres, comme ceux de son prédécesseur, furent portés, en 1584, ainsi que nous l'avons dit, à 600 livres ou 200 écus. Sa compagnie était de vingt-cinq archers en 1581 [3], elle fut réduite à douze archers le 1er juin 1582 [4], et en 1587 elle n'en comptait plus que dix [5]. Les gages de ces archers étaient, en 1581, de cent écus par an [6], de 1582 jusqu'en 1585, ils furent de 120 écus [7]. Nous n'avons pas de renseignements sur ce sujet pour l'année 1586, mais en 1587, ces gages étaient réduits à soixante-six écus deux tiers. Sur la somme totale de 666 écus deux tiers qu'on aurait dû payer aux dix archers, on ne coucha dans le compte du receveur que 595 écus, le surplus ne pouvant être acquitté, faute de fonds ; et même, les commis n'allouèrent que 461 écus 50 sols [8]. Un autre compte prouve qu'une réduction semblable avait déjà été opérée en 1586 « pour obvier aux frais de l'armée du Roy conduite par feu monseigneur le duc de Joyeuse, amiral de France. [9] » On a vu que ces archers devaient être montés et armés de cuirasses, et qu'ils étaient passés en revue tous les mois.

1. *Bulletin de la Société d'agriculture..... de la Lozère*, Documents, année 1887, p. 360.

2. *Ibidem*, Documents, année 1887, p. 361 et 362. — Dans une lettre du 22 février (p. 362), qui paraît destinée à l'évêque, le sieur de St-Alban annonce que les protestants doivent faire connaître le lendemain soir leur réponse au sujet de la reddition de la place ; il dit que cette lettre sera portée par le capitaine Baldy. Si, ce qui est très vraisemblable, ce capitaine n'était autre que le prévôt, André de Baldit aurait été tué le 22 ou le 23, peut-être au cours de sa mission.

3. Archives de la Lozère, C 1338.

4. *Ibidem*, C 1339 ; C 877, fol. 187, 209 et 234 ; C 878, fol. 10, 134, 251, 288, et 309. — *Procès-verbaux des délibérations des États du Gévaudan*, t. I, p. 167.

5. Archives de la Lozère, C 1352.

6. *Ibidem*, C 1338.

7. *Ibidem*, C 1339 ; C 877, fol. 187, 209 et 234 ; C 878, fol. 10, 134, 251, 288 et 309.

8. *Ibidem*, C 1352.

9. *Ibidem*, C 1353.

III

DE L'ORIGINE A 1606

(2me PARTIE)

André de Baldit ne fut pas remplacé immédiatement après sa mort. Le 21 avril 1588, les commis décidèrent qu'il serait procédé à la nomination provisoire d'un lieutenant en attendant la réunion des Etats dont on ne prévoyait pas encore la date [1]. Mais, comme on le sait, les finances du pays étaient alors peu prospères, et c'est sans doute pour cette cause que, malgré cette délibération, aucun lieutenant ne fut nommé. Le 14 juin suivant, les commis reconnurent de nouveau la nécessité de procéder à l'élection d'un prévôt, avec un greffir et deux archers seulement en attendant que le pays eut le moyen d'entretenir une maréchaussée plus forte. Ils espéraient d'ailleurs que les garnisons qui étaient établies dans le Gévaudan contribueraient à le purger des voleurs et vagabonds [2]. Le 20 du même mois, ils firent choix de noble Pierre de Rouffet [3], sieur de Chavagnac, en Auvergne. Les Etats du pays, tenus au mois de septembre, confirmèrent cette nomination et accordèrent dix archers au nouveau lieutenant. Pierre de Rouffet prêta immédiatement serment entre les mains de l'évêque de Mende, Adam de Heurtelou [4]. Les gages de la

1. Archives de la Lozère, C 814, fol. 145.

2. *Ibidem*, C 814, fol. 161. — Demander aux gens de guerre de faire la chasse aux voleurs, c'était alors charger les loups de la garde du troupeau; en 1596, le bailli du Gévaudan s'exprimera ainsi : « Il [le bailli] a recougneu que l'ung des grands défaultz de ce païs est la tollérance des crimes commis par les gens de guerre. » *Procès-verbaux des délibérations des Etats du Gévaudan*, t. II, p. 11.

3. On trouve les orthographes : Rouffet, Rouflet, Rouffert et Rouchet. Son nom était peut-être Roussel, car dans un acte de l'année 1628 il est parlé d'un sieur Pierre Roussel, mari de Marguerite de Chavaignac, qui n'est autre sans doute que l'ancien prévôt. (Archives de la Lozère, Série E, Minutes de Barrau, notaire à Mende, année 1628, fol. 122).

4. *Procès-verbaux des délibérations des Etats du Gévaudan*, t. 1, p. 224.

prévôté étaient les mêmes que précédemment, 200 écus pour le lieutenant et 66 écus deux tiers pour chaque archer [1].

La même année, les Etats de Languedoc demandèrent que les archers de la maréchaussée ne pussent être employés, par les receveurs, à contraindre les habitants de payer les impositions, sauf le cas de rébellion, ce qui fut accordé par le maréchal de Montmorency, gouverneur de la Province [2].

Le sieur de Chavagnac se démit de sa charge de prévôt après quatorze mois de fonctions, et se retira en Auvergne [3]. Les commis et députés, n'ayant pu lui trouver un successeur, demandèrent à Montmorency d'envoyer un prévôt en Gévaudan en attendant que les Etats eussent nommé un personnage capable de remplir l'office. Le maréchal désigna Michel de Bonnafoux, l'un des lieutenants ordinaires du prévôt général. Les Etats du Gévaudan, tenus à Chanac au mois de novembre 1590, décidèrent de recevoir provisoirement Michel de Bonnafoux comme lieutenant du diocèse et de lui accorder douze archers. Cette nomination était faite sous les conditions habituelles et sans préjudice du privilège que le pays avait de présenter son lieutenant au prévôt général. Les députés des Cévennes ayant déclaré qu'ils n'entendaient pas participer aux frais de l'entretien de la maréchaussée, l'assemblée décida d'en faire des remontrances au gouverneur.

Tandis que les Etats du Gévaudan élisaient Michel de Bonnafoux, celui-ci était à Villefort pour faire mettre en liberté des habitants de Saugues qui y étaient détenus comme prisonniers de guerre. Il se présenta le 15 novembre à Mende où les commis et députés s'étaient transportés pour faire l'assiette. Sa nomina-

1. Archives de la Lozère, C 1353.

2. *Ibidem*, C 954 : « Qu'il soit aussi inhibé et deffendu a tout archier de prévost de la mareschaussée ne s'entremectre a la contraincte des villes, diocèses et particuliers au payement des deniers qu'ils doibvent fort en cas de rebellion et désobéissance, ains user des voyes orches et tout ainsi que de tout temps a esté acoustumé, deffendant tant au receveur général que aux particuliers receveurs desdits diocèses de ne dépescher telles contrainctes que ung mois après le terme du payement escheu, moings d'employer aulcunement lesdits archers de prévost en l'exaction desdits deniers ains seulement user de la voye orche portée par les Ordonnances du Roy et réglemens de la Court des Aydes. »

3. Archives de la Lozère, C 1357. — *Procès-verbaux des délibérations des Etats du Gévaudan*, t. I, p. 241.

tion fut confirmée, et il prêta serment entre les mains de l'évêque et de Jean Dumas, juge au Bailliage [1].

En 1591, les Etats décidèrent que sur les 1000 écus qui étaient imposés chaque année pour les affaires occurentes du pays, il serait prélevé cent écus pour être employés à la poursuite et à l'exécution des procès prévotaux [2].

Michel Bonnafoux qui cumulait les charges de lieutenant du prévôt général et de prévôt particulier du Gévaudan, n'était pas souvent dans le diocèse, aussi, sans attendre la tenue des Etats particuliers de janvier 1592, les commis et députés présentèrent-ils un nouveau lieutenant au maréchal de Montmorency. Ce lieutenant était François Molines. Les Etats du Gévaudan confirmèrent cette nomination aux conditions ordinaires, en spécifiant que le prévôt serait tenu de faire sa résidence habituelle dans la ville de Mende et de ne prendre que des catholiques pour archers. Le nombre de ces archers était fixé à cinq [3]. François Molines, qui avait 200 écus de gages comme ses prédécesseurs, devait faire ses chevauchées dans tout le pays ; néanmoins, comme les Cévennes servaient de refuge à de nombreux voleurs de bétail, les Etats élurent Antoine Rodier, de Barre [4], comme lieutenant du prévôt particulier. Il était accordé cent écus de gages et deux archers à ce lieutenant qui devait faire juger ses procès à Mende [5].

Jean de Retrun, sieur de la Roche, accusé d'être perturbateur du repos public, et prévenu de « la trahison de la ville de Mende », avait été fait prisonnier par Fosseuse, gouverneur du Gévaudan [6], Les Etats demandèrent que le coupable fut remis entre les mains de la justice, mais le gouverneur objecta que les capitaines qui l'avaient pris lui avaient promis la vie sauve [7]. Le maréchal de Montmorency, à qui les Etats eurent recours, lui

1. *Procès-verbaux des délibérations des Etats du Gévaudan*, t. I, p. 242 et 273.

2. *Ibidem*, t, I, p. 287.

3. *Ibidem*, t. I, p. 324.

4. Il était baile de Barre, il siégea aux Etats de 1589 et de 1592 (2e session) comme envoyé du seigneur de Barre (*Procès-verbaux des délibérations des Etats du Gévaudan*, t, I, p. 247 et 353).

5. *Procès-verbaux des délibérations des Etats du Gévaudan*, t. I. p. 330.

6. François de Montmorency, seigneur de Fosseuse.

7. *Procès-verbaux des délibérations des Etats du Gévaudan*, t. I, p. 322.

fit faire son procès à Nimes par le prévôt général Daugier auquel le pays alloua 140 écus pour sa dépense [1].

En 1594, le receveur du pays [2] ne put lever les impôts dans les Cévennes par suite d'une révolte des habitants; les commis et députés prièrent le connétable d'envoyer le prévôt général pour informer de ces rébellions et émotions populaires [3]. L'année suivante, et pour le même motif, le député de Mende et les consuls d'Uzès demandèrent l'assistance des Etats de Languedoc; ceux-ci conclurent que le prévôt général serait tenu de faire ses chevauchées dans ces deux diocèses, et tous les exploits de justice nécessaires, aux frais des deux pays [4].

Cependant, à cette époque, la lutte était moins entre catholiques et protestants qu'entre le parti d'Henri IV et celui de la Ligue représentés en Languedoc, le premier par le connétable de Montmorency et le second par le duc de Joyeuse [5]. Dans le Gévaudan, les ligueurs étaient commandés par le baron d'Apcher; l'évêque, Adam de Heurtelou, s'était prononcé pour le roi dont le plus zélé défenseur aurait dû être Fosseuse qui avait été nommé gouverneur par son cousin Montmorency. Par ambition, Fosseuse traitait secrètement avec la Ligue [6]; il s'était fait remettre lors de sa prise de commandement plusieurs châteaux de l'évêque qu'il refusait de rendre, entre autres la tour de Grandrieu [7] et le château du Villard. C'était François Molines, lieutenant de prévôt, qui gardait cette dernière place [8].

1. Archives de la Lozère, C 1363 et C 815, fol 56. Ce dernier document a été publié par la *Société d'agriculture... de la Lozère*, Documents, année 1888, p. 39. Nous n'avons trouvé aucun détail sur la trahison reprochée au sieur de la Roche. Il avait siégé aux Etats du Gévaudan de 1589 comme envoyé du baron de Peyre *(Procès-verbaux des délibérations des Etats du Gévaudan*, t. I, p. 247). En 1597, un Jean de Retrun, sieur de la Roche, siégea encore aux Etats comme envoyé du baron de Canillac (*Ibidem*, t. II, p. 95), il fut assassiné en Auvergne la même année (*Ibidem*, t. II, p. 233). Il semble que c'est le même que celui qui fut poursuivi en 1592. Avec lui avaient été inculpés Jean de Chavagnac, sieur de Montauloux, et André de Ricé, sieur de Bressolles (Archives de la Lozère, C 1575).

2. Pierre Portalier.

3. Archives de la Lozère, C 815, fol. 133.

4. *Ibidem*, C 536, fol. 328, publié en partie par la *Société d'agriculture..... de la Lozère*, Documents, année 1891, p. 46.

5. Henri, comte de Bouchage, duc de Joyeuse, puis maréchal de France.

6. *Histoire générale de Languedoc*, Edition Privat, t. XI, p. 871, note 2.

7. *Procès-verbaux des délibérations des Etats du Gévaudan*, t. I, p. 461.

8. Archives de la Lozère, C 815, fol. 35. Publié par la *Société d'agriculture ...de la Lozère*, Documents, année 1888, p. 17.

Le soin de défendre un château situé sur le théâtre d'opération des deux armées ennemies ne permettait pas à Molines de vaquer à l'exercice de sa charge de prévôt. D'autre part, les garnisons entretenues par les deux partis avaient fort appauvri le pays. Aussi, en 1593, ne donna-t-on à chacun des deux lieutenants [1] que les gages d'un archer, soit 66 écus deux tiers ; on n'alloua aucune somme pour les gages des trois archers ordonnés à Molines, non plus que pour ceux des deux de Rodier « pour n'avoir pas servy. [2] »

Lors de la tenue des Etats particuliers de 1595, les deux lieutenants réclamèrent 400 écus pour les dépenses qu'ils avaient faites pendant les deux années précédentes, et prièrent l'assemblée de leur entretenir un nombre suffisant d'archers. Loin de faire droit à leurs demandes, on se contenta de décider, à la pluralité des voix, qu'ils seraient maintenus en leurs charges jusqu'à la tenue des Etats suivants, et sans leur attribuer de gages on donna à chacun d'eux cinquante écus pour ses vacations [3]. De plus, le vicaire général [4] qui présidait, ne se rengeant pas à l'opinion de la majorité, fit observer que Molines ne remplissait pas les devoirs de sa charge et détenait indûment le château du Villard qu'il refusait de remettre à l'évêque. Rodier, tant en son nom qu'en celui de Molines, demanda que, pour suppléer au défaut d'archers, il fut enjoint aux villes et châteaux de leur prêter main-forte et retraite en cas de besoin, ce qui lui fut promis [5].

Deux lieutenants, ayant des gages insuffisants et point d'archers, ne pouvaient, même s'ils en avaient eu la volonté, donner la chasse aux voleurs. Aussi, les attaques sur les chemins et les brigandages se multiplièrent-ils. Cette même année 1595, pour

1. Bien qu'en 1592, Antoine Rodier ait été nommé comme lieutenant de François Molines, il semble qu'on n'ait jamais considéré le premier comme subordonné au second, et qu'on ait toujours, au contraire, traité les deux officiers comme deux lieutenants indépendants ayant cependant des gages différents.

2. Archives de la Lozère, C 1365.

3. *Procès-verbaux des délibérations des Etats du Gévaudan*, t. I, p. 525. — Archives de la Lozère, C 1369.

4. Charles de Rousseau, neveu de l'évêque Adam de Heurtelou, nommé évêque de Mende à la mort de son oncle.

5. *Procès-verbaux des délibérations des Etats du Gévaudan*, t. I, p. 531.

assurer la sécurité des gens qui se rendaient à la foire de Mende du lendemain de la Toussaint, les commis durent écrire à Rodier de se mettre en campagne quatre ou cinq jours avant la foire et deux ou trois jours après. Ils ajoutaient que puisqu'il n'avait aucun archer, il pouvait prendre avec lui « six cuirasses », l'assurant qu'il serait remboursé de ses frais [1].

Cette situation ne pouvait durer. Aux Etats particuliers de 1596 [2], et dès la séance d'ouverture tenue le 3 avril, le nouveau bailli du Gévaudan [3] remontra que les crimes commis par les gens de guerre restaient impunis et demanda que l'on commit à la charge de prévôt un personnage « de la qualité et probité requise. » L'assemblée chargea quatre de ses membres, Jean d'Apcher, envoyé du baron d'Apcher, Me Jean Fumel, envoyé de M. de Sainte-Enimie, Me Antoine Aldin, consul de Marvejols, et Me François Dunoguier, envoyé du procureur de la viguerie de Portes, de dresser une liste de ceux qui pourraient être nommés. Molines ayant été informé de l'intention que l'on avait de le remplacer, se présenta le même jour devant les Etats et fit observer qu'il avait été élu par le pays, qu'il tenait sa commission du connétable et que, n'ayant commis aucune faute, il ne pouvait être destitué. Il ajouta que s'il n'avait pas rempli les fonctions de sa charge c'était parce qu'on ne lui avait pas donné d'archers, et il offrit de faire son devoir à l'avenir si on lui en fournissait les moyens. Le président [4] lui demanda ses provisions pour les faire examiner par l'assemblée. Molines réclama pour cela un délai de deux heures; mais, considérant que l'affaire était urgente et que d'ailleurs, en raison de son commandement d'une place, Molines était dans l'impossibilité de vaquer à l'exercice de sa charge, les Etats décidèrent de procéder immédiatement à la nomination d'un nouveau lieutenant.

Les commissaires chargés de rechercher les gens dignes d'être pourvus de l'emploi, remirent à l'assemblée une liste de six personnes parmi lesquelles on choisit le capitaine Virgile, habitant

1. Archives de la Lozère, C 815, fol. 159.

2. *Procès-verbaux des délibérations des Etats du Gévaudan*, t. II, p. 11 à 16.

3. Trophime de Launé Picheron, sieur des Aultes Saynes, gentilhomme servant du roi.

4. De Larnac, vicaire général.

de la ville de Mende [1]. Il lui fut accordé cinq archers, non compris le greffier qui était le même que celui du pays. Les conditions de sa nomination étaient pareilles à celles qui avaient été fixées à ses prédécesseurs [2]. Et pour que le lieutenant n'eût aucun prétexte de ne pas s'acquitter de ses devoirs, il fut décidé que les 600 écus imposés chaque année pour les gages de la maréchaussée ne pourraient, pour aucun motif, être employés à autre chose. On vota également 300 écus pour les frais des procès prévôtaux.

Le lendemain, 4 avril, Molines présenta des lettres patentes du roi qu'il avait obtenues depuis sa nomination par le pays, et qui le confirmaient dans sa charge. Il en demanda l'enregistrement, mais le vicaire général lui répondit sèchement que les Etats y avaient pourvu [3].

Fosseuse vint aux Etats le 6 avril, il assura l'assemblée qu'il désirait vivre en bonne amitié avec l'évêque, mais il expliqua qu'il ne pouvait rendre à celui-ci le château du Villard dont le connétable lui avait confié la garde. Il demanda, en conséquence, que Molines qui avait été régulièrement nommé par le pays et dont l'élection avait été confirmée par le roi, fut maintenu dans sa charge de prévôt, mais les Etats persistant à réclamer la re-

1. Les noms des cinq autres personnages ne sont pas mentionnés dans la délibération des Etats.

2. Voici quelles étaient ces conditions : « Premièrement qu'il [le lieutenant] sera tenu faire sa résidence ordinaire en la ville de Mende, capitalle du païs ; qu'il ne prendra aulcuns archers qui ne soient bien cougneuz, affidez et receuz par MM. les commis, syndic et députés dudict diocèse, auxquels a ceste fin, il sera tenu de les présenter ; qu'il fera ses chevauchées ordinaires par ledict diocèse, suivant les ordonnances du Roy, et mesmes au quartier des Cévennes et aultres lieux d'icelluy diocèse, incontinent qu'il en sera requis par les consulz, procureurs ou sindics des lieux ou que l'occasion le requéra, sans estre appellé, et remettra de mois en mois les verbaulx desdicts chevauchées et aultres actes et procédures du faict de sadicte charge devers ledict greffier ordinaire du païs pour y avoir recours et en faire ou faire faire les expéditions quand besoing sera, comme est acoustumé de tout temps, sans que ledict prévost y puisse employer aultre greffier. Aussi representera, par chacun mois auxdits sieurs commis, syndic et députés, lesdicts archers en bon et suffizant équipage pour faire le service requis et prester le serment accoustumé, comme ledict Virgile qui avoit esté mandé à cest effect par les Estatz l'a presté en plaine assemblée ès mains de M. le vicaire, président en icelle. Promettant de bien et fidellement exercer ladicte charge de prévost audict diocèse et administrer justice sans acception de personne, en la manière et aux conditions susdictes, auxquelles il a promis satisfaire, au contentement de tout le diocèse. » *Procès-verbaux des délibérations des Etats du Gévaudan*, t. II, p. 15.

3. *Procès-verbaux des délibérations des Etats du Gévaudan*, t. II, p. 32.

mise du château, l'entente ne put se faire [1]. L'assemblée refusa en outre de pourvoir au paiement de la garnison de cette place que réclamait Molines [2].

Les Etats ayant stipulé que le capitaine Virgile ferait ses chevauchées dans tout le diocèse, y compris les Cévennes, c'était sous-entendre qu'il n'y aurait plus qu'un seul lieutenant. Aussi, sur une requête d'Antoine Rodier remontrant qu'on avait omis de lui voter des gages et que cela était préjudiciable à son honneur, l'assemblée répondit-elle, comme à Molines, qu'il y avait été pourvu. Cependant, sur de nouvelles instances de Rodier et sur sa promesse de « faire si bien son debvoir que le païs n'aura regret de l'avoir continué », on lui alloua cent écus pour les gages d'une année [3].

Pour des raisons que nous allons dire, le capitaine Virgile ne put exercer son état; le duc de Ventadour [4] dut envoyer dans le diocèse Moïse Malgoyres, lieutenant du prévôt général, avec un greffier et deux archers, pour informer des courses et ravages faits par les gens de guerre que Fosseuse tenait dans Mende. Il fut payé à ce lieutenant 180 écus 40 sols, à raison d'un écu par jour pour le lieutenant, 40 sols pour le greffier et 30 sols pour chacun des archers [5].

Si Virgile ne put remplir les fonctions de sa charge ce fut, ainsi qu'il le déclara lui-même aux Etats de 1597, parce que contrairement à la décision prise l'année précédente, il ne lui avait été alloué aucun gage, non plus qu'à ses archers. Ce fut aussi parce qu'il en avait été empêché par Molines contre lequel il dut se pourvoir au Parlement de Toulouse. Martin Bazalgète, sieur de Barret, habitant de Langogne, se présenta le 17 juin 1597 à l'assemblée des Etats [6], et offrit d'exercer la charge de prévôt avec le nombre d'archers qu'on voudrait bien lui accorder. Il

1. *Procès-verbaux des délibérations des Etats du Gévaudan*, t. II, p. 50.

2. *Ibidem*, t. II, p. 71.

3. *Ibidem*, t. II, p. 40 et 84.

4. Anne de Lévis, duc de Ventadour, lieutenant général de Languedoc.

5. *Procès-verbaux des délibérations des Etats du Gévaudan*, t. II, p. 123 et 162. — Archives de la Lozère, C 881, fol. 183 et C 1373. Les procès-verbaux des Etats portent seulement 102 écus 40 sols.

6. *Procès-verbaux des délibérations des Etats du Gévaudan*, t. II, p. 148 à 154.

proposa même de monter ses archers et de faire l'avance de leurs gages en attendant la levée des impôts. L'évêque, qui présidait, fit observer que l'on ne pourrait procéder à une nouvelle élection que si le capitaine Virgile donnait sa démission. Le sieur François Fontanes, capitaine de Langogne, demanda aussi d'être nommé prévôt et fit les mêmes offres que Bazalgète. Le capitaine Virgile s'étant démis de ses fonctions, et ayant demandé aux Etats de nommer Martin Bazalgète à sa place, ce fut celui-ci qu'on élut après qu'il eut apparu à l'assemblée « de bonne vye, mœurs, cappacité, loyaulté, preudhomye et dilligence dudict sieur de Barret. » On lui accorda cinq archers aux gages habituels. En attendant la reddition de la ville de Mende [1], il devait résider à Chanac ou à Marvejols. Enfin, il promit de faire confectionner des casaques à ses archers, avec « la figure de l'espée de connestable en broderye » [2]; la dépense devait lui être remboursée par le pays jusqu'à concurrence de dix à douze écus par casaque.

Antoine Rodier demanda d'être confirmé dans sa charge avec une augmentation de gages et deux archers au lieu d'un seul qu'il avait eu pendant l'année précédente [3]. On lui accorda deux archers aux gages de 66 écus deux tiers, mais on le pria de se contenter encore de 100 écus pour cette année. Les Etats votèrent 333 écus vingt sols pour les frais des procès prévôtaux [4].

Nous avons vu que le Gévaudan avait payé 140 écus au prévôt général Daugier pour la dépense qu'il avait faite en 1592, lors du procès de Jean de Retrun. Le sénéchal de Nimes, par ordonnance du 4 juin 1584, taxa 2086 écus 50 sols au prévôt général qui obtint des lettres patentes du roi, en date du 9 septembre 1595, ordonnant d'imposer cette somme sur le pays. Cette imposition n'ayant pas été faite, de nouvelles lettres patentes, du 19 octobre 1596, confirmèrent les premières. Les Etats particuliers

1. La place de Mende fut rendue par Fosseuse au mois d'octobre, moyennant 100.000 livres à payer par le Gévaudan. (*Histoire générale de Languedoc*, Edition Privat, t. XI, p. 874).

2. Une épée droite, tenue par une main armée d'un gantelet mouvant d'une nue (Bauclas, *Dictionnaire des Maréchaussées*, t. I, part. 2, p. 26).

3. Les Etats de 1596 ne font pas mention de cet archer qu'il dit lui avoir été accordé.

4. Archives de la Lozère, C 881, fol. 95.

de 1597 refusèrent de faire cette imposition, disant que « le diocèse n'y est tenu pour n'y avoir aucung interestz. » Daugier obtint un arrêt de la Cour des Aides de Montpellier, du 30 juin 1599, en conséquence duquel il fit demander aux Etats du Gévaudan de lui allouer 2200 écus [1], mais l'assemblée dans sa séance du 10 juillet 1599 renvoya l'examen de l'affaire à la session suivante. Le prévôt général s'adressa de nouveau à la Cour des Aides qui, par arrêt du 19 juillet 1599, l'autorisa à faire commandement par huissier aux commis, syndic et députés et à faire saisir leurs propres biens à faute de paiement dans les huit jours. Sommation fut ainsi faite au syndic et aux commis dans les mois d'août et de septembre [2]. Daugier dut obtenir satisfaction car il n'est pas fait mention de cette dette dans les délibérations des Etats particuliers de l'année 1600 [3].

Martin Bazalgète, élu lieutenant au mois de juin 1597, fut loin de remplir ses fonctions à la satisfaction du pays. Contrairement aux clauses de sa nomination, il ne se servit pas du greffier du diocèse, mais employa son cousin Vidal Bazalgète, et ne fit aucune exécution de voleurs. Des plaintes avaient été adressées à ce sujet au duc de Ventadour qui, le 19 juin 1598, écrivit aux commis et députés que si le lieutenant était convaincu des crimes qu'on lui reprochait il fallait l'en punir et le priver de sa charge. Aux Etats du Gévaudan tenus au mois de juillet suivant, l'assemblée, considérant les plaintes adressées journellement sur les abus, malversations et autres crimes du prévôt [4], décida que la poursuite en serait faite par le syndic au Parlement de Toulouse. On devait demander à la Cour d'autoriser le diocèse à élire un autre lieutenant et de prescrire à Martin Bazalgète et à son cousin Vidal de remettre tous les papiers de la prévôté au

1. La somme primitive augmentée des frais.

2. *Procès-verbaux des délibérations des Etats du Gévaudan*, t. II, p. 163 et 366. — Archives de la Lozère, C 1575.

3. Le registre n° 882 de la Série C des Archives de la Lozère qui contenait l'état des sommes imposées en 1600, et celui n° 844 des procès-verbaux de l'assiette pour la même année ont été détruits.

4. Le procès-verbal des délibérations des Etats de 1598 mentionne l'un des faits qui étaient reprochés au cousin du prévôt, Vidal Bazalgète ; celui-ci ayant en son pouvoir un nommé Bonnet qui avait volé un marchand de toiles de Saint-Chély, l'avait fait évader à la barbe du plaignant ; il entretenait d'ailleurs une correspondance avec ce voleur et son recéleur. (*Procès-verbaux des délibérations des Etats du Gévaudan*, t. II, p. 309).

greffe du bailliage. En outre, il fut conclu qu'il ne serait imposé aucun fonds pour ce lieutenant, son greffier et ses archers, et qu'en attendant la permission de procéder à une nouvelle nomination, le prévôt Rodier exercerait sa charge dans toute l'étendue du pays [1]. Cependant, dans une autre session, tenue au mois de novembre de la même année, l'évêque proposa de cesser les poursuites commencées contre Martin Bazalgète, attendu que celui-ci promettait de ne donner à l'avenir aucune occasion de plainte, et aussi parce qu'il était nécessaire de ne pas laisser la charge de lieutenant vacante pendant trop longtemps en raison du grand nombre de voleurs qu'il y avait dans le pays. A la pluralité des voix, et malgré les observations de quelques membres, la proposition du président fut acceptée, et Bazalgète maintenu dans ses fonctions [2]. En conséquence, ses gages et ceux de ses archers furent imposés par l'assemblée de l'assiette [3].

Au mois de juillet, les Etats avaient refusé de reconnaître comme prévôt du pays le sieur Loys Colomby, qui avait été pourvu par le prévôt général d'une lieutenance comprenant les territoires du Gévaudan, du Comté d'Alais et de la viguerie d'Anduze et Sauve. Le motif principal de ce refus était qu'il appartenait au diocèse de choisir ses lieutenants particuliers et de les présenter au prévôt général [4].

Martin Bazalgète ayant continué l'exercice de sa charge, le prévôt général voulut l'obliger à lui remettre ses procédures. Le lieutenant en porta plainte aux Etats particuliers de 1599 [5], faisant observer que par le serment qu'il avait prêté le jour de sa réception, il s'était engagé à déposer ces actes au greffe du bailliage. Il fut conclu que le syndic écrirait à ce sujet au prévôt général, et que si celui-ci persistait dans sa prétention, le

1. *Procès-verbaux des délibérations des Etats du Gévaudan*, t. II, p. 221.

2. *Ibidem*, t. II, p. 307.

3. Archives de la Lozère, C 881, fol. 305.

4. *Procès-verbaux des délibérations des Etats du Gévaudan*, t. II, p. 256.

5. *Ibidem*, t. II, p. 335. — Le nom du lieutenant est écrit Boissière et Boyssière, mais il est évident que c'est de Bazalgète qu'il s'agit, d'ailleurs son nom est ainsi porté à la fin du paragraphe. Le manuscrit (C 797 des Archives de la Lozère) étant détruit, nous n'avons pu vérifier le texte, mais dans un autre manuscrit (C 798) le nom est encore écrit Boissière et Boyssière.

syndic prendrait la cause du lieutenant afin de faire respecter les privilèges du pays.

Il ne fut pas délibéré sur une demande d'augmentation de gages et d'archers présentée par Rodier, mais on lui accorda cinquante écus pour les frais extraordinaires qu'il aurait à faire pour donner la chasse à une bande de voleurs qui opérait dans les Cévennes. On fit le rappel des gages de son greffier, Jean Puech [1], qui avaient été omis dans l'assiette de l'année 1597. Enfin, on alloua cinquante écus au sieur Jacques Gardye, baile du mandement de Montvaillant, qui avait été blessé d'un coup d'épée en prêtant main-forte à Rodier lors de l'arrestation d'un voleur, Jean Vielzjoulx, et de ses complices [2].

Nous savons qu'en supprimant la sénéchaussée de Mende, en 1596, le roi avait accordé au bailliage du Gévaudan le droit de juger les procès prévôtaux et de connaître de la compétence du prévôt, et que les officiers du présidial de Nimes avaient reconnu ce droit par un traité du 5 décembre 1597. Mais les lettres du roi n'avaient pas été enregistrées au Parlement de Toulouse qui, par un arrêt, avait au contraire prescrit que les prisonniers déclinant la juridiction du lieutenant devaient être conduits devant le présidial de Nimes. Les Etats du Gévaudan de 1599 observèrent que cette obligation entraînait de grands frais qui, faute de revenus suffisants du domaine du roi, incombaient au pays, lequel était déjà assez chargé par l'entretien de deux lieutenants. Ils firent de nouveau ressortir la difficulté qu'il y avait de conduire les prisonniers à Nimes. En conséquence, et malgré l'opposition des députés des Cévennes, ils décidèrent de poursuivre l'enregistrement des lettres du roi au Parlement de Toulouse [3].

Lors de la tenue des Etats suivants, le 1er février 1600, le syndic rendit compte que le Parlement avait enregistré les lettres, mais en restreignant leur effet à trois années seulement, ce qui, disait-il, aurait pour résultat, une fois le terme écoulé, de remettre le pays dans la même peine qu'auparavant. Il fut conclu par l'assemblée qu'on demanderait au roi des lettres de jussion pour

1. Ou plutôt Jean Delpuech, notaire à Vébron.

2. *Procès-verbaux des délibérations des Etats du Gévaudan*, t. II, p. 341, 346 et 358.

3. *Ibidem*, t. II, p. 337.

faire enregistrer, sans aucune modération, l'autortsation accordée au prévôt de faire juger sa compétence par le bailliage [1]. Ces lettres furent obtenues le 9 septembre 1600 [2]. Les Etats décidèrent le 9 janvier 1601 d'en poursuivre l'enregistrement à la Cour du Parlement de Toulouse et à la Chambre de l'Edit établie à Castres [3]. Se conformant à cette décision, les commis et députés désignèrent, le 1er juin 1601, pour faire ces poursuites, le sieur Lenoir, qui était alors à Toulouse [4]. Soit que le sieur Lenoir ne se soit pas acquitté de sa mission, soit qu'il n'ait pu obtenir l'enregistrement des lettres, les commis et députés nommèrent, le 2 août 1602, un autre délégué, M. Bardon, pour faire procéder à cet enregistrement avant l'expiration du délai de trois années précédemment accordé [5], ce qui fut obtenu le même mois, mais sous la condition que les jugements de compétence ne seraient rendus qu'au nombre de dix juges [6]. Le Parlement n'avait en outre procédé à cet enregistrement que pour trois nouvelles années, car au mois de juillet 1605, les commis et députés résolurent de demander d'autres lettres de jussion pour l'enregistrement, sans aucune restriction, des lettres patentes du roi [7]. Au mois de mai 1606, le Parlement prorogea de nouveau le privilège du bailliage du Gévaudan, mais sous certaines conditions, qui étaient sans doute la fixation d'une nouvelle période et l'obligation de rendre les jugements de compétence au nombre de dix juges [8].

Les Etats du Gévaudan de l'année 1600 votèrent la continuation des gages des deux lieutenants Bazalgète et Rodier, de leurs greffiers et archers. A cette session, le 2 février, se présenta Me Etienne Armand, de Pradelles, qui avait été pourvu par le prévôt général Daugier de la charge de lieutenant général pour les dio-

1. *Procès-verbaux des délibérations des Etats du Gévaudan*, t. III, p. 31.
2. *Inventaire des Archives de la Haute-Garonne*, Série B, t. II, p. 43, col. 2.
3. *Procès-verbaux des délibérations des Etats du Gévaudan*, t. III, p. 57.
4. Archives de la Lozère, C 817, fol. 14.
5. *Ibidem*, C 817, fol. 69.
6. *Inventaire des Archives de la Haute-Garonne*, Série B, t. II, p. 43, col. 2.
7. Archives de la Lozère, C 817, fol. 152.
8. *Inventaire des Archives de la Haute-Garonne*, Série B, t. II, p. 58, col. 2. Les conditions sont indiquées dans un autre arrêt de septembre 1611. (*Ibidem*, Série B, t. II, p. 94, col. 1).

cèses de Vivarais, Gévaudan et Velai [1]. Il exposa qu'il avait arrêté trois voleurs dans le diocèse, que l'un d'eux était encore dans les prisons de Mende, et que les deux autres avaient été conduits à Nîmes et exécutés à mort avant que le Parlement de Toulouse n'eût enregistré les lettres patentes du roi qui attribuaient au bailliage la connaissance des cas prévôtaux. Après avoir assuré l'assemblée qu'il s'efforcerait de rendre service au pays, il demanda le remboursement de ses frais. Les Etats en décidèrent le paiement, et de plus, assurés de « la dilligence, cappacité et preudhomye dudict Armand et de sa bonne affection qu'il a desja tesmoigné avoir au bien de la justice », et considérant en outre que la charge de lieutenant était mieux exercée « par personaiges forains et estrangiers que par ceulx mesmes du païs », ils l'élirent d'un commun accord comme lieutenant du diocèse. Le prévôt général devait être requis de donner des lettres de commission de lieutenant particulier du pays à Etienne Armand. Il fut accordé à celui-ci cent écus de gages pour l'année et deux archers. Comme ses gages et ceux de ses archers devaient être prélevés sur ceux votés précédemment pour la prévôté du diocèse, il s'ensuivait que chacun des trois prévôts n'avait que deux archers et cent écus [2]. La nomination du nouveau lieutenant était faite aux conditions habituelles ; il devait en particulier résider à Mende [3].

Lors des Etats du Gévaudan tenus au mois de janvier 1601, les trois prévôts rendirent compte de leurs chevauchées et procédures, et demandèrent une augmentation de gages et d'archers. L'assemblée, considérant les charges du pays, décida qu'à l'avenir il n'y aurait plus que deux lieutenants, Etienne Armand et Antoine Rodier. Pour dédommager Bazalgète des sommes qu'il avait avancées en 1597 et 1598, tant pour faire désister le capitaine Virgile de sa charge, que pour entretenir ses archers, on lui accorda 300 écus payables en trois années. Sur l'offre qu'il fit de s'employer néanmoins au service du pays, on lui promit de le

1. Aux Etats de 1602, il déclarera qu'il a été pourvu de cette charge depuis cinq ans, ce qui reporte à 1597 l'année de son établissement.

2. Nous n'avons pu en faire la vérification, les comptes de l'année 1600 n'existant plus, cependant l'analyse de l'ancienne liasse C 1376 des Archives de la Lozère porte : 100 écus à chacun des trois lieutenants de prévôt (*Inventaire des Archives de la Lozère*, Série C, p. 284, col. 2).

3. *Procès-verbaux des délibérations des Etats du Gévaudan*, t. III. p. 33.

payer des captures qu'il pourrait faire. Il fut accordé deux archers et un greffier à Armand, ainsi qu'un archer et un grefffier à Rodier. On alloua enfin cent écus de gratifications au premier, et cinquante au second, en raison des dépenses extraordinaires qu'ils avaient faites pendant le cours de l'année précédente [1].

Rodier représenta qu'il y avait dans les prisons de la ville de Mende trois prisonniers de la religion protestante qui, d'après un arrêt de renvoi de la Chambre de l'Edit, devaient être jugés par le présidial de Nimes, et qu'il avait attendu la réunion des Etats pour savoir s'il devait se conformer à cet arrêt ou faire juger ces prisonniers par le bailliage conformément aux lettres patentes du roi. L'assemblée décida que ces prisonniers seraient conduits à Nimes le plus tôt possible [2]. On exhorta ce lieutenant à faire toutes les diligences nécessaires pour se saisir d'une bande de voleurs qui se tenaient dans les Cévennes, du côté de Saint-Germain-de-Calberte. Rodier expliqua encore qu'un voleur nommé Breschet s'étant réfugié à Meyrueis, il s'était rendu dans cette ville pour l'arrêter, mais que certains habitants le lui avaient enlevé des mains. On décida de poursuivre cette rebellion aux frais du pays [3].

Rodier avait arrêté dans les Cévennes et fait exécuter à mort Pierre Bonnet qui, en 1598, avait été sauvé par la complicité du cousin de Bazalgète, mais lors d'une perquisition dans la maison de ce voleur, les archers avaient emporté quelques meubles qui furent réclamés par la veuve. Les Etats prescrivirent au lieutenant de faire rendre ces meubles et d'empêcher ses archers d'user à l'avenir de telles façons ; ils accordèrent même six écus d'aumône à la veuve. Ils allouèrent une pareille somme à Jacques Rouvière, de la paroisse de Prunet, qui avait été blessé en prêtant main forte à Rodier lors de l'arrestation de ce voleur. Enfin, Armand reçut la mission de poursuivre les complices de Bonnet qui étaient des paroisses de Châteauneuf-de-Randon, Allenc et le Bleymard [4].

1. *Procès-verbaux des délibérations des Etats du Gévaudan*, t. III, p. 94, 97, 124 et 125.

2. Ce qui eut lieu dès le second jour du mois suivant. Archives de la Lozère, C 1809.

3. *Procès-verbaux des délibérations des Etats du Gévaudan*, t. III, p. 94 et 95.

4. *Ibidem*, t. III, p. 111, 130 et 134.

Les Etats du Gévaudan eurent une seconde session au mois de novembre 1601. Les deux prévôts y firent le récit de leurs chevauchées. Malgré une nouvelle demande d'augmentation de gages et d'archers, on confirma simplement la précédente délibération prise à ce sujet, mais on promit de rembourser, après les avoir vérifiées, les dépenses extraordinaires engagées par les deux lieutenants [1].

Me Tinel, du lieu de Londuc, paroisse de Molezon, avait été pourvu en 1598 par le prévôt général d'une charge de lieutenant dans le diocèse ; il demanda à l'assemblée de le recevoir et de lui fournir des archers, ce qui fut refusé par les Etats parce qu'il n'avait pas été nommé par eux et parce que le pays était assez chargé par l'entretien de deux prévôts [2].

Il fut accordé 1200 écus, payables en deux années, au lieu de 1400 qui étaient réclamés par le prévôt général Daugier, à la charge d'en remettre cent à Saulzet son lieutenant [3]. Nous ne savons à l'occasion de quel service cette somme fut payée ; c'était peut-être le reliquat de celle de 2086 écus qui était demandée depuis 1594 pour le procès de Jean de Retrun.

En mai 1602, Rodier parvint à saisir quatre des voleurs qu'au mois de janvier de l'année précédente on lui avait recommandé de poursuivre. Mais ces prisonniers se disaient de la religion protestante et déclinaient la juridiction du prévôt. Le bailliage avait cependant jugé que le lieutenant était compétent ; néanmoins, pour se conformer aux prescriptions de l'édit de Nantes, les commis et députés décidèrent que le sieur Bompar [4] irait à Castres poursuivre devant la Chambre de l'Edit le jugement de ces déclinatoires [5]. Cette cour renvoya le procès au présidial de Nîmes [6].

Etienne Armand, qui avant d'être prévôt particulier du Gévaudan avait, pendant deux ans, exercé les fonctions de lieutenant du prévôt général, fut condamné par le sénéchal de Nîmes à cinq

1. *Procès-verbaux des délibérations des Etats du Gévaudan*, t. III, p. 177 et 183.

2. *Ibidem*, t. III, p. 177.

3. *Ibidem*, t. III, p. 186.

4. Le greffier des Etats.

5. Archives de la Lozère, C 817, fol. 57.

6. Cela ressort de plusieurs délibérations des Etats. *Procès-verbaux des délibérations des Etats du Gévaudan*, t. III, p. 246, 259, 276 et 340.

ans d'interdiction de sa charge « à l'instigation de plusieurs ses « ennemys et malveilhans a cause de l'inymitié qu'ils ont conceue « contre luy pour raison de sa charge prenant le fondement sur « certaines lettres missives par eulx préthendues avoir esté par « luy escriptes, partie desquelles et qui sont plus préjudiciables « audit Armand ont esté faicte au paravant que d'estre receu de « ladite charge de lieutenant de prévôt en cedit pays, qu'ils au- « roient retirées par moiens extraordinaires. » Ainsi s'exprimaient à propos de cette condamnation les commis et députés du diocèse dans une délibération du 4 août 1602 [1]. Ils constataient qu'Armand s'était fort dignement et fidèlement acquitté de sa charge pendant trois ans, au contentement des gens des trois Etats et sans qu'il fut intervenu aucune plainte contre lui. Mais la défense qu'ils prenaient de leur prévôt était assez platonique. Ils considéraient surtout que pendant cette suspension le pays serait privé d'un lieutenant, aussi se proposaient-ils de demander que la peine fût transformée en une amende pécuniaire, ou bien qu'Armand fût condamné à servir le roi et le pays sans gages pendant ces cinq années. Ç'aurait été tout profit pour le diocèse.

Cependant, sur une requête d'Armand, ils prirent le lendemain une délibération plus équitable. Après avoir de nouveau rendu justice aux bons services du prévôt, ils décidèrent de le rétablir dans sa charge, sous la réserve qu'il obtiendrait des lettres de rappel et de réhabilitation que le roi serait prié de lui accorder [2]. A cet effet, l'évêque et les commis s'entremirent près du roi et Etienne Armand reçut des lettres patentes de rétablissement [3].

Par raison d'économie, les Etats particuliers tenus au mois de décembre 1602 décidèrent qu'à l'avenir il n'y aurait plus qu'un seul prévôt, Etienne Armand, qui exercerait sa charge avec cinq

1. Archives de la Lozère, C 817, fol. 70.

2. *Ibidem*, C 817, fol. 71. « Lesdits sieurs commis, sindic et députés..... reconnoissant le besoing et necessité que ledit Armand soit restably et continué en ladite charge pour la preud'homie, fidelité et extraordinaire diligence qu'il a rendue durant lesdites trois années sans jamais avoir esté faict plainte de luy, ayant faict exécuter une infinité de volleurs et des plus insignes au moyen de quoy le pauvre peuple y est maintenant conservé et maintenu en plus grande seureté et repos qu'il n'avoit encores faict..... »

3. *Procès-verbaux des délibérations des Etats du Gévaudan*, t. III, p, 230.

archers et un greffier. Rodier était cependant maintenu en fonction, mais sans gages, le pays devant le dédommager en fin d'année des dépenses qu'il aurait faites, Trois jours après cette délibération, le premier consul de Marvejols et les députés des Cévennes firent observer qu'il était nécessaire d'avoir un prévôt de la religion protestante, particulièrement dans le quartier des Cévennes. Ils ajoutèrent qu'Antoine Rodier ayant toujours fidèlement rempli son devoir, il était raisonnable de lui donner des gages et des archers. Les Etats, prenant en considération le long service de ce lieutenant, lui votèrent 150 livres de gages [1].

La présence d'un lieutenant dans les Cévennes était fort justifiée, car dans la même session il fut rendu compte de désordres qui avaient eu lieu à Barre au mois de novembre précédent. Le jour de la foire, plusieurs gentilshommes, accompagnés d'une troupe de soldats, avaient envahi la place et commis plusieurs meurtres et excès. La terreur dans le pays était telle que personne n'osait déposer contre les coupables. On décida d'écrire au duc de Ventadour pour lui demander d'envoyer le prévôt général sur les lieux afin de punir les coupables et de rétablir l'autorité du roi et de la justice. En attendant, Armand reçut l'ordre de se rendre à Barre pour commencer les informations [2].

François Molines, qui avait été prévôt du diocèse de 1592 à 1596, et qui, destitué, avait empêché son successeur, le capitaine Virgile, de remplir ses fonctions, cherchait à se faire rétablir en sa charge par le Parlement de Toulouse. Le 6 avril 1603, les commis et députés décidèrent qu'afin de faire voir au Parlement les causes légitimes de la destitution, le syndic demanderait une commission pour faire informer des abus et malversations de Molines. Il devait également s'opposer à toute action de l'ancien prévôt contre Armand qui s'était toujours dignement acquitté de sa charge et qui avait purgé le pays des voleurs dont il était rempli [3].

1. *Procès-verbaux des délibérations des Etats du Gévaudan*, t. III, p. 253 et 279.

2. *Ibidem*, t. III, p. 262.

3. Archives de la Lozère, C 817. fol. 92. « Sur l'assignation qui a esté donnée en la Cour de Parlement audit sydic a la requeste de Francois Molines sur la poursuitte qu'il faict en ladite Cour pour se faire restablir en la charge de lieutenant en ce diocèse de monsieur le prévost général de Languedoc, bien que depuis huict ou neuf années il en aye esté destitué pour

Aux Etats du Gévaudan du mois d'avril 1603, Armand demanda qu'il lui fût accordé quelque somme pour procurer des casaques à ses archers [1]; on le renvoya aux Etats suivants, mais la question ne fut traitée qu'en 1605.

Malgré la diligence qu'Etienne Armand mettait à poursuivre les malfaiteurs, il avait une troupe insuffisante pour en délivrer complètement le pays. Le 1er août 1603, il exposa aux commis qu'une bande de voleurs armés était dans le diocèse depuis quelques jours, et qu'il ne pourrait s'en saisir avec ses cinq archers. On lui accorda deux archers de supplément en attendant la tenue des Etats [2].

Le prévôt général, sans consulter le diocèse, avait nommé Jacques Carrière [3], du Vivarais, lieutenant en Gévaudan. Les commis décidèrent, le 1er octobre 1603, d'écrire au prévôt général pour lui demander de révoquer la commission qu'il avait accordée; et, pour donner plus d'autorité à Etienne Armand, ils chargèrent le syndic de faire enregistrer ses provisions au Parlement de Toulouse [4]. Au mois de mai 1604, les Etats allouèrent trente livres à Carrière pour le dédommager de la dépense qu'il avait faite en venant dans le pays pour s'y faire recevoir [5].

Ces mêmes Etats de 1604 confirmèrent les gages de 150 livres du prévôt Rodier. Ils portèrent à six le nombre des archers d'Armand, à la charge d'assister Rodier de deux archers, et même de sa personne, quand le cas le requerrait. Ils accordèrent une gratification de 100 livres à Armand qui avait dû se faire accompagner de quarante soldats, pendant six jours, pour chasser une grande troupe de bohémiens qui étaient entrés dans le diocèse et « y faisoient une infinité de maulx et larcins. [6] »

la concussion, forfaicture, abus ou malversation par luy commises au préjudice du service du Roy, du repos publicq et du soulaigement du pauvre peuple dudit païs et mesmes contre le bien de la justice et le debvoir de ladite charge, et qu'il n'affectionne ledit restablissement que pour continuer en l'exercice de telz abus et avoir moyen de couvrir du manteau de la justice les oppressions et secrettes inimitiés et vengeances qu'il a conceues et projectées depuis sa destitution. A esté conclud.... etc. »

1. *Procès-verbaux des délibérations des Etats du Gévaudan*, t. III, p. 305 et 446.

2. Archives de la Lozère, C 817, fol. 96.

3. Ou Charrière.

4. Archives de la Lozère, C 817, fol. 113.

5. *Procès-verbaux des délibérations des Etats du Gévaudan*, t. III, p. 364.

6. *Ibidem*, t. III, p. 353, 358, 363 et 372.

Les six archers d'Etienne Armand, y compris les deux des Cévennes, furent maintenus en 1605. Les Etats votèrent cinquante écus pour leur faire des casaques qui seraient la propriété du pays; le syndic devait passer les marchés nécessaires. Les députés des Cévennes représentèrent une fois de plus qu'il était indispensable d'entretenir un prévôt dans leur quartier. L'assemblée décida d'imposer 150 livres pour les gages d'un second lieutenant qui devait être présenté par ces députés et agréé par les Etats ou par les commis [1]. Il semble, d'après ce qui sera dit plus plus loin, que les commis continuèrent d'employer Rodier.

Pendant la tenue de ces Etats, le 18 janvier 1605, le baron Philibert d'Apcher fut tué dans la cathédrale de Mende par Armand de Polignac, sieur de Villefort [2]. A la suite de ce meurtre, le prévôt Armand arrêta plusieurs gentilshommes, complices de Polignac, et sans doute le coupable lui-même. Une partie de la noblesse ayant projeté de surprendre Mende pour délivrer ces prisonniers, les commis et députés votèrent cent écus afin de pourvoir à la défense de la ville [3]. Conduit à Toulouse, Armand de Polignac fut, le 26 février suivant, condamné, par le Parlement à avoir la tête tranchée [4], Malgré le zèle dont avait fait preuve Etienne Armand en arrêtant les coupables aussitôt après le crime, le frère de la victime l'accusa, lors des Etats de novembre 1610, d'avoir eu depuis des intelligences avec le sieur de Malmont, l'un des complices, et réclama sa destitution. L'assemblée décida qu'il serait informé de cette dénonciation, par le syndic, aux frais du baron d'Apcher. L'innocence du prévôt dut être prouvée, car l'affaire n'eut pas de suite [5].

A la première réunion des Etats de 1606, au mois de janvier, Armand avait fait ressortir les dépenses extraordinaires qu'il venait de supporter, à cause des troubles, tant dans le diocèse qu'au dehors, et qu'il avait ruiné ses chevaux. De ceci on peut conclure

1. *Procès-verbaux des délibérations des Etats du Gévaudan*, t. III, p. 445.

2. *Ibidem*, t. III, p. 437. — G. de Burdin, *Documents historiques sur la Province de Gévaudan*, t. I, p. 98.

3. Archives de la Lozère, C 817, fol. 125. Publié par G. de Burdin, *Documents historiques sur la Province de Gévaudan*, t. I, p. 98.

4. G. de Burdin, *Documents historiques sur la Province de Gévaudan*, t. I, p. 384.

5. *Procès-verbaux des délibérations des Etats du Gévaudan*, t. III, p. 531.

qu'il avait conduit les coupables à Toulouse. On lui accorda 150 livres de gratification, mais on ne fit pas droit à une autre requête qu'il avait présentée pour obtenir l'augmentation du nombre de ses archers ; néanmoins, on lui promit qu'en cas de nécessité les ecclésiastiques, gentilshommes, consuls et officiers des villes lui prêteraient main forte, Les députés des Cévennes demandèrent de présenter un lieutenant particulier, autre toutefois que Rodier « attendu le vieil âge et caducité dudict sieur Rodier, qui luy oste le moyen de vasquer selon le debvoir à l'exercice de sa charge. » L'assemblée conclut qu'avant de procéder à une nouvelle nomination, Rodier serait entendu à la session suivante. Les députés des Cévennes protestèrent contre cette décision et annoncèrent qu'ils se pourvoiraient à la Chambre de l'Edit siégeant à Castres [1].

Ces députés firent choix de Moïse Malgoyre, lieutenant au diocèse de Nimes, et le présentèrent au prévôt général qui donna à cet officier une commission pour exercer sa charge en Gévaudan, au quartier des Cévennes ; par suite, Malgoyre réclama des gages aux Etats de novembre 1606. Mais, considérant qu'il n'appartenait qu'aux Etats et aux commis, et non à quelques députés, de nommer des lieutenants de prévôt, et qu'en outre Rodier refusait de se démettre de sa charge et promettait de l'exercer de son mieux, comme par le passé, l'assemblée refusa de recevoir Moïse Malgoyre [2].

Au cours de la période que nous venons d'étudier, c'est-à-dire de 1588 à 1606, la composition de la maréchaussée du Gévaudan avait varié plusieurs fois. Depuis 1592, il y avait un second lieutenant pour le quartier des Cévennes [3] ; il y eut même trois lieutenants pendant l'année 1600 [4]. Le sieur de Chavagnac avait eu provisoirement deux archers, lors de sa nomination par les commis et députés, en juin 1588 [5]; ces archers furent portés au nom-

1. *Procès-verbaux des délibérations des Etats du Gévaudan*, t. III, p, 490 à 492.

2. *Ibidem*, t. III, p. 532.

3. *Ibidem*, t. I, p, 350.

4. *Ibidem*, t. III, p. 35.

5. Archives de la Lozère, C 814, fol. 161.

bre de dix, y compris le greffier, le 27 septembre [1]. Michel de Bonnafoux en eut douze en 1589 [2]. François Molines, nommé en 1592, n'en avait plus que six [3] ; ce nombre fut réduit à trois en 1593 [4] ; et l'année suivante il n'en eut aucun [5]. A partir de 1596, il y eut de nouveau six archers sous les ordres successifs de Virgile et de Bazalgète [6]. Pendant l'année 1600, chacun des trois lieutenants n'ent eut que deux [7]. En 1601, Armand en eut trois [8], et six à partir de 1602 [9]. Rodier avait deux archers en 1592 et 1593 [10]. Comme Molines, il n'en eut plus aucun en 1594 [11]. En 1596, il en eut un, puis deux à partir de 1597 [12]. En 1602 et les années suivantes, ces deux archers comptaient dans les six accordés à Armand.

Les gages du premier lieutenant furent généralement de 200 écus ou 600 livres, sauf en 1593 où ils furent réduits à 66 écus deux tiers et en 1594 où ils n'étaient plus que de cinquante écus ; Ceux du second lieutenant étaient de cent écus ; ils furent également réduits à 66 écus deux tiers et cinquante écus en 1593 et 1594. En 1600, par suite de la présence de trois lieutenants, chacun d'eux n'eut que 100 écus. Enfin, à partir de 1602, Rodier vit ses gages réduits à 150 livres. Quant aux gages des greffiers et archers, ils furent pendant toute cette période de 66 écus deux tiers ou 200 livres.

1. *Procès-verbaux des délibérations des Etats du Gévaudan*, t. I, p. 224.
2. *Ibidem*, t. I, p. 242.
3. *Ibidem*, t. I, p. 324. — Le greffier est compris dans ce nombre d'archers et dans ceux qui suivent.
4. Archives de la Lozère, C 1365.
5. *Procès-verbaux des délibérations des Etats du Gévaudan*, t. I, p. 525.
6. *Ibidem*, t. II, p. 14 et 151. — Archives de la Lozère, C 881, fol. 95, 305 et 408.
7. *Procès-verbaux des délibérations des Etats du Gévaudan*, t. III, p. 36.
8. *Ibidem*, t. III, p. 125.
9. *Ibidem*, t. III, p. 253.
10. *Ibidem*, t. I, p. 331. — Archives de la Lozère, C 1365.
11. *Procès-verbaux des délibérations des Etats du Gévaudan*, t. I, p. 525.
12. *Ibidem*, t. I, p. 153.

IV

DE 1606 A 1632

Par édit du mois de septembre 1606 [1], Henri IV enleva aux diocèses le privilège de désigner leurs lieutenants particuliers et au prévôt général de la Province le droit de donner à ceux-ci des commissions. Cet édit créait, en titre d'offices formés, dans chacun des diocèses ressortissants au Parlement de Toulouse, un lieutenant et un greffier qui devaient être nommés par le roi. Les gages, fixés à 400 livres pour chaque lieutenant [2], et à 100 livres pour chaque greffier, devaient, comme par le passé, être payés par les diocèses qui restaient maîtres de déterminer le nombre des archers et le montant de leurs gages.

Les motifs donnés pour expliquer cette modification aux anciens usages étaient que les officiers, élus par les diocèses et commissionnés par le prévôt général, n'avaient pas une autorité suffisante, qu'ils dépendaient uniquement de ceux qui les avaient choisis, et enfin, qu'ils n'obtenaient ordinairement leurs emplois que par faveur. Mais, peut-être, n'étaient-ce là que des prétextes destinés à justifier les profits que le trésor royal devait tirer de la vente des nouveaux offices. Les critiques générales formulées contre les prévôtés des diocèses ne s'appliquaient certainement pas à celle du Gévaudan qui, malgré sa faiblesse numérique, donnait une chasse active et efficace aux malfaiteurs, à la grande satisfaction du pays.

L'édit de septembre 1606 s'autorisait cependant de l'avis du connétable de Montmorency, gouverneur de Languedoc, et d'un arrêt rendu, le 4 août 1604, par le Parlement de Toulouse. En effet, la publication de l'édit avait été précédée d'une enquête dans la Province. Dès le mois de septembre 1605, les Etats de

1. Saugrain, *La Maréchaussée de France*, t. I, p. 367.
2. Cela représentait une diminution d'un tiers pour le lieutenant du Gévaudan.

Languedoc supplièrent le roi de ne pas contrevenir aux privilèges du pays par l'établissement, en office formé, d'un lieutenant particulier dans chaque diocèse [1]. Bien que l'édit s'appuyât sur un arrêt du Parlement de Toulouse, cette cour, par d'autres arrêts des 5 mai et 23 août 1607, refusa de l'enregistrer « nonobstant toutes jussions. [2] » Ce refus était la conséquence de l'opposition présentée par le syndic général de la Province. Le 8 novembre 1607, les Etats de Languedoc décidèrent de faire des remontrances au roi pour obtenir la révocation de l'édit, et afin de retarder son exécution, ils exhortèrent les diocèses à n'allouer aucuns gages aux lieutenants et à les dédommager seulement de leurs dépenses lorsqu'ils arrêteraient des criminels [3]. Cette délibération fut renouvelée l'année suivante [4]. Le conseil d'Etat, par arrêt du 4 mars 1609, chargea quatre conseillers d'examiner l'édit de septembre 1606, ainsi que les causes d'opposition du syndic général de Languedoc, et d'en faire un rapport [5]. L'édit n'ayant pas été réformé, les Etats généraux de Languedoc, tenus aux mois de décembre 1609, délibérèrent sur ce sujet à trois reprises différentes; il décidèrent de renouveler leur opposition et de demander au duc de Ventadour d'enjoindre au prévôt général de révoquer les commissions de lieutenants qu'il avait accordées « par importunité ou autrement » à d'autres qu'à ceux nommés par les diocèses [6].

Les offices de lieutenants et de greffiers créés par l'édit de 1606, avaient été achetés par Antoine de Buade, premier maître d'hôtel du roi; le syndic de la Province les racheta, par contrat

1. *Inventaire des Archives de la Haute-Garonne*, Série C, t. II, p. 165, col. 2.

2. *Ibidem*, Série B, t. II, p. 64, col. 2 et p. 66, col. 2.

3. Archives de la Lozère, C 538, fol. 7 et 25.

4. *Ibidem*, C 538, fol. 78. « A esté arresté que le Roy sera très-humblement supplié de mettre en considération le notable préjudice que ses subjectz recevront par l'establissement d'un lieutenant particulier des prévostz et leurs greffiers en chacun diocèze de tant qu'il n'y a rien qui contienne plus lesditz prévostz que parce qu'ils sont esleus par les diocèzes, n'ont autres gaiges que a raison du nombre dez captures et punition qu'ils font des volleurs, que d'ailheurs en plusieurs diocèzes ny en a point et ne sont point necessaires en la pluspart des diocèzes, a ce qu'il plaise a sa majesté revoquer son édit fait sur la creation desdits prévosts, et jusques avoir sceu la vollonté de sa majesté, le sindic général continuera son opposition au parlement pour empecher la veriffication dudit édit. »

5. Noël Valois, *Inventaire des Arrêts du Conseil d'Etat (Règne de Henri IV)*, t. II, p. 554.

6. Archives de la Lozère, C 538, fol. 108, 131 et 138.

du 26 décembre 1609, moyennant le prix de 45.000 livres. Le trésor royal ne perdant pas le bénéfice attendu, Louis XIII put ratifier le traité passé entre le syndic et Antoine de Buade et révoquer l'édit de 1606 par un autre du 25 septembre 1610 [1]. Les diocèses avaient ainsi recouvré le privilège de nommer leurs lieutenants particuliers.

Durant les quatre années qui s'écoulèrent entre la publication de l'édit de 1606 et sa révocation, le prévôt du Gévaudan et ses archers ne purent être payés qu'au moyen d'expédients. Cependant, le pays avait besoin, plus que jamais, d'une maréchaussée forte et active. Les seigneurs de Gabriac étaient prévenus de plusieurs crimes, et le connétable dut faire occuper, en 1607, leurs châteaux de Gabriac et de Saint-Julien par le prévôt général et ses archers [2]. La même année, douze à quinze voleurs, qui avaient fait leur retraite dans les bois, ravageaient les campagnes. Etienne Armand n'avait pu s'en saisir malgré plusieurs chevauchées faites dans ce but. Le 8 octobre, les commis et députés durent accepter les offres du sieur du Mazel, maître d'hôtel de l'évêque, de se mettre à la poursuite de ces bandits avec quelques archers du prévôt et une troupe de soldats [3]. A la même époque le duc de Ventadour demanda aux Etats de Languedoc qu'il fût pourvu à la répression de quelques gentilshommes des Cévennes qui s'emparaient du bétail des habitants [4].

Aux Etats du Gévaudan de 1608, Etienne Armand se plaignit que ses archers n'avaient reçu aucun gage pendant l'année précédente, et que lui-même n'avait pas touché les siens depuis le commencement de l'année courante. L'assemblée décida que ces gages seraient payés jusqu'au 30 juin, comme par le passé, mais qu'à l'avenir le prévôt et ses archers ne seraient plus taxés qu'en

1. Archives de la Lozère, C 538, fol. 202 et 389.

2. *Procès-verbaux des délibérations des Etats du Gévaudan*, t. III, p. 564. — Archives de la Lozère, C 817, fol. 184 et 185.

3. Archives de la Lozère, C 817, fol. 189. « Lesdits sieurs commis et depputez traittans et délibérans dez moyens de remédier aux grands maulx et volleries qui se commettent dans le pays depuis trois ou quatre moys par certains volleurs et vagabonds au nombre de douze ou quinze qui font leur retraitte ordinaire dans les bois ayant esté impossible au prévost dudit païs de les surprendre en aucun lieu bien qu'il ayt faict plusieurs chevauchées dans le diocèse avec ses archers ce qui donne d'aultant plus de couraige ausdits volleurs de continuer leurs malefices oultre que leur trouppe s'augmente de jour à autre... »

4. *Inventaire des Archives de la Haute-Garonne*, Série C, t. II, p. 171, col. 1.

raison des journées qu'ils auraient employées à l'exercice de leurs charges [1]. Néanmoins, lors de la tenue de l'assiette, il fut voté 500 livres pour mettre un terme au brigandage et au vagabondage : « La fréquence des volleurs et brigandages est si grand « dans le pays à cause des grands bois et hautes montagnes où « les voleurs font leur retraite, que sans le bon devoir des lieu- « tenants du prévôt, greffiers et archers, et la prompte justice « des officiers du bailliage sur la punition de tels crimes, ledit « pays se trouverait en peu de temps désert en divers endroits « d'icelluy. [2] »

Conformément à la délibération des Etats de la Province de l'année 1607, les commissaires de l'assiette du Gévaudan n'allouèrent, en 1609, aucune somme pour la prévôté, mais les Etats résolurent d'emprunter 1100 livres afin de payer le lieutenant, le greffier et deux archers « attendu la necessité presente d'entretenir lesdictz prévost, greffier et archers. » Il fut décidé, en outre, qu'on demanderait au roi l'autorisation de lever cette somme et ses intérêts [3]. L'année suivante, les Etats durent encore charger les commis de pourvoir au paiement des gages en attendant la permission de les imposer ; les députés des Cévennes ne se rallièrent à cette décision qu'à la condition qu'ils désigneraient eux-mêmes l'un des archers [4].

En révoquant l'édit de 1606 par celui du 25 septembre 1610, le roi avait renoncé à créer des prévôts diocésains en titre d'office, mais il n'avait pas accordé aux diocèses le droit de lever des impôts pour payer leurs maréchaussées particulières. Le Gévaudan ne put en obtenir l'autorisation qu'en 1616. Les Etats particuliers de 1611 prescrivirent au syndic d'emprunter 1200 livres pour l'entretien du prévôt, du greffier et de six archers, y compris les deux qui, comme précédemment, devaient servir dans les Cévennes [5].

1. *Procès-verbaux des délibérations des Etats du Gévaudan*, t. III. p. 552. La délibération des Etats du Gévaudan était conforme à celle des Etats de Languedoc de l'année précédente.

2. *Inventaire des Archives de la Lozère*, Série C, p. 286, col. 2. La liasse C 1384, qui renfermait cette pièce, n'existe plus.

3. *Procès-verbaux des délibérations des Etats du Gévaudan*, t. III, p. 576 et 590.

4. *Ibidem*, t. IV, p. 16.

5. *Ibidem*, t. IV, p. 49.

Bien que le bailliage de Gévaudan eût le droit de juger les cas prévôtaux, ainsi que la compétence et incompétence du lieutenant, droit qui avait été reconnu par les lettres patentes de 1598, 1600 et 1605, enregistrées au Parlement de Toulouse, et que cette cour allait encore proroger pour six ans [1], les officiers du présidial de Nimes cherchaient à rendre ce privilège illusoire. Sous prétexte qu'Etienne Armand ne leur avait pas remis les procédures qu'il avait faites contre un nommé Jean Teyssier, ils le condamnèrent à vingt-cinq livres d'amende. Pour le contraindre au paiement de cette somme, ils envoyèrent à Mende un huissier qui arriva dans cette ville pendant la tenue des Etats de 1611. Etienne Armand porta plainte à l'assemblée qui décida que le syndic prendrait la cause du prévôt, au nom du pays [2].

Au cours de la même session, les députés des Cévennes firent observer que le lieutenant ne se rendait pas assez souvent dans leur quartier. Armand expliqua que des gens de guerre y tenant des assemblées illicites, il ne pouvait y pénétrer avec la petite troupe d'archers qu'il commandait. Certains gentilshommes avaient, en effet, levé des bandes qui commettaient de grands excès dans les Cévennes et aux environs du Vigan [3]. Sur l'offre des consuls de Saint-Etienne-Vallée-Française, Saint-Germain-de-Calberte, Barre et Florac, et afin que le prévôt pût exercer sa charge en toute liberté, l'assemblée décida qu'on lui donnerait une escorte lorsqu'il irait dans les Cévennes. Antoine Rodier vint aux Etats pour représenter qu'il avait continué ses fonctions sans avoir reçu de gages depuis quatre ans, et pour demander que le pays prenne sa cause « contre certaines gens qui ont prins et en- « levé trois de ses mulletz, en haine de ce qu'il exerce sa charge « sans acception des personnes » [4]. Il ne fut pas délibéré à ce sujet. C'est la dernière mention relative à ce prévôt dont nous ayons connaissance.

1. *Inventaire des Archives de la Haute-Garonne,* Série B, t. II, p. 94. col. 1.

2. *Procès-verbaux des délibérations des Etats du Gévaudan*, t. IV, p. 51.

3. *Histoire générale de Languedoc*, Edition Privat, t. XI, p. 910. Le duc de Ventadour, à la tête de la compagnie du connétable et de celle du prévôt général, dut marcher lui-même contre les perturbateurs. (*Inventaire des Archives de la Haute-Garonne,* Série C, t. II, p, 186, col. 2).

4. *Procès-verbaux des délibérations des Etats du Gévaudan*, t. IV, p. 53.

En 1612, il fallut encore emprunter 1.200 livres pour payer la maréchaussée. Des désordres avaient lieu dans la montagne de la Margeride où, comme le faisait remarquer aux Etats Robert de Chanoillet [1], lieutenant général du bailliage, contrairement aux édits du roi, « le port des armes à feu est aussi fréquent et « ordinaire comme en plaine guerre et tolléré publiquement par « les officiers, consulz, habitans et les seigneurs mesmes des « lieux qui dissimulent au lieu de s'y opposer et empescher, « comme ils debvroient, telles contraventions si pernicieuses et « dommageables au service du Roy et à l'Estat. » On prit plusieurs mesures pour punir les délinquants, et comme ceux-ci se retiraient parfois en Auvergne, on décida d'en prévenir le sieur de Baulmevieille, prévôt général de cette province [2].

Cette même année, il fut payé dix-huit livres à Etienne Armand pour faire sortir du diocèse une bande de 100 à 120 bohémiens qui étaient logés au village de Molines et pour informer contre eux des ravages qu'ils commettaient sur le peuple [3].

Un conflit s'était élevé entre le prévôt général Daugier et Daniel Guiran, son lieutenant général dans la sénéchaussée de Beaucaire et Nimes. Ce dernier se plaignait que le prévôt général refusait de lui fournir des archers et qu'il nommait des lieutenants particuliers dans la sénéchaussée, malgré la défense qui lui en avait été faite par des lettres patentes du 22 septembre 1611. Un arrêt du Conseil, du 11 septembre 1612, prescrivit à chacun des diocèses de Nimes, Uzès, Viviers et Mende d'entretenir trois archers à Daniel Guiran, aux gages de 200 livres, mais à la charge, pour le lieutenant général, de faire son service dans toute l'étendue de la sénéchaussée [4]. Les Etats de la Province jugèrent que cet arrêt était contraire aux privilèges du pays, et, dans leur séance du 13 novembre 1612, ils résolurent de demander au roi que de nouvelles défenses fussent faites au prévôt général de commettre des lieutenants particuliers sans la nomina-

1. Son nom est plus souvent écrit Chanolhet.

2. *Procès-verbaux des délibérations des Etats du Gévaudan*, t. IV, p. 69 à 71 et 75 à 77.

3. *Inventaire des Archives de la Lozère*, Série C, p. 287, col. 2. La liasse 1388 où figurait ce compte n'existe plus.

4. Saugrain, *La Maréchaussée de France*, t. I, p. 403.

tion des diocèses, avec ordre d'allouer à Daniel Guiran la paye de cinq archers, moyennant quoi le lieutenant général de Nimes devait prendre l'engagement de ne pas se servir de l'arrêt rendu en sa faveur [1]. Néanmoins, Daniel Guiran poursuivit les quatre diocèses afin de se faire donner des archers. Les diocèses en portèrent plainte aux Etats de Languedoc de 1613 qui décidèrent que le syndic s'opposerait à l'exécution de l'arrêt du conseil [2].

Cependant, le nombre des vols, des meurtres et des assassinats commis dans le Gévaudan, augmentait toujours. Les Etats particuliers de 1613, après avoir constaté que ces crimes interrompaient le commerce et causaient une grande misère dans le pays, remarquèrent que la cause principale de cette désolation était le manque d'archers pour l'entretien desquels on ne pouvait imposer les sommes nécessaires [3]. Ils firent écrire au connétable pour le prier de signaler cette situation au roi en lui demandant, d'autoriser le diocèse à payer les gages de la prévôté [4].

1, Archives de la Lozère, C 538, fol. 389 et 390.

2. *Ibidem*, C 539, fol. 28.

3. *Procès-verbaux des délibérations des Etats du Gévaudan*, t. IV, p. 93.

4. Aux archives de la Lozère (C 1836) existe la minute, non datée, d'une lettre adressée par le syndic du diocèse au roi et aux membres du Conseil d'Etat pour obtenir l'autorisation d'imposer les gages de la prévôté ; elle paraît être de cette époque : « Le sindic du païs de Gevaudan vous remonstre très-humblement que pour estre la situation dudit païs dans de grandes et haultes montaignes de fort difficile accès et la pluspart remplies et couvertes de bois et foretz, cela est cause que de tout temps, mais encore plus depuis la dernière guerre, ung grand nombre de gens mal vivans, vagabonds exilez des provinces circonvoisines et autres semblables personnes adonnées a toute sorte de malefices se sont gettés et retirez en divers lieux et endroictz dudit païs comme en ung azile très asseuré et favorable pour exercer comme ilz font ordinairement sur les habitans dudit païs voz très humbles et obeyssants subjects une infinité de volleries, brigandaiges, assassinatz et aultres cruaultés et inhumanités et de manière que si par le moyen d'une forte, seure et prompte justice ilz n'estoient reprimés et arrestez le plat païs se trouveroit bientost desert, inhabité et abandonné du peuple avec cessation de toute sorte de traficq et commerce au préjudice du publicq et du bien des affaires et service de votre majesté, considération pour laquelle les sieurs des estatz particuliers dudit païs remédians prudemment aux inconvenians auroient de coustume... de pourveoir à l'entretenement d'ung prevost qu'ilz auroient accoustumé d'eslire avec un greffier et vingt ou vingt cinq archers montez et armez ou tel autre nombre necessaire selon le temps et les occurrences pour arrester par l'exercice et debvoir de leurs charges les progrez de telle vermine et engeance de volteurs et brigands, pour protéger sous l'authorité de votre majesté le pauvre peuple, et d'aultant que despuis ces deux ou trois années dernières les commissaires présidentz pour votredite Majesté aux estatz dudit païs auroient faict dificulté soubz prétexte du party mis en avant par les nouveaulx offices des prévostz diocésains de Languedoc de quottizer comme ilz avoient accoustumé sur tous les habitans dudit païs de Gevaudan les gaiges et entretenement desdits prévost, greffier et ar-

En attendant cette permission, on emprunta 2.000 livres à répartir de la façon suivante : 600 au lieutenant, 200 au greffier et à chacun des cinq archers, et 200 pour faire des casaques à ces derniers [1].

Cette délibération était du 15 janvier ; par arrêt du Conseil en date du 7 mars suivant, le roi décida qu'il prendrait l'avis des Etats de Languedoc avant de statuer sur la requête du Gévaudan. En conséquence, les députés du diocèse de Mende exposèrent aux Etats de la Province, dans la séance du 8 novembre 1613, les raisons qu'il y avait d'entretenir une maréchausssée particulière [2]. Craignant que les voleurs du Gévaudan ne prissent plus d'audace, par suite de l'impunité, et ne vinssent troubler le repos de tout le Languedoc, l'assemblée pria le roi d'autoriser le diocèse à imposer une somme modérée pour les gages d'un lieutenant et de tel nombre d'archers qu'il aviserait, jusqu'à ce que les brigandages eussent cessé.

Le syndic du Gévaudan rendit compte aux Etats particuliers de 1614 de l'avis donné par l'assemblée provinciale. Il fut décidé qu'on poursuivrait de nouveau devant le Conseil du roi l'autorisation d'imposer les sommes nécessaires pour l'entretien d'un prévôt, d'un greffier et de douze archers ou de tel autre nombre que le pays jugerait utile chaque année. Sur la demande d'Etienne Armand d'être payé de ses gages, on convint d'emprunter encore

chers, cela auroict esté cause que lesdits estatz pour n'abandonner ledit païs et le laisser en proye a la mercy des brigandz auroient esté contrainctz faire emprunter par ledit suppliant a interestz plusieurs sommes de deniers pour subvenir audit entretenement et payement desdits gages, ce qui est impossible de continuer plus avant pour ne se trouver personne désormais qui veuille prester argent audit païs oultre que c'est une double charge au pauvre peuple de luy faire souffrir des interestz dont il pourroit estre soulaigé en cottizant et faisant lever annuellement, comme on avoit accoustumé, sur ledit païs les deniers dudit entretenement... »

1. Dans les *Procès-verbaux des délibérations des Etats du Gévaudan* (t. IV, p. 94) il y a : « des casques. » C'est une faute d'impression ou de lecture, le manuscrit (C 799, fol. 177) porte « des cazacques. »

2. Archives de la Lozère, C 539, fol. 8. « Messieurs les depputés de Gevaudan ont représenté que se commectent une infinité de voleries et brigandaiges audit païs pour estre la pluspart d'icellui de montaignes et lieux presque inaccessibles princypallement l'iver à cauze des nèges et neantmoingz fertille en pasturaiges et dont la plus grand partie du bestail de la province prend sa norriture et allimens, cella auroict esté cauze que la plus grand partie des caymandz et vagabondz de la province s'y retirent où à cauze de la commodité du lieu ils exercent toutes sortes de volleries et brigandaiges, sans qu'ilz ayent moyen de les faire pugnir pour estre le prévost général esloigné du lieu et qu'avant en puisse estre adverty ont *(sic)* franchy les incommodités du lieu lesdits volleurs ont faict leur retraicte... »

1.200 livres. La requête du lieutenant fut fortement appuyée par le syndic qui représenta que « sans la présence et le debvoir dudict sieur prévost et desdictz greffier et archers » les voleurs finiraient par prendre pied dans le diocèse [1].

En 1615, les Etats du Gévaudan, considérant qu'il y avait de plus en plus de voleurs, particulièrement dans les Cévennes, votèrent un emprunt de 1.800 livres en attendant l'autorisation demandée au roi, autorisation que le syndic avait bon espoir d'obtenir sous peu. Cette somme devait être employée, suivant l'avis et les mandements des commis et députés, tant pour l'entretien du lieutenant et de ses archers que pour l'achat de casaques. On décida en outre d'écrire au connétable pour le prier de donner une commission à quatre gentilshommes du pays, le comte du Roure et les sieurs d'Ayres, de Miral et Pastorel qui s'offraient à marcher contre les voleurs des Cévennes [2].

Etienne Armand avait arrêté, en 1613, quatre voleurs qui avaient dérobé l'argent des tailles, il les conduisit à Toulouse, et au cours de cette expédition, il perdit un cheval. Il eut en vain recours aux Etats de Languedoc pour se faire rembourser de ses dépenses. Ceux-ci le renvoyèrent devant le diocèse, mais les Etats particuliers de 1615 lui répondirent qu'il devait s'adresser à celui qui l'avait employé, c'est-à-dire au receveur des tailles [3].

Les Etats du Gévaudan, réunis au mois de mars 1616, délibérèrent longuement au sujet de la prévôté [4]. Etienne Armand renouvela les demandes qu'il avait formulées les années précédentes : renforcement de sa troupe, paiement régulier des gages et fourniture de casaques. Bien qu'on eût voté des emprunts, les archers n'avaient pas toujours reçu leur solde, car Armand se plaignit qu'on avait retranché une partie de leurs gages, en 1615, « ores qu'ils soient si petitz qu'ils ne suffizent pas à leur nourriture et et entretenement ordinaire avec l'équipaige requis. » Le syndic fit ressortir que si, jusqu'alors, on n'avait pas satisfait aux

1. *Procès-verbaux des délibérations des Etats du Gévaudan*, t. IV, p. 119 et 131.

2. *Ibidem*, t. IV, p. 146.

3. Archives de la Lozère, C 539, fol. 55 et 120. — *Procès-verbaux des délibérations des Etats du Gévaudan*, t. IV, p. 158.

4. *Procès-verbaux des délibérations des Etats du Gévaudan*, t. IV, p. 175 à 185.

légitimes réclamations du prévôt, cela ne provenait pas de la mauvaise volonté des Etats, mais uniquement du refus des commissaires de l'assiette de procéder à l'imposition des deniers nécessaires. Il ajouta que le roi venait enfin d'accorder la permission de lever 2.500 livres pour les gages de la prévôté, mais pendant trois années seulement. Il y avait bien une petite difficulté : les provisions étaient déposées au bureau des finances de Montpellier pour y être vérifiées et enregistrées, et le syndic se demandait si les commissaires de l'assiette se contenteraient de la copie collationnée qu'il en avait fait faire. L'assemblée conclut que les commissaires seraient requis d'imposer, dès cette année, les 2.500 livres qui devaient être employées par les commis et députés à payer le personnel de la prévôté, solder les gages arriérés et faire confectionner des casaques.

Des habitants des Cévennes, en particulier ceux des paroisses de Frutgères et de Fraissinet, firent porter plainte aux Etats « des oppressions, volleries, rançonnement et aultres excez que certains habitans dudit païs exerçaient impunément sur eulx. » M. de Miral [1] représenta que les mesures adoptées l'année précédente n'avaient pas été exécutées ; il s'offrit de nouveau à chasser les voleurs des Cévennes moyennant 1.500 écus. L'affaire fut renvoyée aux commis chargés de traiter avec le sieur de Miral.

Les consuls des Cévennes, ceux de Saugues, de St-Chély et du Malzieu demandèrent qu'un archer du prévôt résidât habituellement dans chacune de leurs villes, et qu'on leur délivrât en outre des casaques pour en vêtir des gens à eux qui prêteraient main-forte à la justice. Les Etats observèrent que si on détachait ainsi des archers, le prévôt n'aurait plus une troupe suffisante pour remplir ses fonctions et qu'il fallait chercher les moyens de le fortifier plutôt que de l'affaiblir. Néanmoins, prenant en considération les excès dont souffraient les habitants, l'assemblée décida que, pour cette année seulement, on enverrait un archer dans les Cévennes et un autre à Saugues. Quant aux casaques demandées par les communautés, on laissa aux commis le soin de prendre une décision à ce sujet après s'être renseignés auprès des officiers des lieux.

1. Antoine de Malbosc, sieur de Miral, envoyé de M. de Séverac.

Le receveur du diocèse refusait d'acquitter les frais des procès prévôtaux, prétextant que les 500 livres qui avaient été votées pour cet usage avaient été employées à d'autres objets. Sur la plainte du juge au bailliage, ordre fut donné au receveur de payer les mandements délivrés par les commis et députés, avec défense pour l'avenir d'opérer de tels virements, à peine de responsabilité pécuniaire.

Etienne Armand fut requis de prêter main-forte au sieur de Pierrefiche pour l'exécution d'arrêts rendus contre certains habitants des environs de Marvejols que les juges des lieux ne parvenaient pas à appréhender. A cette occasion, le premier consul de Marvejols demanda que le prévôt fît sa résidence dans cette ville une année sur deux, lorsque le bailliage et cour commune y tenait ses séances conformément à l'acte de paréage. Il ne fut d'ailleurs pas délibéré à ce sujet. Enfin, le lieutenant reçut l'ordre de se transporter dans les communes de Grandvals et de Brion pour informer des concussions de certains inconnus qui, sous prétexte de faux-saunage, molestaient les habitants.

En présentant le procès-verbal de ses chevauchées aux Etats du Gévaudan de 1617, Etienne Armand fit ressortir qu'il avait engagé de grosses dépenses pendant l'année, en particulier à l'occasion du siège du château de St-Julien [1], auquel il avait assisté. Il demanda des casaques pour quelques-uns de ses archers qui n'en avaient pas encore, et réclama vingt-deux écus qu'il avait avancés pour la conduite d'un prisonnier à Toulouse. Il termina en priant l'assemblée de le maintenir dans sa charge malgré les intrigues de quelques personnages qui voulaient le faire destituer. M. du Bouchet, juge au bailliage, reprocha au lieutenant le retard qu'il apportait parfois à l'exécution des sentences, ce qui avait favorisé l'évasion de trois condamnés aux galères. L'évêque [2], qui présidait, exhorta Armand à mieux s'acquitter de son devoir en pareille occasion, mais il l'assura que personne ne pensait à le destituer et que le pays le rembourserait des dépenses extraordinaires qu'il avait pu faire.

Le syndic refit l'historique de la question des gages. Il donna

1. Ce château appartenait aux sieurs de Gabriac dont il a été parlé précédemment.

2. Charles de Rousseau.

lecture de l'arrêt qui autorisait le diocèse à imposer 2.500 livres pendant trois ans pour l'entretien d'un lieutenant, d'un greffier et de huit archers. Cet arrêt permettait aux Etats de désigner le lieutenant qui, ensuite, devait recevoir du roi ses lettres de commission. L'assemblée, considérant que depuis seize ans Etienne Armand s'était toujours bien acquitté de sa charge, le choisit de nouveau pour être présenté au roi. Les Etats résolurent en outre de supplier Louis XIII de confirmer définitivement les anciens privilèges que le pays avait de nommer le lieutenant et d'imposer les gages de la prévôté.

Le consul de Barre demanda qu'un prévôt particulier fût désigné pour les Cévennes et qu'à cet effet on reconnût certain lieutenant qui avait reçu des provisions du prévôt général. L'assemblée conclut qu'il n'y avait pas lieu de procéder à une seconde nomination, attendu qu'Etienne Armand devait faire ses chevauchées dans tout le diocèse ; qu'il se conformait à cette obligation puisqu'il avait assisté au siège du château de St-Julien; que l'arrêt du Conseil n'autorisait le pays à élire qu'un seul lieutenant ; et, qu'enfin, le prévôt général ne pouvait commissionner des lieutenants sans l'assentiment préalable des Etats. Toutefois, on décida que deux archers résideraient dans les Cévennes tant qu'ils y seraient nécessaires, mais ils devaient se joindre aux autres quand Etienne Armand leur en donnerait l'ordre.

Le juge Du Bouchet exposa que les provisions du roi, qui avaient attribué au bailliage le jugement des déclinatoires présentés par les justiciables du prévôt, n'étaient pas encore enregistrées à la Chambre de l'Edit, et que, par suite, on ne pouvait juger les criminels de la religion réformée. C'était, à son avis, la cause principale du grand nombre de crimes commis dans les Cévennes dont les habitants étaient, en majeure partie, protestants. Les députés de cette région furent exhortés à poursuivre les vérifications nécessaires devant la Chambre de Castres [1].

Me Jacques Turc, prévôt des bandes du régiment de Langue-

1. *Procès-verbaux des délibérations des Etats du Gévaudan*, t. IV, p. 209 à 214.

doc [1], vint en Gévaudan pour la reddition du fort de Grèzes [2]; il était accompagné d'un greffier, de deux archers à cheval, d'un autre à pied et d'un laquais. Le diocèse lui paya 294 livres en 1617 et 132 livres en 1618 [3].

Etienne Armand présenta aux Etats de 1618 les provisions qu'il avait reçues du roi. L'assemblée décida que ces provisions seraient enregistrées au greffe du pays, et elle renvoya aux commis et députés l'examen des frais extraordinaires dont le prévôt demandait le remboursement.

Armand avait, avec les officiers du bailliage, condamné à mort, par défaut, pour « crime de faulsseté », un nommé Thomas Carrieu qui s'était pourvu au présidial de Nimes. Cette cour, pour contraindre le lieutenant à lui remettre la procédure, prononça des amendes contre cet officier et son greffier. Comme ils l'avaient fait en 1611, dans une occasion analogue, les Etats conclurent que le syndic défendrait le prévôt au nom du pays [4]. D'ailleurs, l'année suivante 1619, le Parlement de Toulouse prorogea de nouveau, ponr six ans, le privilège du bailliage du Gévaudan de juger la compétence du prévôt et les procès prévôtaux [5].

1. Le prévôt des bandes françaises avait été établi pour assurer la police dans les troupes d'infanterie, comme les prévôts à la suite des maréchaux l'assuraient dans les compagnies d'ordonnance ; certains régiments d'infanterie eurent des prévôts particuliers.

2. Les luttes religieuses continuaient dans la Province. Un gentilhomme auvergnat, nommé Andredieu, avait levé quelques compagnies protestantes dans les Cévennes et s'était emparé du fort de Grèzes. Le marquis de Portes assiégea en vain cette place. Le duc de Montmorency lui-même, devait marcher pour réduire ce château quand Andredieu se retira (*Histoire générale de Languedoc*, Edition Privat, t. XI, p. 927).

3. Archives de la Lozère, C 1395 et C 1397, — Dans les comptes de l'année 1617, il est fait mention, pour la première fois, d'un archer de la maréchaussée employé à un service de courrier ; il lui fut payé vingt livres pour avoir été à Béziers trouver le marquis de Portes de 'a part de l'évêque de Mende (C 1396).

4. *Procès-verbaux des délibérations des Etats du Gévaudan*, t. IV, p. 268.

5. *Inventaire des Archives de la Haute-Garonne*, Série B, t. II, p. 170, col. 2. — Il existe aux Archives de la Lozère (C 3) un brouillon de lettre, non daté, qui paraît être de cette époque. Cette lettre était sans doute destinée au premier président du Parlement de Toulouse : « Monseigneur, Entre tant d'effectz de la justice et protection du Roy dont ce pauvre peuple demeure singulièrement obligé à Sa Majesté, celluy de l'attribution qu'elle a donné à ses officiers en ce bailliage pour le jugement des crimes prévostaux paroist éminemment sur tous aultres pour le grand fruict quy en revient au publicq. Les oppressions, volleries et autres maulx y avoient auparavant pris telle possession et le climat s'y trouve tellement oportun que sans ceste sévère et presente justice les gens de bien ny pourroient guerres subsister. Ce fut aussi l'object et motif des sainctes intention et volunté de

Ne disposant que de huit archers, dont deux étaient même détachés dans les Cévennes, Etienne Armand ne pouvait que difficilement assurer l'ordre dans un pays de l'étendue du Gévaudan. On devine qu'il ne devait se rendre que rarement dans certains lieux éloignés. Aux Etats de 1619, Guillaume Rogier, baile de Montjézieu, se plaignit que le prévôt n'eût pas encore capturé les assassins de son fils. En 1620, le consul de Saugues et ceux des Cévennes remontrèrent qu'Armand ne faisait pas ses chevauchées ordinaires dans leurs villes. Saugues demandait un archer en résidence, et les Cévennes réclamaient un lieutenant. On se contenta, chaque fois, d'exhorter le prévôt à faire son service dans tout le diocèse [1].

Aux Etats de 1621, Armand demanda en vain une augmentation d'archers. Il se plaignit aussi d'être toujours poursuivi par les officiers du présidial de Nimes; l'assemblée confirma la délibération de 1618 par laquelle le pays s'était engagé à défendre la cause du prévôt et à le relever de tous dépens. A cette occasion on recommanda au lieutenant de « n'excéder les limites de sa « charge et jurisdiction en la capture d'aultres criminelz que de « ceulx de son gibier, pour ne confondre et faire préjudice aux « justices ordinaires du pays. » Le syndic rendit compte que le 6 septembre 1620, les commis et députés avaient permis à Michel Armand, notaire royal, fils du prévôt, d'exercer la charge de son père en l'absence de celui-ci. Les Etats approuvèrent cette nomination sous la réserve que Michel obtiendrait une commission du prévôt général et prêterait ensuite le serment habituel [2].

Sa Majesté ausquelles la Court par son équité inviolable n'a jamais différé de joindre ses justes consentemens. La nécessité oblige noz charges d'en implorer de ses oracles par votre moyen et auctorité une longue continuation. Ce que nous faisons en toute humilité...»

1. *Procès-verbaux des délibérations des Etats du Gévaudan*, t. IV, p. 303, 342 et 352.

2. Michel Armand était notaire à Pradelles, ville du diocèse du Puy, dont son père était originaire. La délibération des Etats qui le nommait lieutenant en l'absence de son père est du 29 février 1621, le 6 mars suivant, il céda son étude pour six ans à un praticien de Pradelles. (Archives de la Lozère, Série E, Minutes de Pierre Torrent, notaire à Mende, année 1621, fol. 207).

Le registre qui contenait la délibération des commis du 6 septembre 1620 (Archives de la Lozère C 818), n'existe plus, mais une pièce non datée de la liasse C 3 est certainement la copie de cette délibération : « Sur ce que le Sr de Fumel a représenté que le Sr Armand lieutenant de M. le prévost général de Languedoc en ce diocèse après avuir comme chacun scait

Dans les comptes de l'année 1621, on relève diverses sommes payées à Etienne Armand pour l'information des excès commis par les soldats de deux compagnies qui étaient en garnison dans le Gévaudan, pour la conduite du nommé Jean Etienne, dit le capitaine Pierre, du château de Grèzes dans les prisons du Roure, à Mende, ainsi que pour l'arrestation de trois voleurs dans la région nord-est du pays [1].

Les Etats de 1622 nommèrent définitivement Michel Armand en remplacement de son père, qui ne pouvait plus s'acquitter de sa charge « a cause de son eaige et de l'indisposition de sa personne. » Le nouveau lieutenant devait demander les provisions nécessaires au roi, au connétable et au prévôt général. Une requête des archers réclamant une augmentation de gages fut renvoyée aux commis ; on alloua cependent trente livres au prévôt et trente livres aux archers pour leurs chevauchées extraordinaires [2]. Etienne Armand toucha encore ses gages de lieutenant en 1622, alors que son fils ne reçut que la solde d'un archer ; Michel ne fut traité comme prévôt qu'à partir de l'année suivante [3].

servy le Roy et le païs fidellement et utillement en l'exercice de sa charge durant vingt années, il seroit depuis peu de jours tombé en quelque petite indisposition de sa personne a cause de laquelle et de son eage, il apprehende de ne pouvoir selon son affection continuer a saquitter de son debvoir a toute heure et en tout lieu selon que les occasions et necessités le peuvent requérir, s'il n'est asseuré d'estre assisté de quelque personne fidelle et affectionnée au bien de la justice et du publicq pour en son absence ou autrement seconder ses bonnes intentions pour l'exécution des decretz de la justice, captures, chevauchées et autres fonctions de ladite charge auxquelles ce temps plain de rumeurs et fréquents mouvemens semble l'obliger plus que jamais, et par ce qu'il ne se pourroit trouver personne qui luy soit plus affidé ny plus affectionné au païs que Michel Armand notaire royal son fils qui d'ailleurs a les qualités requises a une telle chage, ledit sieur Armand desireroit pour le bien de la justice dudit païs et en faveur du long et fidelle service qu'il a rendu en icelluy qu'il pleust ausdits sieurs avoir agréable qu'en son absence sondit filz puisse faire les exécutions, captures, et autres fonctions du debvoir de ladite charge. L'affaire mise en délibération, en considérant les longs services dudit sieur Armand, les bonnes qualités dudit Me Michel Armand son fils et le tesmoignage qu'il a déjà rendu de sa preud'hommie et capacité, a esté conclud et arresté soubz le bon plaisir des Estatz de luy permettre l'exercice de ladite charge en l'absence de sondit père après touttefois qu'il aura obtenu commission de M. le prévost général de Languedoc et presté le serment en tel cas requis et accoustumé entre les mains de M. de Mende président desdits Estats lors de sa reception en ladite charge, le tout en attendant l'approbation desdits Estatz et authorisation de Sa Majesté. »

1. Archives de la Lozère, C 1400.

2. *Procès-verbaux des délibérations des Etats du Gévaudan*, t. IV, p. 434 et 459.

3. Archives de la Lozère, C 1402, C 1403 et C 1404.

En 1623, les Etats particuliers rejetèrent une nouvelle demande des habitants de Saugues tendant à obtenir un archer, ainsi qu'une casaque, à faire porter par l'un d'eux, pour procéder à la capture de voleurs et vagabonds qui étaient signalés dans la montagne de la Margeride [1].

Lors de la réunion des Etats de 1624, tenus à Marvejols dans les premiers jours du mois de juillet, le syndic pria les députés de solutionner deux questions relatives à la prévôté. Il s'agissait, d'une part, d'une requête des habitants des Cévennes qui demandaient derechef un lieutenant particulier, et d'autre part, de plusieurs plaintes qu'il avait reçues tant contre Etiene que contre Michel Armand et qui étaient de nature à faire révoquer ce dernier si les faits reprochés se trouvaient exacts. En raison du temps qu'il fallait pour étudier ces affaires, les commis et députés furent chargés de prendre une décision après en avoir délibéré avec les commissaires de l'assiette et le marquis de Portes [2]. Michel Armand se présenta à l'assemblée et demanda que quelques députés qui étaient ses ennemis et cherchaient à le faire destituer, ne pussent siéger quand on examinerait les plaintes portées contre lui.

L'assiette s'étant réunie à Mende le 9 juillet, on entendit le sieur de la Condamine, baron de Peyre [3], et le sieur du Pouget, envoyé du baron de Randon, qui accusaient le prévôt. Michel Armand réclama un délai pour se justifier. Un des reproches

1. *Procès-verbaux des délibérations des Etats du Gévaudan*, t. IV, p. 493.

2. Antoine-Hercule de Budos, marquis de Portes, lieutenant du roi en Gévaudan et dans les Cévennes.

3. Si nous en croyons H. Affre dans *Coup d'œil historique sur l'ancienne baronnie de Peyre* (p. 44), Michel Armand aurait pu, et à juste raison, porter de graves accusations contre le sieur de la Condamine. Dans le courant du mois de mai précédent, le prévôt, assisté de Jacques Massol, prêtre et prieur de Mélagues, de Pierre Chardon, procureur à Riom, et de Jacques Barrau, sergent royal de Sauveterre, informait sur les lieux et par ordre supérieur, des plaintes que les habitants avaient portées contre leurs seigneurs, Barbe de Combret, baronne de Peyre, et son mari, Pierre Daran de la Condamine. Ceux-ci, informés de l'enquête de Michel Armand, firent cerner le lieutenant par deux troupes de soldats. (Cela leur était d'autant plus facile que, par ordre de Montmorency, ils entretenaient une garnison de quarante hommes dans leur château. *Procès-verbaux des délibérations des Etats du Gévaudan*, t. IV, p. 548). Armand et ses auxiliaires furent enlevés et jetés en prison. Ils ne furent relâchés qu'après quelques jours de détention et sous la promesse, qu'on leur arracha par les plus terribles menaces, de ne tenter aucune poursuite contre le gouverneur du château ou les siens.

qu'on lui adressait était de s'être fait donner par le roi des lettres de provision en titre d'office, et les Etats pouvaient craindre de perdre tout contrôle sur la prévôté. Sur ce point particulier, il expliqua que ces lettres avaient été ainsi libellées par une erreur du secrétaire qui les avait établies, qu'il n'entendait pas s'en servir et qu'il désirait même les faire réformer au contentement du pays.

L'assemblée accorda le délai demandé par Michel Armand qui fut continué dans sa charge pour l'année courante. Elle donna mission au syndic de poursuivre la révocation des provisions, elle défendit à Etienne Armand de s'ingérer dans les fonctions de son ancienne charge, et elle ordonna, tant au père qu'au fils, de remettre leurs procédures au greffe du bailliage. On refusa un lieutenant particulier aux Cévennes, mais il fut décidé qu'on entretiendrait deux archers dans ce quartier, (Jean Marron et un autre dont le nom resta en blanc dans la délibération), et que Me Rampon [1], notaire royal, exercerait les fonctions de substitut du greffier [2]. Les décisions relatives aux Cévennes ne furent pas entièrement exécutées; dans les comptes de l'année 1624, Jean Marron figure parmi les sept archers à la suite du lieutenant; un seul archer, Jean Trinquière, est désigné comme habitant les Cévennes, et ne reçoit que 100 livres au lieu de 200 allouées aux autres; enfin, il n'y a aucune somme pour les gages de Me Rampon [3].

Le privilège du bailliage du Gévaudan, au sujet des procès prévôtaux et de la compétence du prévôt, fut de nouveau prorogé pour six ans par arrêt du Parlement de Toulouse du 27 juillet 1624 [4].

Michel Armand mourut avant la réunion des Etats particuliers de 1625 qui eut lieu au mois de juillet [5]. Nous n'avons d'autres détails sur cette mort que ce qu'en dit Etienne Armand à cette

1. A cette date, il y avait au Pont-de-Montvert un notaire nommé Antoine Rampon.

2. *Procès-verbaux des délibérations des Etats du Gévaudan*, t. IV, p. 522, 535 et 544.

3. Archives de la Lozère, C 1404.

4. *Inventaire des Archives de la Haute-Garonne*, Série B, t. II, p. 271, col. 2.

5. La dernière pièce signée de Michel Armand, que nous connaissions, est datée du 17 août 1624 (Archives de la Lozère. Série B. fonds du bailliage).

assemblée, qu'elle était « naguières advenue en faisant service au païs. » Elle eut lieu, vraisemblablement, peu de temps avant le mois de juillet, car le 23 avril le baron de Peyre, baron de tour du Gévaudan, se plaignait aux Etats de Languedoc des lettres de provision en forme d'office que Michel Armand avait obtenues 1.

Ce fut encore le baron de Peyre qui proposa aux Etats particuliers de 1625 de nommer un lieutenant en remplacement de Michel Armand, représentant que « les volleurs sont en règne « plus que jamais en ce païs, et même dans les terres de sa ba- « ronye où le pauvre peuple n'oze aller par les champs, qu'avec « de grandes crainctes et appréhensions de tomber ez mains des- « dictz volleurs. » On nomma une commission pour délibérer de cette nomination avec le marquis de Portes.

Etienne Armand se présenta à l'assemblée et exposa qu'il avait exercé la charge de lieutenant depuis 1600 jusqu'en 1622, mais attendu qu'à cette dernière époque il était tombé malade, les Etats avaient désigné son fils Michel pour remplir ses fonctions pendant son absence. Il supplia les députés de prendre en considération ses longs services et la mort de son fils, et, en conséquence, d'imposer ses gages ordinaires comme par le passé. La commission nommée pour choisir un lieutenant rendit compte que le marquis de Portes s'en remettait à la prudence de l'assemblée pour continuer Etienne Armand et ses archers dans l'exercice de leurs charges, ou faire dans le personnel de la prévôté les changements nécessaires 2.

Etienne Armand reprit ses fonctions de prévôt, et au cours de l'année 1626 il arrêta et fit exécuter plusieurs voleurs qui opéraient entre le Pont-de-Montvert et la montagne de la Lozère ; ceux qui parvinrent à lui échapper se fortifièrent dans une maison appelée Villeneuve 3. En informant les Etats de ses captures, le prévôt assura l'assemblée qu'il ne désirait autre chose que d'employer le reste de sa vie au service du roi et du pays. Le vicaire général 4, qui présidait, lui répondit que « le païs avoit agréable

1. Archives de la Lozère, C 541, fol. 124.

2. *Procès-verbaux des délibérations des Etats du Gévaudan*, t. IV, p. 572, 575 et 580.

3, Près du Pont-de-Montvert.

4. Me Jacques Dumas,

ses services », et il l'exhorta à continuer comme par le passé [1].

Cette même année, 1626, il fut donné lecture aux Etats de Languedoc d'un arrêt du Conseil qui maintenait les diocèses de la Province dans le droit de pourvoir aux charges de lieutenant de prévôt [2].

Des délibérations des Etats du Gévaudan de 1627, il ressort qu'Etienne Armand avait encore fait exécuter plusieurs voleurs. S'il était secondé par quelques gentilshommes, il voyait son action entravée par certaines personnes, notamment par un lieutenant de la justice de Châteauneuf-de-Randon. Ce juge qui, plusieurs fois, avait arrêté des coupeurs de bourses aux foires de la localité, les avait remis en liberté, refusant de les livrer au prévôt. Sur la plainte du juge au bailliage, les Etats décidèrent de faire poursuivre le lieutenant de Châteauneuf. Malgré les services rendus par Armand, l'envoyé du baron d'Apcher demanda son remplacement parce qu'il était, disait-il, « à présent réduict « en tel estat qu'il ne peult plus servir au païs, à cause de son « indisposition et vieillesse, ne pouvant faire les chevauchées « requises et necessaires pour le diocèse. » On renvoya l'étude de cette question aux commis et députés.

Le sieur de Colhanes, héritier du prévôt André de Baldit, réclamait aux Etats deux sommes qu'il prétendait n'avoir jamais été payées. Premièrement, celle de 200 écus qui avait été votée pour les gages d'André de Baldit pendant les années 1587 et 1588, et secondement, celle de 100 écus imposée en 1589 au profit des héritiers. Le syndic expliqua qu'il résultait de ses vérifications que la somme de 200 écus avait été réellement payée par les receveurs des années 1587 et 1588, mais qu'il n'avait pu retrouver l'assiette ni les comptes de l'année 1589. A son avis, la somme de 100 écus avait dû être payée comme la première ; il estimait qu'en tout cas il n'était plus temps de la réclamer. Néanmoins, l'assemblée accorda 600 livres au sieur de Colhanhes, tant pour le capital que pour les intérêts [3].

Au cours de l'année 1628, Etienne Armand fut appelé à com-

1. *Procès-verbaux des délibérations des Etats du Gévaudan*, t. IV, p. 630.

2. Archives de la Lozère, C 541, fol. 192.

3. *Procès-verbaux des délibérations des Etats du Gévaudan*, t. IV, p. 656, 663 et 666.

paraître devant le Parlement de Toulouse ; nous ignorons pour quels motifs. Le 17 juin, les commis et députés du Gévaudan décidèrent d'écrire à cette cour pour lui demander de rendre une prompte justice au prévôt [1]. La situation d'Armand fut loin de s'améliorer, car au mois d'août il fut mis en état d'arrestation, et il tomba malade peu après [2]. Les Etats particuliers de 1628 chargèrent les commis et députés de prendre une décision au sujet de la prévôté [3]. En conséquence, l'assemblée des commis et députés nomma, le 22 août 1628, Claude de Pierresbesses, sieur de Chabanes, lieutenant du diocèse de Mende [4].

En 1625, la guerre religieuse avait recommencé dans le Languedoc ; elle se termina en 1629 par un édit de pacification. Mais cet édit fut bientôt suivi d'un autre qui restreignait les privilèges de la Province en établissant un siège d'élection dans chacun

1. Archives de la Lozère, C 820, fol. 25. « Sur les plainctes faites par plusieurs personnes de pourveoir à réprimer les infinités de volleries et autres crimes et actions excécrables qui ont esté commis dans ledit diocèse durant l'année et mesme depuis l'absence du s[r] Armand lieutenant establi audit païs de Gevauldan de monsieur le prévost général du païs de Languedoc tant soubz prétexte des présents mouvemens que autrement et empécher qu'ilz ne continuent à l'advenir. A esté deslibéré et conclud que nosseigneurs de la Cour souveraine du parlement de Tholoze seront très humblement supplié par lettre qui a cest effest sera escripte à monseigneur le premier président de rendre bonne et prompte justice audit sieur Armand en sorte qu'il se puisse tant plustost randre par deça pour y continuer l'exercice de sa charge avec le mesme soing et dilligence qu'il y a cy devant rapporté afin que le peuple ne demeure plus long temps expozé à la mercy des volleurs et assassins comme il est à présent. »

2. *Ibidem*, C 820, fol. 97 et 108.

3. *Procès-verbaux des délibérations des Etats du Gévaudan*, t. IV, p. 691.

4. Archives de la Lozère, C 820, fol. 48. « Après avoir... mis en considération qu'il n'y a rien de plus important ny plus necessaire pour le bien, repos et la seureté du peuple que l'exercice d'une bonne justice pour la punition des crismes et mesmes durant le cours de la guerre mère nourrice de toute sorte de crimes et maléfices à cause de la licence que la tollérance et impunité donne plus ouvertement aux hommes de s'abandonner au mal, pour ces causes et attandu la longue absence du s[r] Armand cy devant pourveu de la charge de lieutenant audit diocèse de monsieur le prévost général de Languedoc, l'imbécilité de son eaige plus que sexagénaire joinct l'indisposition de sa personne qui le peuvent priver de faire les fonctions de ladite charge de l'exercice de laquelle ne pouvant ledit païs sans un trop notable dommaige demeurer plus longtemps destitué, lesdits sieurs commis, sindic et députez bien et deuement informez et certiffiez de la probité, diligence et capacité, et des bonnes vie, mœurs et religion catholique de noble Claude de Pierresbesses, sieur de Chabanes, et s'asseurant qu'il s'acquittera dignement et fidellement de son debvoir, ils ont icelluy sieur de Chabannes esleu, choisi et nommé pour icelle charge de lieutenant de monsieur le prévost général de Languedoc establie en la ville et au diocèse de Mende faire, gérer et exercer à l'advenir dans ledit diocèse... »
Claude de Pierresbesses était l'arrière-petit fils de Gabriel de Pierresbesses, sieur du Mazel, premier prévôt du Gévaudan (La Roque, *Armorial de la noblesse de Languedoc*, t. I, p. 339).

des vingt-deux diocèses. Ces sièges étant chargés de la répartition des impôts, rendaient inutile la convocation des Etats particuliers [1]. C'est ainsi que les Etats du Gévaudan ne furent pas réunis pendant les années 1629, 1630, 1631 et 1632. De nouveau, les gages de la prévôté ne purent être imposés, et en 1629, les commis et députés durent emprunter, pour cet objet, 2.000 livres au sieur André Roux. Ils députèrent vers le roi Etienne Dumas, sieur de Colanhes, pour lui demander l'autorisation de lever, comme jadis, les gages du prévôt et de ses archers [2].

Lors de la réunion des commis et députés de 3 février 1630, le syndic du pays exposa que le sieur de Chabanes s'acquittait fidèlement de sa charge et qu'il avait capturé plusieurs voleurs. Ces services auraient été encore plus nombreux, disait le syndic, si Claude de Pierresbesses n'avait été troublé dans l'exercice de ses fonctions par les agissements d'Etienne Armand. Ce dernier, qui était toujours retenu à Toulouse, avait obtenu du Parlement un arrêt, du 30 juillet 1629, qui le maintenait dans sa charge en attendant que les Etats pussent délibérer à ce sujet. Le syndic faisait encore ressortir « qu'il est d'ailleurs impossible audit Ar- « mand de faire et continuer sa charge à cause de son eaige « plus que septuagénaire [3], accompagné d'une infinité d'autres « indispositions quy ne luy peuvent permettre d'aller à pied ny « à cheval » Après en avoir délibéré, les commis et députés confirmèrent Claude de Pierresbesses dans ses fonctions de lieutenant, et décidèrent d'écrire au Parlement pour lui demander d'agréer cette nomination. Cependant, prenant en considération la vieillesse d'Etienne Armand et ses charges de famille, l'assemblée lui vota 800 livres, dont 400 lui avaient été déjà payées ; les 400 autres livres devaient servir de dot à sa fille Ysabeau et lui être remises « lorsqu'elle trouvera son parti [4]. »

Le 9 mars suivant, Etienne Armand, qui était enfin sorti de prison, se présenta aux commis et députés. Après avoir rappelé

1. *Histoire générale de Languedoc*, Edition Privat, t. XI, p. 1038 à 1042.

2. Archives de la Lozère, C 820, fol. 77 et 84.

3. Dans la délibération de 1628, on disait seulement sexagénaire. Si ces deux expressions étaient exactes, il faut en conclure qu'Etienne Armand était né vers 1559 et qu'il avait 40 ans quand il fut nommé prévôt du Gévaudan.

4. Archives de la Lozère, C 820, fol. 97.

ses longs services et l'impossibilité où il s'était trouvé, momentanément, de remplir ses devoirs, il explique que le Parlement l'avait confirmé dans sa charge et qu'il pensait que l'arrêt de cette Cour était devenu définitif [1]. Il fit remarquer que, depuis son retour, il avait fait exécuter trois voleurs dans la ville du Puy et que, contrairement à ce qu'on avait allégué, il était encore en état d'aller à cheval et à pied. L'assemblée, annulant ses précédentes délibérations, convint de rétablir Armand dans ses anciennes fonctions et d'écrire au Parlement pour faire approuver cette décision [2].

Cette affaire n'était point terminée. Le 4 mai, Claude de Pierresbesses remontra aux commis et députés qu'il avait rendu service au pays en gardant la place d'Ispagnac, lors de la dernière guerre religieuse, et que pour unique récompense, on lui avait offert la place de prévôt qu'il ne sollicitait pas. Il ajouta qu'Etienne Armand, qui était dans l'impossibilité de servir, n'avait obtenu une nouvelle nomination qu'en se prévalant d'un arrêt du Parlement qui n'était nullement définitif. L'assemblée, révoquant la délibération du 9 mars, choisit de nouveau le sieur de Chabanes pour lieutenant [3].

Cette décision fut annulée, à son tour, par une autre du 27 novembre 1630, après qu'Etienne Armand eut expliqué que celle du 4 mai n'avait été obtenue que par surprise, et en l'absence de l'évêque [4], président. Cette fois, ce fut définitivement qu'Etienne Armand fut rétabli dans sa charge. D'ailleurs, Gabriel de Pierresbesses, qui avait trouvé un autre emploi [5], vint lui-même, le 6 octobre 1631, offrir sa démission aux commis et députés, en demandant d'être payé de ses gages et de ceux d'un archer qu'il avait entretenu pendant trois ans. On décida de le satisfaire aussitôt que le pays aurait obtenu la permission d'imposer les gages de la prévôté [6].

1. Cet arrêt est cité dans l'*Inventaire des Archives de la Haute-Garonne*, Série B, t. II, p. 382, col. 2.

2. Archives de la Lozère, C 820, fol. 97.

3. *Ibidem*, C 820. fol. 193.

4. Sylvestre de Crusy de Marcillac.

5. Il avait été nommé avocat général en le duché de Mercœur. (Archives de la Lozère, C 822, fol. 73).

6. Archives de la Lozère, C 820, fol. 108 et 120.

Le 17 février 1732, le syndic représenta aux commis et députés que l'autorisation de juger la compétence du prévôt, donnée au bailliage par l'arrêt de Parlement de 1624, n'était que provisoire, et que le délai de six ans venait d'expirer. Me Jean Lacan, notaire à Mende, fut chargé de demander une nouvelle prorogation de ce privilège. Le 14 avril, le syndic fit connaître que les créanciers du diocèse le poursuivaient pour obtenir le remboursement des sommes prêtées au pays, et qu'il devenait urgent d'obtenir l'autorisation de lever les gages du prévôt et de ses archers 1. Mais de nouvelles règles pour le payement des maréchaussées diocésaines allaient être données par l'édit de Béziers du mois d'octobre 1632.

1. Archives de la Lozère, C 820, fol. 124 et 125.

V

DE 1632 A 1696

Marie de Médicis et son fils Gaston d'Orléans avaient provoqué la guerre civile pour tenter d'abattre le pouvoir du duc de Richelieu. Le maréchal de Montmorency [1], gouverneur de Languedoc, avait embrassé le parti de la reine mère ; il réussit à soulever tout le Bas-Languedoc, mais vaincu et fait prisonnier par le maréchal de Schomberg, le 1er septembre 1632, il fut condamné à mort par le Parlement de Toulouse et exécuté le 30 octobre suivant. Sous le prétexte de cette rébellion, Louis XIII, qui assistait aux Etats de la Province réunis à Béziers au même mois d'octobre, y fit publier un édit qui, d'après l'auteur de l'*Histoire de Languedoc*, triplait les impositions annuelles du pays. Si cet édit, appelé édit de Béziers, supprimait les élections érigées en 1629 et rétablissait les assemblées d'assiettes, il prescrivait par contre la levée de 1.218.430 livres par an pour les dépenses diverses et celle de 1.050.000 livres au profit du trésor royal. Dans les dépenses diverses figurait une somme de 30.000 livres pour les gages des prévôts et autres officiers de maréchaussée de la Province. Il s'agissait vraisemblablement d'une nouvelle création de prévôts diocésains en titre d'office [2].

Les Etats de Languedoc firent immédiatement des remontrances au sujet de cet édit, notamment « sur les offices de ma-

1. Henri II, duc de Montmorency et de Damville, maréchal et amiral de France, fils de Henri I.

2. *Histoire générale de Languedoc*, Edition Privat, t. XI, p. 1083. — Cet ouvrage ne donne qu'une analyse de l'édit et renvoie aux *Privilèges de Languedoc* par De Scorbiac (p. 819) que nous n'avons pu nous procurer. De ce qui va suivre il semble bien résulter que l'édit de Béziers créait de nouveau des prévôts diocésains en titre d'office. L'analyse de l'édit dans l'*Inventaire des Archives de la Haute-Garonne* (Série C, t. II, p. 251, col. 1) porte d'ailleurs : « Création... d'un certain nombre d'officiers de maréchaussée en chaque diocèse pour les gages desquels Sa Majesté veut qu'on impose tous les ans 30.000 livres. »

« réchaussée dont il ne peut revenir aucun profit considérable à « Sa Majesté, ny aucung bien et advantage à son peuple [1]. » En 1633, ils décidèrent de reproduire cet article du cahier des doléances, sur l'observation présentée par les consuls du Puy et de Mende « que pour la seureté de leurs diocèzes, il luy *(sic)* estoit « necessaire d'entretenir de prevostz diocézains ce qu'ilz n'au- « roient peu fere despuis que sa majesté par son édit de Béziers « leur en auroient osté le moyen erigeant en tiltre d'office les « prevostz et luy *(sic)* ayant rayé dans l'estat des despences ordi- « naires de leurs diocèzes le fond quy estoit ordonné pour leur « entretenement [2]. »

L'édit de Béziers ne fut annulé qu'en 1649 [3], mais la clause relative à l'établissement des prévôts diocésains ne reçut aucune application. Cependant, il fallait de nouveau résoudre la question des gages. Les Etats particuliers du Gévaudan chargèrent, en 1633, le syndic de demander l'autorisation de prélever les fonds nécessaires sur les 30.000 livres imposées pour la maréchaussée de Languedoc [4]. L'assemblée de 1634 renouvela cette délibération en ajoutant qu'on prierait également le roi de permettre, comme par le passé, l'imposition de 500 livres pour les frais des procès prévôtaux [5]. Cette même année, on paya 100 livres à Armand pour des courses qu'il avait faites du côté de Mercoire afin d'arrêter des voleurs [6].

En 1636, les Etats particuliers prescrivirent au syndic de continuer les poursuites commencées au sujet des gages de la maréchaussée, « attandu le besoing que le pays en a, estant par ce « deffault expozés à la mercy des volleurs et des gens de guerre « que y font une infinité de logementz sans aulcun ordre [7]. » A cette époque, Armand eut en effet à informer des « foules » et oppressions commises par les gens de guerre [8]. L'autorisation

1. *Inventaire des Archives de la Haute-Garonne*, Série C, t. II, p. 251, col. 1 et 2.
2. Archives de la Lozère, C 542, fol. 49.
3. *Histoire générale de Languedoc*, Edition Privat, t. XI, p. 1130.
4. *Procès-verbaux des délibérations des Etats du Gévaudan*, t. IV, p. 723.
5. *Ibidem*, t. V, p. 21.
6. *Inventaire des Archives de la Lozère*, Série C, p. 294, col. 2.
7. *Procès-verbaux des délibérations des Etats du Gévaudan*, t. V, p. 37.
8. Archives de la Lozère, C 820, fol. 191.

d'imposer 2.700 livres pour l'entretien d'un prévôt, d'un greffier et de huit archers, fut accordée au Gévaudan par un arrêt du Conseil en date du 26 janvier 1636, mais les commis et députés n'en furent informés par le syndic que le 9 octobre suivant [1].

Les autres diocèses de la Province n'avaient pas semblable permission, car aux Etats de Languedoc de 1637, plusieurs députés se plaignirent des voleurs dont le nombre augmentait par suite de l'absence de prévôts diocésains. L'assemblée décida que le roi serait prié de remplir les offices créés par l'édit de 1632 ou de décharger le pays de l'imposition des 30.000 livres qui étaient employées à d'autres objets [2].

D'autre part, l'arrêt du Conseil qui autorisait le diocèse de Mende à lever 2.700 livres pour les gages de la prévôté ne faisait pas mention des sommes nécessaires pour payer les frais des procès prévôtaux et des exécutions. Les Etats particuliers de 1638 décidèrent d'adresser, à ce sujet, une nouvelle supplique au roi et à son Conseil [3].

Etienne Armand, qui exerçait encore la charge de prévôt en 1636, avait cessé d'être en fonction lorsque les Etats du Gévaudan se réunirent au mois de mars 1638. Nous ne savons pourquoi il fut remplacé [4], mais il est à présumer que ce fut en raison de

1. Archives de la Lozère, C 820, fol. 190.

2. *Ibidem*, C 542, fol. 239. « Sur les plainctes faictes par le sieur Triolène consul du Puy et plusieurs autres consuls depputés de ceste assemblée que les diocèses se trouvent grandement infestés par les voleurs lesquels commettent impunément mille brigandages n'ayant plus à craindre les chevauchées des prévosts diocézains dont les vives poursuittes tenoient dans la crainte de la justice lesdits voleurs, et depuis l'édit de Béziers ils n'avoient peu pourvoir à l'entretenement desdits prévosts, Sa Majesté ayant proposé de les establir en office formé et ayant pour cest effect ordonné par ledit édit que la somme de trente mil livres seroit imposée en chascun [an] et pour les gaiges desdits prévosts diocésains, que néantmoings il n'auroit point encore esté pourveu ausdites charges dont la province se trouve extraordinairement gresvée se trouvant contrainte de porter l'entretenement desdits prévosts, sans jouir du fruict qu'il se pourroit de leur establissement et de l'exercice de leurs charges, à quoy il estoit très important de remédier. A esté arresté que Sa Majesté sera très humblement suppliée par le cayer de doléances du pays de pourvoir ausdites charges de prévosts diocésains pour délivrer la province d'un nombre infini de voleries qui se commettent impunément tous les jours ou qu'il luy plaise la décharger de ladite imposition puisqu'elle n'est point employée à l'effet pour lequel elle avoit esté destinée par ledit édit. »

3. *Procès-verbaux des délibérations des Etats du Gévaudan*, t. V, p. 73.

4. Les délibérations des Etats du Gévaudan pour l'année 1637 n'existent pas, soit que ces délibérations aient disparu, soit que les Etats ne se soient pas réunis. Nous pensons que les Etats du pays furent tenus en 1637, et

sa vieillesse et de l'état de sa santé. Dans les délibérations des Etats de cette année, il est qualifié « cy-devant prévost du diocèze. » Il se présenta néanmoins à l'assemblée et lui rappela ses longs services, ainsi que la mort de son fils Michel. Il représenta qu'en 1635 on avait décidé d'imposer, aussitôt que l'autorisation en serait obtenue, 3.000 livres qui lui restaient dues pour ses gages. Il supplia les Etats de lui payer cette somme et de le pourvoir du greffe de la prévôté, « affin qu'il aye moyen de s'entretenir, attendu qu'à présent il n'a aucungz aultres moïens pour vivre. » Il proposait encore qu'on lui rendît la charge de prévôt, qui ne pouvait lui être enlevée « sans son consentement ou forfaiture », et qu'il était toujours capable d'exercer, disait-il, ou bien qu'on la donnât à son second fils Charles [1]. L'assemblée décida de lui payer 3.000 livres, mais elle ne délibéra pas sur ses autres demandes [2].

Si Etienne Armand n'obtint pas le greffe de la prévôté, il remplissait cependant déjà les fonctions de greffier, et en cette qualité, il rendit compte aux Etats des chevauchées faites en 1637 par le bailli Vincent Sénéchal, écuyer, sieur de Bornay, qui était « commis par le roi à l'exercice de prévost audit diocèse [3]. »

Le sieur de Bornay donna sa démission de prévôt aux Etats particuliers de 1639 en expliquant qu'il était obligé de s'absenter du diocèse. L'assemblée désigna pour lui succéder Barthélemy de Requoles, habitant de Mende. Etienne Armand, qui était encore greffier de la prévôté en 1639, mourut avant le mois de mars

que le procès-verbal de leurs délibérations est perdu, comme l'est celui de l'assemblée de 1635 dont l'existence est prouvée par un passage des délibérations de 1638 (*Procès-verbaux des délibérations des Etats du Gévaudan*, t. V, p. 89). De même, le registre qui contenait les délibérations des commis et députés de 1637 à 1643 (C 821) n'existe plus. De ce qu'Etienne Armand dit aux Etats de 1638, on peut conclure qu'il ne servait déjà plus en 1637.

1. Il existe aux Archives de la Lozère (H 338), une procédure faite le 6 août 1636 par Charles Armand : « Inquisitions secrettes faites pardevant nous Charles Armand, subdélégué de Me Etienne Armand lieutenant de monsieur le prévost général de Languedoc, au pays de Gévaudan et montagne des Cévennes. » En 1640, apres la mort de son père, Charles Armand était « substitué au greffe de la prévôté. » (Archives de la Lozère, Série E, Minutes de Recolin, notaire à Mende, année 1640, fol. 13). En 1642, il habitait Lanuéjols et était désigné seulement comme praticien de la ville de Mende (*Ibidem*, Série E, minutes d'Etienne Mazot, notaire à Mende, année 1642, fol. 91).

2. *Procès-verbaux des délibérations des Etats du Gévaudan*, t. V, p, 89.

3. Archives de la Lozère, C 891, année 1638.

1640, époque de la réunion des Etats suivants qui eurent à délibérer au sujet des 3.000 livres réclamées par ses héritiers [1].

En 1639, on fit dans la Province une levée de milices destinées à renforcer l'armée du prince de Condé qui opérait dans le Roussillon contre les Espagnols [2]. Sur l'ordre de l'évêque de Mende, le prévôt et quatre archers se rendirent à La Canourgue pour coopérer à cette levée ; le diocèse paya trente-six livres pour leur dépense [3]. On remboursa aussi au sieur de Bornay soixante-dix-huit livres, montant de l'enregistrement de ses provisions au bureau des trésoriers généraux de Montpellier [4].

A cette époque, des mesures successives modifièrent profondément la prévôté générale. Nous savons qu'en 1579 cette compagnie était composée d'un prévôt général, de trois lieutenants et de cinquante archers. Le prévôt général payait les archers sur ses gages ; considérant que ces gages étaient insuffisants, les Etats de Languedoc de 1596 demandèrent au roi de les augmenter [5]. Comme ils n'avaient pas obtenu satisfaction, le duc de Ventadour leur promit, l'année suivante, que le nombre des archers serait réduit de cinquante à trente [6]. Il n'y eut même plus, à un moment, que vingt-cinq archers. Les Etats ne furent pas satisfaits de cette réforme qu'ils avaient provoquée ; en 1612 et 1613 ils demandèrent que le prévôt général entretînt cinquante archers, à deux cents livres de gages « suivant les antiens réglemens [7]. » En 1616, observant que la compagnie n'était toujours que de vingt-cinq archers, ils réclamèrent de nouveau une augmentation d'effectif [8]. L'année suivante, le syndic général rendit

1. *Procès-verbaux des délibérations des Etats du Gévaudan*, t. V, p. 103, 111 et 140.

2. *Histoire générale de Languedoc*, Edition Privat, t. XI, p. 1122.

3. Archives de la Lozère, C 1420.

4. *Ibidem*, C 891, année 1639.

5. *Ibidem*, C 953. « Les gaiges de votre prévost général, Sire, ont de tout ancienneté accoustumé d'estre payés de vos deniers, mais pour ce que lesdits gaiges ne peuvent suffire à la despence que luy convient faire avec le nombre des archiers qu'il tient, il ne peut continuer si soigneusement les chevauchées qu'il faut qu'il face par toute ceste province si par votredite Majesté ses gaiges ne luy sont augmentés. Parquoy sera votre bon plaisir luy vouloir augmenter sesdits gaiges à cause de la chairté des vivres afin qu'il puisse tenir la main de mieulx en mieulx à la justice, extirpation des vices et punition des malfaiteurs. »

6. *Inventaire des Archives de la Haute-Garonne*, Série C, t. II, p. 146, col. 1.

7. Archives de la Lozère, C 538, fol. 389 et C 953.

8. *Ibidem*, C 539, fol. 191.

compte que, par un arrêt du Conseil, le nombre des archers avait été porté à trente en réduisant de 360 à 300 livres les gages de chacun d'eux [1]. Cependant, le prévôt général Daugier déclarait, en 1620, n'avoir que vingt-cinq archers, tandis qu'en 1622 son successeur, Desplans, en accusait trente [2].

Les lieutenants généraux du prévôt devaient faire leur résidence dans chacune des trois anciennes sénéchaussées de Toulouse, de Carcassonne et de Beaucaire et Nimes. Louis XIII, par brevet du 12 octobre 1632 [3], autorisa Daniel Guiran, lieutenant de la sénéchaussée de Beaucaire et Nimes, à unir sa charge à celle de la sénéchaussée de Carcassonne. Lors des Etats de la Province de l'année 1635, le consul de Carcassonne fit remarquer qu'un seul lieutenant ne pouvait exercer les deux fonctions et, sur sa proposition, l'assemblée décida de mettre Guiran en demeure d'opter pour l'une des deux. Cette délibération fut renouvelée en 1636 et 1637 [4].

Le roi avait besoin d'argent pour fournir aux frais de la guerre qu'il faisait aux Espagnols en Roussillon. Afin de s'en procurer, il créa, par son édit du mois de mars 1639, de nouveaux offices en Languedoc, et entre autres, trois de prévôt des maréchaux de France à Toulouse, Castres et Carcassonne. Chacun de ces nouveaux officiers, appelés prévôts en chef et indépendants du prévôt général, avait sous ses ordres un lieutenant, un exempt, un greffier et dix archers [5]. Ces trois prévôtés devaient assurer l'ordre dans la généralité de Toulouse composée de onze diocèses. Un second édit, du mois de décembre 1639, partagea la généralité de Montpellier, également composée de onze diocèses, entre le prévôt général et un nouveau prévôt en chef [6]. Comme ceux créés au mois de mars, ce dernier avait sous ses ordres un lieutenant, un exempt, un greffier et dix archers; son territoire était celui de la sénéchaussée de Beaucaire et Nimes qui comprenait les diocèses de Nimes, Uzès, Viviers, le Puy et Mende « à tous

1. Archives de la Lozère, C 539, fol. 301. L'arrêt est du 21 février 1617.
2. *Ibidem*, C 540, fol. 222 et 351.
3. Saugrain, *La Maréchaussée de France*, t. I, p. 579.
4. Archives de la Lozère, C 542, fol. 144, 171 et 224.
5. *Histoire générale de Languedoc*, Edition Privat, t. XI, p. 1121 et t. XII, Preuves, p. 1854.
6. Saugrain, *La Maréchaussée de France*, t. I, p. 578.

« lesquels se fait un grand trafic de toutes sortes de Denrées, « Draperies et Bestiaux. Et pour cette occasion y a été établi « plusieurs Foires et Marchez ; et d'ailleurs qu'aux trois derniers « diocèses, assis en grande partie dans les Montagnes, y a plu- « sieurs bois et passages fort dangereux, où les voleurs aguettent « journellement les passans. » Il ne restait donc au prévôt général que les diocèses de Montpellier, Narbonne, St-Pons, Béziers et Agde. Les 30.000 livres imposées annuellement, en vertu de l'édit de Béziers, devaient être employées à payer les compagnies du prévôt général et des prévôts en chef.

Aux Etats du Gévaudan de 1640, le marquis de Canillac représenta qu'il était inutile de voter des gages pour la prévôté, puisqu'on ne pouvait imposer aucune somme pour le jugement des procès prévôtaux. Le syndic démontra, au contraire, la nécessité d'entretenir un prévôt, un greffier et des archers « pour tenir les « passaiges libres pour le commerce et empêcher les larcins, « voleries et assassinatz, que par ce deffault pourroient arriver, « qui causeroient une grande désolation et perte au pauvre peu- « ple, qui n'ozeroit marcher en asseurance, pour aller aux foires « et marchés, débiter ou achepter de bestail et marchandize, et « par ce moyen le commerce demeureroit entièrement interrompu « à la ruyne du public. » L'assemblée, se rangeant à l'avis du syndic vota les gages habituels [1].

A partir de 1641 et jusqu'en 1668, des députés de la noblesse pour les deux premières années, et le syndic pour les années suivantes, demandèrent à chacune des assemblées des Etats du Gévaudan l'imposition des 2.700 livres destinées à payer les gages de la prévôté. Ces demandes, toujours formulées dans des termes semblables, étaient motivées par la fréquence des violences, excès et larcins commis dans le diocèse [2]. En 1641, on cita comme exemple de ces crimes l'assassinat de deux muletiers dont l'un des auteurs, Vidal Chantaguel, venait d'être exécuté à Mende de l'autorité du lieutenant Barthélemy de Requoles. Ce dernier devait être lui-même victime d'une tentative de meurtre dans le

1. *Procès-verbaux des délibérations des Etats du Gévaudan*, t. V, p. 130.

2. *Ibidem*, t. V, p. 149, 161, 172, 195, 211, 234, 242, 258, 280, 309, 327, 344, 366, 383, 395, 409, 428, 445, 469, 482, 498, 522, 535, 548, 566, 578 et 589.

courant de cette année 1641 ; le procès en fut jugé au Parlement de Toulouse [1].

Un conflit s'était élevé entre Sylvestre de Marcillac, évêque de Mende et le sieur Dumas [2], juge au bailliage. Dans une sorte de mémoire daté de 1641 et inspiré sans doute par le juge, on se plaignait que, l'assemblée des Etats se tenant à Mende dans une salle de l'évêché, l'évêque en faisait garder la porte par le prévôt et ses archers qui en avaient refusé l'entrée au juge du bailliage [3]. On ajoutait que le prévôt était le maître d'hôtel de l'évêque et les archers ses domestiques. On demandait enfin qu'il ne fût voté d'autres gages pour la prévôté que la part du diocèse dans l'imposition des 30.000 livres de l'édit de Béziers [4]. Cette mesure aurait eu pour conséquence de laisser la surveillance du diocèse au prévôt en chef de Nimes.

En 1644, huit jours après le vote de ses gages qui eut lieu le 18 février, Barthélemy de Requoles demanda aux commis et députés qu'ils lui fussent payés par avance, « pour se mettre en équipage et ses archers quy n'ont habits ny chevaulx pour servir. »On fit droit à sa requête [5].

Le 19 mars 1644, M. de Balthazar, intendant de la Province, faisant revivre l'arrêt du grand Conseil du 11 septembre 1612, rendit une ordonnance par laquelle il condamnait les diocèses de Nimes, Viviers, Uzès et Mende à entretenir chacun trois archers pour Daniel Guiran, prévôt en chef de la sénéchaussée de Beaucaire et Nimes. Les Etats de Languedoc tenus en 1645, observèrent que cette ordonnance était contraire à l'édit de Béziers et décidèrent d'en demander la révocation [6]. L'évêque d'Uzès porta plainte, à la même assemblée, contre Daniel Guiran et son lieutenant qui, disait-il, ne s'occupaient pas de punir les malfaiteurs,

1. *Inventaire des Archives de la Haute-Garonne*, Série B, t. III, p. 10, col. 1.

2. Urbain Dumas, sieur du Bouschet et de Cultures.

3. En effet, Urbain Dumas n'assista pas aux Etats de janvier 1641, mais il prit séance à ceux du mois de décembre de la même année.

4. *Bulletin de la Société d'Agriculture... de la Lozère*, année 1875, p. 183.

5. Archives de la Lozère, C 822, fol. 3.

6. *Ibidem*, C 543, fol. 170. — *Histoire générale de Languedoc*, Edition Privat, t. XIII, p. 195.

et s'employaient à empêcher la conversion de leurs corréligionnaires protestants [1].

Pour convaincre les Etats particuliers de la nécessité d'entretenir un prévôt et des archers, le syndic leur rappela, en 1646, que le sieur d'Entraigues, bailli pour le roi en Gévaudan, venait de convoquer une assemblée irrégulière à Marvejols, que des troubles avaient eu lieu dans cette ville, ainsi qu'à Mende, que certains seigneurs faisaient garder leurs châteaux par de grosses garnisons dont les soldats commettaient impunément vols, meurtres et assassinats, et qu'enfin le lieutenant Barthélemy de Requoles avait été blessé grièvement, au mois de février, dans les montagnes qui se trouvent à l'est de Mende [2].

L'année suivante, le syndic eut d'autres crimes à citer : à la foire de Mende de Quasimodo on avait dérobé plus de 12.000 li-

1. Archives de la Lozère, C 543, fol. 182. — Le procès-verbal de la délibération des Etats de Languedoc donne une note curieuse sur l'état du conflit religieux dans les Cévennes quarante ans avant la révocation de l'édit de Nantes : « Ayant esté remonstré aux Estatz par monseigneur l'Evesque d'Uzès que le nommé Guiran prévost en la Sénéchaussée de Beaucaire commet non seulement de grandes concussions en l'exercice de sa charge ne résidant pas non plus que son lieutenant dans les lieux qui ont plus grande necessité dudit prévost pour contenir et punir les malfaiteurs et garantir le pauvre peuple de leurs violances, mais se mesle encore d'empécher les uguenotz instruitz par les soins des prelatz ou de leurs missionnaires de se convertir à la relligion catholique, appostolique, romaine, intimidant lesdits uguenotz et ceux qui travaillent à leur conversion par tous les moyens dont sa malice est capable ce qui n'arriveroit pas si ladite charge de prévost et de son lieutenant estoient remplies de personnes catholiques lesquelles feroyent avec plus d'honneur et probité l'exercice desdites charges. Que les vues de ladite sénéchaussée seroyent de rembourser le prix desdites charges et d'y pouvoir nommer soubz le bon plaisir du Roy deux hommes cappables de les exercer avec toute la relligion et fidellité nécessaire au service de Sa Majesté, et soulagement du peuple, lequel demeure autrement expozé à beaucoup de maux. A esté arresté que par les depputés du pays en Cour le Roy sera très humblement supplié de recevoir les offres de ladite sénéchaussée pour le remboursement desdites charges ou autres officiers dudit prévost quy sont de la relligion prétandue refformée et qu'il luy soit permis de nommer en leur place de bons catholiques pour les exercer suivant l'intention des Roys en l'establissement desdites charges et ceppedeant que monseigneur le mareschal sera prié de la part de ceste assemblée d'ordonner audit Guiran et son lieutenant de faire leurs charges dans toute l'étendue de ladite sénéchaussée et de résider successivement dans les lieux qui sont plus infectés de malfaiteurs, et sur tout dans le Vigan où le peuple se trouve journellement exposé à la violence des volleurs.

En 1647, le syndic général disait, au contraire, que Daniel Guiran et son lieutenant étaient très-exacts à faire le devoir de leurs charges et très-affectionnés au soulagement de la Province (*Ibidem*, C 543, fol 315). Mais en 1649 et en 1660, les Etats reprochèrent de nouveau au prévôt Guiran ses « viollantes exécutions contre les habitans catholiques. » (*Ibidem*, C 544, fol. 96 et C 547, fol. 16).

2. *Procès-verbaux des délibérations des Etats du Gévaudan*, t. V, p. 234 et 235.

vres aux marchands qu'y s'y étaient rendus; le prévôt venait d'arrêter un individu qui avait volé plusieurs paires de bœufs ; et le 28 juin, le sieur Pierre Gisquet, apothicaire de Mende, avait été assassiné près de Ribennes [1].

Le 31 août 1650, les commis et députés chargèrent le syndic de faire poursuivre un nommé Charles de Columb qui, bien que banni du royaume, puis condamné à mort, s'était retiré à Sévérac en Rouergue. Il faisait des courses en Gévaudan et avait enlevé cinq mulets chargés de vin qui appartenaient à Barthélemy de Requoles [2]. Le syndic du diocèse fut d'ailleurs condamné, en 1658, par la Cour des comptes, aides et finances de Montpellier, à payer 1.600 livres au prévôt pour l'indemniser de la perte de ses mulets [3]. Le brigandage était du reste général dans la Province ; le Parlement de Toulouse envoya, en 1649 et 1650, un de ses conseillers, M. de Veddely, pour informer des crimes commis dans les diocèses de Montpellier, Nimes, Uzès, Mende et le Puy [4].

Vingt-cinq à trente voleurs et assassins s'étaient emparés d'une tour à St Germain-du-Teil et s'y étaient retranchés. De là, ils se jetaient sur la campagne, pillant et rançonnant propriétaires et voyageurs. Plusieurs plaintes en furent portées aux Etats particuliers de 1652 ; l'assemblée chargea le syndic d'en faire informer par le prévôt [5]. Une seconde bande se forma au château de Montjézieu, non loin de la première. Pour venir en aide au diocèse de Mende, les Etats de Languedoc de 1653 prescrivirent au syndic général de poursuivre ces bandits devant le Parlement de Toulouse. Ils décidèrent en outre de demander aux lieutenants généraux de prêter, au besoin, main-forte à la justice [6].

De nouvelles accusations contre les brigands de St Germain-du-Teil furent présentées aux Etats particuliers de 1654. Le baron de Cénaret requit l'assemblée de faire mettre à exécution par

1. *Procès-verbaux des délibérations des Etats du Gévaudan*, t. V. p. 242 et 243. — Les assassins de Pierre Gisquet étaient des complices du sieur de Montrodat dont il sera parlé plus loin (Archives de la Lozère, G 625).

2. Archives de la Lozère, C 833, fol. 407.

3. *Ibidem*, C 1440.

4. *Histoire générale du Languedoc*, Edition Privat, t. XIII, p. 300 et t. XIV, Preuves, p. 354.

5. *Procès-verbaux des délibérations des Etats du Gévaudan*, t. V, p. 334.

6. Archives de la Lozère, C 544, fol. 387.

le prévôt plusieurs arrêts de mort rendus par le Parlement de Toulouse. Sur d'étranges conclusions du syndic, que ces crimes n'intéressaient que des particuliers et non le pays, les Etats décidèrent de demander des troupes au syndic de la Province pour faire rendre la tour de St Germain au sieur de Servières à qui elle appartenait. Cependant, en 1656, on ordonna au syndic du Gévaudan d'exécuter un arrêt du Parlement qui prescrivait de raser cette tour [1].

Les méfaits d'un seigneur du Gévaudan méritent une mention particulière. Charles de Gibertès Chapelu, sieur de Montrodat, fils de Claude, était né vers 1619 [2]. Il eut d'une dame de Gibertès, sans doute son assez proche parente, trois enfants naturels qui furent légitimés par lettres royaux de janvier 1651. Il n'avait que dix-neuf ans quand il fut condamné aux galères par arrêt du Parlement de Toulouse en date du 24 septembre 1638. En 1645, il fut condamné à être roué pour sacrilège. En 1649 et en 1650, il subit deux nouvelles condamnations à mort, la première pour assassinat, bris de prison et enlèvement de prisonnier, la seconde pour rapt de « damoiselle Jeanne de Laurans, filhe de la damoi« selle de Rochegrès aagée seulement de dix ans pour la marier « avec un sien domestique. » Notons encore deux autres condamnations capitales, l'une pour meurtre et l'autre pour enlèvement de bétail ; enfin, un décret de prise de corps pour avoir tiré un coup de fusil sur le curé de Trélans, alors que celui-ci célébrait la messe. Il va sans dire que tous ces jugements avaient été rendus par défaut.

Le sieur de Montrodat, qui résidait au château de la Vigne, près de Barjac, dirigeait habituellement ses courses du côté de Marvejols. Les habitants de cette ville avaient, en 1656, obtenu du Parlement de Toulouse, l'autorisation de poursuivre ce malfaiteur ; ils n'en usèrent pas immédiatement « sur la croïance que « lesditz habitans avoient que ledit de Montrodat cesseroit ses actes d'hostilité et corrigeroit ses mœurs. » Leur espérance fut

1. *Procès-verbaux des délibérations des Etats du Gévaudan*, t. V, p. 371 et 385.

2. Il avait vingt-cinq ans en 1644. Le sieur de Montrodat était l'un des douze nobles qui avaient séance aux Etats du Gévaudan après les huit barons et pairs

vaine, car lors de la foire de St Michel, au mois de septembre de cette même année 1656, douze de ses « bandoliers » commirent des excès sur ceux qui se rendaient à Marvejols. Ils blessèrent plusieurs personnes et entre autres un archer du prévôt, Pierre Croix, qui mourut de ses blessures. Le lendemain, Montrodat tua lui-même un marchand et fit prisonnier un receveur des tailles. Cette fois, les habitants de Marvejols commencèrent résolument les poursuites, et le 22 novembre le Parlement de Toulouse rendait un arrêt condamnant Montrodat à mort et ordonnant le rasement des fortifications de son château. Mais encore, fallait-il mettre cet arrêt à exécution; Montrodat, qui semblait s'en moquer, continuait d'ailleurs la série de ses crimes. Le Parlement envoya sur les lieux un conseiller et un huissier, pendant que le roi donnait l'ordre à son lieutenant général en Languedoc de faire marcher deux régiments avec du canon. Montrodat finit par s'émouvoir de ces mesures, et pour rassembler des partisans, il quitta son château n'y laissant qu'une faible garnison. L'huissier du Parlement, nommé Ricaud, ayant obtenu de l'évêque de Mende une escorte composée du prévôt, de ses archers et de deux cents personnes armées, se présenta le 15 avril 1657 devant le château de la Vigne contre lequel il fit tirer quelques coups de fusil. Croyant avoir devant eux l'avant-garde de la troupe envoyée par le roi, les défenseurs se hâtèrent de prendre la fuite. L'huissier et son escorte s'emparèrent ainsi de la place où une perquisition fit découvrir des instruments servant à la fabrication de la fausse monnaie. Le 2 mai, on pratiqua une vaste brèche à la grande tour, afin de la rendre inutilisable; et le château ne fut rasé qu'au mois de septembre, avec l'aide de 400 personnes venues de Mende et de Marvejols [1]. Le sieur Lebret, maréchal de camp, qui avait conduit les deux régiments envoyés pour faire le siège du château de la Vigne, « se voïant descheu de ce qu'il « avoit creu proffiter de l'amublement et autres chozes quy pou- « voint estre dans ledit château » exigea, pour retirer ses troupes, une indemnité de 4.400 livres que la communauté de Marvejols

1. Si on ne se contenta pas de faire tomber les fortifications, les descendants du sieur de Montrodat édifièrent un autre château à l'emplacement du premier, car ils habitaient un château de la Vigne en 1676 et 1701. (Archives de la Lozère, Série E, minutes de Rouvière, notaire à Mende, année 1676, fol. 23 et minutes de Laurans, notaire à Mende, année 1701, fol. 211).

paya pour « procurer le soulagement des habitans qui se voioint « exposés au pilhage desdictes gens de guerre. »

Il restait à se saisir du sieur de Montrodat, ce qui n'était pas facile. Sur de faux rapports, il avait obtenu, le 5 juin 1657, un arrêt du Conseil ordonnant de nouvelles informations ; les habitants de Marvejols durent entreprendre d'autres procédures pour faire annuler cet arrêt. Montrodat fit présenter au Conseil un faux écrou d'après lequel il aurait été détenu à Langeac, en Auvergne, et hors du ressort du Parlement de Toulouse. D'où autre procès qui se termina par l'injonction à Montrodat de se constituer prisonnier au Fort l'Evêque. Il se serait bien gardé d'y obéir ; mais le sieur Rouvière, greffier de Marvejols, qui poursuivait l'affaire à Paris, eut la chance de le faire arrêter sur le Pont-Neuf ainsi que le nommé Mourgue son domestique et complice. Montrodat s'empoisonna dans sa prison : cette mort ne termina pas les procédures, car les Requêtes de l'hôtel firent le procès à son cadavre, ce qui souleva même un conflit de juridiction entre cette Cour et le Parlement de Paris.

Mourgue fut transféré à Toulouse par le prévôt du Gévaudan, Barthélemy de Requoles qui, accompagné de cinq archers, ne mit pas moins d'un mois pour faire ce voyage. Le prévôt, craignant en effet que son prisonnier ne lui fût enlevé, dut s'écarter beaucoup de la route directe. En attendant la fin du procès, De Requoles resta deux mois et demi à Toulouse avec ses archers. Il conduisit enfin Mourgue à Marvejols où ce malfaiteur fut roué au mois de mai 1658 [1].

1. *Procès-verbaux des délibérations des Etats du Gévaudan*, t. V, p. 417 et 433. — Archives de la Lozère, G 625.

Voici, d'après le manuscrit G 625, le dispositif de l'arrêt rendu contre Mourgue : « Ledict Mourgue est condampné a estre conduit dans la ville de Maruéjolz ou il seroit deslivré en la main de l'executteur de la haute justice qui luy feroit faire le tour accoustumé par les rues et carrefours de ladicte ville monté sur un tombereau ou charette aïant la hart au col, le conduiroit à la place publique de ladite ville, ou sur un eschafeau quy seroit dressé, ledict Mourgue attaché a une croix seroit rompu, et les bras, jambes, cuisses et rains brisés. Et après son corps seroit jetté sur une roue la face tournée vers le ciel pour y vivre tant qu'il plairroit à Dieu, en peine et repentance de ses mesfaitz. Et après sa mort, son corpz seroit exposé sur ceste roue a l'endroit plus éminant des advenues dudict Maruéjolz pour servir d'exemple et donner de la terreur aux meschandz ; ses biens acquis et confisqués a quy de droit appartiendra, distrait la troisième partie d'iceux pour ses femme et enfans, ensemble la somme de trois mil livres pour estre emploiée deux mil aux demandeurs pour leurs domages et intherestz, cinq cens livres a l'ordonnance de la Cour, et cinq cens livres pour

Lors des Etats particuliers de 1657, le prévôt avait demandé que le nombre de ses archers fût porté à dix ; l'assemblée se contenta d'exhorter les communautés à lui prêter main-forte chaque fois qu'il en aurait besoin [1].

Il faut noter qu'un édit du mois d'avril 1657 avait décidé l'établissement d'une sénéchaussée et d'un présidial à Mende ; mais il semble que cet édit ne fut jamais exécuté, en tout cas, il fut révoqué en 1659 [2].

Les Etats de Languedoc de l'année 1658 décidèrent de s'adresser au Conseil pour faire cesser les rençonnements, incendies, meurtres et autres excès que plusieurs bandits commettaient en Gévaudan [3].

L'envoyé du baron de Peyre aux Etats particuliers de 1661, rapporta qu'une bande de voleurs tenait les chemins du côté de Nasbinals, et que deux d'entre eux avaient été pris et condamnés, l'un à mort par le prévôt, et l'autre aux galères par le Parlement. L'année suivante, il fut ordonné au lieutenant de faire ses chevauchées dans la montagne de la Lozère, vers les lieux de Louzeret et de Cubières, où le commerce était interrompu par des vols journaliers [4].

Un brigand, nommé Sandiner, opérait particulièrement entre Ispagnac et Florac ; entre autres méfaits, il avait dépouillé plusieurs muletiers dont il avait précipité les mulets dans le Tarn. Barthélemy de Requoles procéda à des informations et lança un décret de prise de corps contre Sandiner. Celui-ci se pourvut à la Chambre de l'édit siégeant à Castres et, appelant ses complices comme témoins, fit rendre à son tour un décret contre le prévôt. Les commis et députés, réunis le 16 août 1622, décidèrent que Barthélemy de Requoles se rendrait à Castres pour se justifier et ils lui allouèrent soixante-quinze livres pour son voyage [5].

faire prier Dieu pour les ames des deffunts Charles Duthu et Jean Bastide et les despens de la cause et fraix de justice exposés par les demandeurs...»

1. *Procès-verbaux des délibérations des Etats du Gévaudan*, t. V. p. 410.

2. Archives de la Lozère, G 920. — *Inventaire des Archives de la Hte-Garonne*, Série C, t. II, p. 334, col. 1 et p. 335, col. 1.

3. *Inventaire des Archives de la Hte-Garonne*, Série C, t. II, p. 339, col. 1.

4. *Procès-verbaux des délibérations des Etats du Gévaudan*, t. V, p. 488 et 502.

5. Archives de la Lozère, C 822, fol. 172.

Le prévôt demanda de nouveau aux Etats particuliers de 1663 d'augmenter le nombre de ses archers et de le porter à douze, il réclama aussi des casaques attendu que celles que portaient les archers étaient « toutes rompues et déchirées. » L'affaire fut renvoyée aux commis et députés [1]. On n'augmenta par le nombre des archers, mais on imposa 600 livres pour l'achat de huit casaques [2].

Le syndic représenta aux Etats du Gévaudan de 1664 que des voleurs faisaient leur retraite dans une maison de Villeneuve et dans la tour du Viala, toutes deux situées près du Pont-de-Montvert. On décida de demander au baron de Moissac, propriétaire de la tour, d'en chasser les voleurs qui s'y étaient réfugiés. Sur une autre réquisition du syndic, l'assemblée défendit au receveur du diocèse de laisser saisir les gages des archers et de les remettre à d'autres qu'aux intéressés [3].

En 1666, le syndic se plaignit aux Etats que des gentilshommes osaient entretenir dans leurs châteaux des garnisons de gens sans aveu qui désolaient la campagne et menaçaient même les villes. Le prévôt reçut l'ordre d'informer incessamment de ces attroupements. L'année suivante on le chargea aussi de procéder contre un nommé Lafleur et d'autres individus qui, se disant archers du prévôt général, commettaient des concussions, violences et extorsions dans le diocèse [4].

Barthélemy de Requoles fut tué, à Marvejols, le 11 novembre 1667, en faisant les fonctions de sa charge [5]; les commis et députés le remplacèrent par François Norry. Les Etats particuliers de 1668 confirmèrent cette nomination et allouèrent une gratification de 1500 livres à Marie de Salesses, veuve du prévôt Requoles [6], En 1669, le diocèse paya 530 livres pour la conduite à Toulouse des assassins de Barthélemy de Requoles [7]; il remboursa aussi 112

1. *Procès-verbaux des délibérations des Etats du Gévaudan*, t. V, p. 328.

2. Archives de la Lozère, C 900, année 1663.

3. *Procès-verbaux des délibérations des Etats du Gévaudan*, t. V, p. 538 et 541.

4. *Ibidem*, t. V, p. 568 et 580.

5. *Inventaire des Archives de la ville de Mende*, GG 14, « M. de Requoles, prévôt du Gévaudan, âgé de soixante ans, fut tué à Marvejols, le 11 novembre 1667, d'un coup de *porte-respect*, qui lui emporta la cervelle et dont il demeura sur place. L'auteur de ce crime est un nommé La Fleur. » — L'assassin du prévôt était sans doute l'individu qui lui avait été signalé par les Etats comme commettant des crimes dans le diocèse.

6. *Procès-verbaux des délibérations des Etats du Gévaudan*, t. V, p. 590 et 593.

7. *Inventaire des Archives de la Lozère*, Série C, p. 300, col. 2.

livres que François Norry avait avancées pour acheter à ses archers des bandoulières « brodées d'or et d'argent et des armes de Sa Majesté [1]. »

En 1670, il fut payé par le diocèse : d'une part, 1.700 livres pour les frais d'un procès criminel intenté au sieur de Grèzes, et d'autre part, 948 livres pour l'exécution d'une ordonnance du duc de Verneuil [2], concernant le château de Trélans, opération à laquelle avaient pris part les prévôts du Gévaudan et du Velai [3]. La même année, les Etats de Languedoc décidèrent qu'il serait informé dans le Gévaudan, et partout ailleurs, des meurtres, incendies, extorsions et autres excès dont le sieur de Montjézieu avait été l'auteur ou le complice depuis l'année 1666 [4]. Tous ces évènements avaient peut-être quelque lien entre eux, nous ne possédons d'autres renseignements à leur sujet que le remboursement, en 1676 et 1677, de sommes qui avaient été employées à la poursuite « de l'affaire criminelle que le diocèse avoit contre les feus sieurs de Grèze, Le Pouget son frère, Bandon et autres complices [5]. » Il faut encore citer, dans le même ordre de faits, l'assassinat d'un collecteur des tailles qui eut lieu près de Mende vers 1676 [6], la plainte portée, en 1679, aux Etats du Gévaudan contre le prévôt de Rodez et ses archers qui faisaient « des incursions et ravages » dans le diocèse, du côté de Chirac, et l'exhortation de cette assemblée à Norry, en 1680, de tenir la main à l'observation des édits du roi sur le port des armes [7].

Les provisions accordées par le prévôt général au lieutenant Norry sur la nomination du diocèse, avaient été envoyées au Parlement de Toulouse pour y être enregistrées [8]. Bien qu'en 1661, cette Cour eût confirmé le prévôt du Gévaudan dans le droit de juger les cas prévôtaux, conjointement avec les officiers du bailliage, elle ordonna cependant, par arrêt de 1669, que François Norry

1. Archives de la Lozère, C 902, année 1669.
2. Lieutenant pour le roi en Languedoc.
3. Archives de la Lozère, C 903, année 1670.
4. *Inventaire des Archives de la Haute-Garonne*, Série C, t. II, p. 378, col 1.
5. Archives de la Lozère, C 904 et C 905.
6. *Inventaire des Archives de la Haute-Garonne*, Série C, t. II, p. 397, col. 1.
7. *Procès-verbaux des délibérations des Etats du Gévaudan*, t. V, p. 670 et 675
8. On voit que malgré le démembrement de son territoire, c'était le prévôt général, et non les prévôts en chef, qui donnait l'attache aux prévôts diocésains.

prendrait des provisions du roi dans un délai de six mois, faute de quoi il ne pourrait exercer sa charge. Les Etats de Languedoc de 1672, considérant qu'un arrêt du Conseil du 5 février 1613 avait déjà tranché une question analogue, et que l'arrêt du Parlement contrevenait aux anciens privilèges de la Province, décidèrent de se pourvoir au Conseil pour faire maintenir le prévôt du Gévaudan dans ses droits [1]. Le Parlement riposta en rendant, au mois de mai 1672, un nouvel arrêt qui défendait à tous les prévôts diocésains de faire d'autres fonctions de leurs charges que celle de la levée des tailles [2].

Il faut remarquer que l'ordonnance du mois d'août 1670 venait d'être publiée. Par l'article 12 du titre premier, elle fixait la compétence des prévôts des maréchaux. Cet article, que nous avons déjà cité, commençait ainsi : « Les Prévosts de nos Cousins les Maréchaux de France, les Lieutenants Criminels de Robbe-courte, les Vicebaillys, les Vicesénéchaux, connoîtront... etc. » Les prévôts diocésains n'étant pas mentionnés dans cette énumération, le Parlement ne pouvait reconnaître à ces officiers le droit de juger les crimes énoncés dans cet article, non plus que celui de faire les procédures indiquées au titre II de l'ordonnance. D'autre part, sur la requête du prévôt général de Languedoc, le grand Conseil rendit un arrêt qui limitait les fonctions des prévôts diocésains à faire les procès-verbaux et informations. Les Etats de la Province, tenus au mois de novembre 1673, décidèrent de poursuivre la cassation de cet arrêt [3]. Ils n'eurent pas entière satisfaction : un arrêt du Conseil du 7 octobre 1680 ne permit aux prévôts diocésains que de recevoir les plaintes au sujet des crimes prévôtaux, d'informer, de décréter et de capturer les prévenus, mais à la charge de remettre les procédures au greffe de la prévôté générale, si le prévôt général ou ses lieutenants étaient présents, sinon aux greffes des présidiaux dans le ressort desquels les crimes avaient été commis [4].

1. Archives de la Lozère, C 551, fol. 186. Publié en partie par la *Société d'Agriculture... de la Lozère*, Documents, année 1891, p. 163.

2. *Inventaire des Archives de la Haute-Garonne*, Série B, t. III, p. 90, col. 1. Nous ne nous expliquons pas l'unique fonction laissée aux prévôts diocésains, la maréchaussée n'ayant jamais été employée à la levée des tailles, sauf en cas de rébellion.

3. *Ibidem* , Série C, t. II, p. 386, col. 1.

4. Archives de la Lozère, C 554, fol. 167.

On sait que la prévôté générale avait été démembrée, en 1639, par l'établissement de prévôts en chef à Toulouse, Castres, Carcassonne et Nimes. Un cinquième prévôt en chef fut installé à Limoux en 1642 [1]. Le prévôt général ne tarda pas à être en conflit avec ses anciens lieutenants, particulièrement avec Daniel Guiran, prévôt en chef de la sénéchaussée de Beaucaire et Nimes. Tandis que le prévôt général, soutenu par les Etats de Languedoc, obtenait du Parlement de Toulouse des arrêts en sa faveur, Daniel Guiran les faisait casser par le Conseil [2]. Les prévôts en chef auraient voulu que le prévôt général n'eût, dans sa circonscription, d'autres prérogatives que celles qu'ils avaient dans les leurs, et qu'il cessât de donner l'attache aux prévôts diocésains. L'office de prévôt général resta plusieurs années sans être rempli, et Gabriel Bernolle n'en exerça les fonctions que par simple commission, de 1656 à 1659 [3]. Un édit de février 1659 rétablit la charge de prévôt général [4]; il créait en outre huit lieutenants, huit greffiers et cinquante archers qui, répartis dans la Province, devaient remplacer les maréchaussées diocésaines. Mais un autre édit du mois de décembre suivant supprima ces nouvelles créations [5]. Les prévôts en chef, tout en conservant leur titre, étaient de nouveau subordonnés au prévôt général qui, lorsqu'il se trouvait dans leurs départements, jugeait les cas prévôtaux « par prévention et concurrence avec eux [6]. » Les diocèses purent continuer de nommer leurs lieutenants particuliers auxquels le prévôt général devait donner son attache, comme par le passé. Ces dispositions firent l'objet d'un traité passé le 1er février 1663 entre les Etats de Languedoc et le sieur de Tressan, prévôt général, et renouvelé à chaque réception d'un prévôt général par les Etats de la Province [7].

1. Archives de l'Hérault, C 697.
2. Saugrain, *La Maréchaussée de France*, t. I, p. 592 et 642. — Archives de la Lozère, C 545, année 1655-1656, fol. 88 et année 1656, fol. 129.
3. Saugrain, *La Maréchaussée de France*, t. I, p. 806.
4. Brillon, *Dictionnaire des Arrêts*, t. IV, p. 218. — Brillon donne cet édit comme étant du mois de février; les délibérations des Etats de Languedoc (Archives de la Lozère, C 548, fol. 96) en font mention et le datent également du mois de février, cependant, dans des lettres patentes du 23 février 1674, rapportées par Saugrain (*La Maréchaussée de France*, t. I, p. 218), il est cité comme étant du mois de mars.
5. Brillon, *Dictionnaire des Arrêts*, t. IV, p. 218. — Archives de la Lozère, C 548, fol. 96.
6. Archives de la Lozère, C 549, fol. 121.
7. *Ibidem*, C 548, fol. 95. — Ce traité a été publié dans l'*Histoire générale de Languedoc*, Edition Privat, t. XIV, p. 820.

En résumé, la maréchaussée de Languedoc comprenait : 1° la compagnie du prévôt général qui avait son propre territoire et pouvait néanmoins opérer dans toute la Province, 2° les compagnies des prévôts en chef ou lieutenants généraux, ayant également leurs circonscriptions particulières et qui dépendaient théoriquement du prévôt général, 3° dans la plupart des diocèses, des compagnies spéciales, dont les chefs étaient nommés par les assemblées d'assiettes et commissionnés par le prévôt général dont ils dépendaient en principe. Il n'y avait aucune subordination des prévôts diocésains aux prévôts en chef, et bien que le diocèse de Mende fît partie du territoire du prévôt en chef de Nimes, celui-ci n'avait aucune autorité sur le prévôt du Gévaudan. Cette situation compliquée était le résultat d'édits rendus sous des inspirations diverses ; elle était destinée à disparaître après plusieurs tentatives faites en vain dans le but de l'améliorer. Le 16 octobre 1677, par arrêt du Conseil d'Etat, Louis XIV ordonna à Daguesseau, intendant de Languedoc, de passer en revue toutes les maréchaussées de la Province afin de donner son avis sur les mesures à prendre, particulièrement pour assurer la sécurité dans les Cévennes, le Vivarais et le Gévaudan [1].

1. Archives de l'Hérault. C 697. « *Extrait des registres du Conseil d'Estat.* — 16 octobre 1677. — Le Roy estant informé que les compagnies des prévosts des mareschaux de la province de Languedoc sont pour la pluspart en mauvais estat et ne rendent presque point de service à cause que les charges en plusieurs endroits appartiennent à des particuliers qui en prennent les gages sans en faire aucune fonction. D'ailleurs la sénéchaussée de Nismes ayant son estendue dans les diocèses de Nismes et d'Uzès, les Sévennes, le Vivaretz et le Gévaudan qui sont des pays de montagnes et de difficile accez, la seulle mareschaussée de Nismes ne suffit pas pour un si grand pays, en sorte qu'il s'y commet beaucoup de crimes, particulièrement dans les foires et marchez, faute de main forte sur les lieux pour y establir la seureté et appuyer les actes de justice ; à quoi Sa Majesté voulant pourvoir et empescher par tous les moyens possibles la continuation des violences et des désordres qui se commettent journellement dans ledit pays. Ouy le rapport du s[r] Colbert, conseiller ordinaire au conseil royal, controlleur général des Finances, Sa Majesté en son Conseil, a ordonné et ordonne que dans quinzaine du jour de la publication du présent arrest les prévosts, lieutenans, exempts, greffiers, archers et autres officiers des maréchaussées de la province de Languedoc seront tenus de passer en revue par devant le s[r] Daguesseau, M[e] des Requestes ordinaires de son hostel, intendant de justice, police et finance en ladite province et de représenter les édits de leur création, lettres de provision et autres de reception, pour en estre dressé procès-verbal et donner son avis, ordonne en outre Sa Majesté que dans le mesme temps le sieur Daguesseau donnera son advis sur les moyens qui peuvent estre pratiquez pour establir la seureté dans les Sevennes, pays de Vivaretz et Gévaudan, pour le tout veu et rapporté au Conseil estre ordonné ce qu'il appartiendra. Faict au Conseil d'Estat du Roy, tenu à Versailles le seiziesme jour d'octobre mil six cens soixante dix sept. Collationné : *Signé* Béchameil. »

L'Edit de Nantes allait être révoqué en 1685, mais les luttes religieuses avaient recommencé dès 1683. Le continuateur de l'*Histoire générale de Languedoc* écrit à ce sujet : « A la faveur « de cette exaltation des bandes armées étaient signalées sur di- « vers points. Nos lecteurs savent que le brigandage n'avait « jamais été complètement réprimé dans les pays montagneux « de Languedoc ; les voleurs de grand chemin qui ne prenaient « aucun intérêt à la question religieuse, mais qui mettaient à « profit toutes occasions de désordre, commencèrent à pulluler, « Daguesseau dénonça l'insuffisance de la maréchaussée pour « tenir les routes nettes et demanda des troupes [1]. » A la suite des plaintes de l'intendant, le roi publia au mois de mars 1684, un édit qui créait trois maréchaussées nouvelles : la première, dans le Vivarais, composée d'un lieutenant du prévôt général, d'un exempt, de quinze archers et d'un greffier ; la seconde, dans le Velai, formée d'un lieutenant, d'un exempt, de dix archers et d'un greffier ; la troisième enfin, dans le Gévaudan, qui devait comprendre un lieutenant, un exempt, huit archers, un greffier et un payeur. Ce dernier officier devait servir pour les trois maréchaussées. Les gages, payés sur le taillon, étaient fixés à 400 livres pour les exempts et les greffiers, et à 360 livres pour les archers. Le lieutenant du Vivarais devait toucher 2.000 livres et chacun des deux autres lieutenants 1.333 livres six sols huit deniers. L'édit justifiait ainsi ces créations : « des diverses plain- « tes qui Nous ont esté faites de quantité de crimes qui se sont « commis par le passé, et qui se commettent journellement dans « notre Païs de Vivarais, Velay et partie du Gévaudan, Nous ont « obligé d'en rechercher la cause, afin d'y aporter les remèdes, « et Nous avons reconnu que ces Païs estans remplis de Monta- « gnes, la plupart inaccessibles, dans lesquelles les criminels trou- « vent une espèce d'azile et d'impunité de leurs crimes, tant par la « difficulté qu'il y a d'en approcher, que par le défaut d'Officiers de « Maréchaussée residens sur les lieux [2]. » On verra, dans le chapitre suivant, que seule la maréchaussée du Vivarais fut installée [3].

1. *Histoire générale de Languedoc*, Edition Privat, t. XIII, p. 529.
2. Saugrain, *La Maréchaussée de France*, t. I, p. 1018.
3. Dans le recueil de Saugrain, l'édit de mars 1684 a pour titre « Edit de création d'une maréchaussée en la résidence du Vivaretz. »

Le sieur de Mallesaigne, prévôt général de Languedoc, dut se rendre plusieurs fois dans les pays troublés par la guerre religieuse. En 1685, les Etats de la Province lui accordèrent 1.500 livres de gratification pour les dépenses qu'il avait faites dans les diocèses de Nimes, Viviers, Uzès et Mende, et en 1689, ils lui allouèrent 1.000 livres pour s'être rendu en Vivarais et dans les Cévennes afin de « disperser les attroupemens des nouveaux convertis mal intentionnés [1]. »

Malgré les essais de réforme, la maréchaussée du Gévaudan continuait son service comme par le passé. En 1685, le syndic paya quinze livres à trois archers qui s'étaient rendus à Saugues pour y retirer des procédures commencées contre des fauteurs de désordres. Le diocèse paya aussi 551 livres dix-sept sous dix deniers pour la confection de huit bandoulières et de huit casaques destinées aux archers, pareilles à celles « qu'ils avoient, faites depuis vingt ans et qui étoient tout à fait uzées [2]. »

Les Etats particuliers de 1687 nommèrent Pierre d'Aubin de Baudry prévôt en remplacement de François Norry, « à cause des fréquentes maladies, infirmités et incommodités continuelles et caducité » de ce dernier. François Norry mourut d'ailleurs peu après, et l'année suivante, 1688, les Etats allouèrent à sa veuve, la demoiselle Claudine de Vachery, et à ses enfants, 400 livres, en considération de l'exactitude et de la diligence du prévôt dans l'exercice de sa charge pendant quinze ans [3]. Les Etats de Languedoc approuvèrent cette dépense, mais sous la réserve que la veuve obtiendrait le consentement du roi [4]; et cette somme ne fut payée qu'après deux nouvelles délibérations des Etats particuliers de 1692 et 1693 [5]. L'assemblée de 1693 décida de faire informer de la vie scandaleuse, ainsi que des vols et brigandages de vagabonds et gens sans aveu surnommés *Coucarous*, et de « leurs prétendues femmes », qui s'étaient installés à Estables, Canillac, Ba-

1. Archives de la Lozère, C 556, fol. 207 et C 559, fol. 45. — Le sieur de Mallesaigne était originaire du Gévaudan.

2. Archives de la Lozère, C 1465.

3. *Procès-verbaux des délibérations des Etats du Gévaudan*, t. VI, p, 90 et 107.

4. Archives de la Lozère, C 558, fol. 74.

5. *Procès-verbaux des délibérations des Etats du Gévaudan*, t. VI, p. 115 et 164.

nassac, St Germain-du-Teil, et autres communes à l'extrémité du diocèse [1].

Les prévôts diocésains ne pouvaient plus, depuis l'ordonnance de 1670, juger les cas prévôtaux ; l'arrêt du 7 octobre 1680 leur avait permis d'informer contre les criminels, mais à la charge de remettre leurs procédures aux présidiaux. Le bailliage du Gévaudan n'avait plus ainsi l'occasion de connaître des crimes prévôtaux. Cela, disait le syndic aux Etats particuliers de 1696, avait causé de grands désordres dans le pays, par l'attroupement de brigands qui volaient impunément dans les montagnes. L'évêque s'était plaint à l'intendant Basville qui, convaincu de la nécessité de rétablir le bailliage dans ses anciens privilèges, prépara en conséquence un projet de déclaration et un projet d'arrêt du Conseil. Le sieur Rouvière, juge au bailliage, se rendit à Paris où, après de longues démarches, il obtint d'abord une déclaration du 20 décembre 1695 qui accordait au bailliage le droit de connaître des cas prévôtaux et de la compétence du prévôt; puis ensuite, des provisions en date du 12 février 1696 qui confirmaient l'élection du diocèse et nommaient Pierre d'Aubin prévôt du Gévaudan, avec les mêmes prérogatives que les prévôts des maréchaux [2]. Mais à peine le lieutenant du Gévaudan venait-il d'être rétabli dans ses anciens pouvoirs, qu'un édit de mai 1696 modifia de nouveau l'organisation des prévôtés diocésaines [3].

1. *Procès-verbaux des délibérations des Etats du Gévaudan*, t. VI, p. 169.

2. *Ibidem*, t. VI, p. 205 et 215. — Voici les principales dispositions de la déclaration du 12 décembre 1695 : « .... Nous avons dit, déclaré et ordonné, disons, déclarons et ordonnons par ces présentes signées de notre main, voulons et nous plait, qu'à l'avenir les officiers du bailliage du Gévaudan jugent les compétances, et continuent d'instruire, et juger, avec le prévôt dud. païs, en dernier ressort, les crimes qui se commétront dans ledit Haut-Gévaudan tant seulement, depuis Florac, Barre, Le Pont-de-Montvert en haut inclusivement, dont le prévôt particulier aura pris connoissance, leur en attribuant, à cet effet, en tant que de besoin toute cour, jurisdiction, et connoissance, et ce nonobstant l'article 15 du titre 2 de notre ordonnance de l'année 1670 auquel nous avons pour ce regard dérogé, et dérogeons...» (Document communiqué par M. Mathieu, Président de la Société d'Agriculture... de la Lozère).

3. La composition de la maréchaussée n'avait pas varié depuis que le diocèse avait obtenu, en 1636, l'autorisation d'imposer 2.700 livres pour les gages de la prévôté. Il y avait un prévôt, un greffier et huit archers aux gages respectifs de 800 livres pour le prévôt, 300 pour le greffier et 200 pour chaque archer.

VI

De 1696 A 1720

Vers la fin du XVIIe siècle, les intendants des provinces furent invités à fournir, sur l'état de leurs généralités, des mémoires qui devaient servir à l'instruction du duc de Bourgogne. Lamoignon de Basville, intendant de Languedoc, en envoya deux, l'un qui fut rendu public et l'autre qui demeura secret. Ces mémoires, datés de 1698, parlent tous deux de la maréchaussée. Bien qu'ils soient postérieurs à l'édit de 1696 dont nous allons parler, la maréchaussée diocésaine dont il est fait mention dans le mémoire secret est celle qui existait avant cet édit. Il faut en conclure que ces mémoires ont été rédigés sur des notes déjà anciennes, et qu'en 1698 l'édit de 1696 n'était pas encore complètement exécuté.

Voici ce que dit le mémoire public : « Le prévôt général du « Languedoc a son siège établi dans Montpellier par l'édit de 1659; « il a sous lui un lieutenant, un procureur du roi, un greffier, « un exempt et treize archers ; il a un capitaine-lieutenant établi « à Nimes et un autre à Toulouse avec pareil nombre d'officiers « et dix archers chacun, et des lieutenants particuliers à Car« cassonne, avec dix archers, à Alby avec dix archers, aussi à « Limoux avec quatre archers et en Vivarais avec 15 archers, « ce qui fait le nombre de 100 hommes dans toute la prévôté en « général. Ceux de Nimes, de Toulouse, de Carcassonne et « d'Alby ont été établis en 1639, celui de Limoux en 1642, et ce« lui du Vivarais en 1684 [1]. »

Le mémoire secret donne l'opinion de l'intendant sur la maréchaussée : « Il n'y a rien de si mauvais que les maréchaussées « de Languedoc, quoiqu'il y ait plus de fonds qu'il n'en faut

1. *Chroniques du Languedoc (Revue)*, t. III, p. 16. — On voit par la dernière phrase du paragraphe cité, que le prévôt du Vivarais, créé en 1684, avait été installé, mais non ceux du Velai et du Gévaudan.

« pour les rendre bonnes. Il y en a une qu'on appelle générale, « dont le prévôt a été interdit et a donné sa démission. Il y en a « d'autres qui se prétendent provinciales, à Toulouse, à Nismes, « à Carcassonne, à Albi et à Limoux. Il n'y a entr'eux aucune « subordination ; ils se prétendent tous chefs dans leurs départe- « ments. Outre les prévôts payés par le Roi, il y en a encore « payés par les diocèses, et tout cela ne donne pas un homme « sur qui l'on puisse compter. J'avais envoyé à M. de Launoy un « plan pour réformer toutes ces maréchaussées, et les mettre « sous un prévôt général avec un certain nombre de lieutenants « pour chaque canton ; sa mort a interrompu ce projet. Je l'ai « envoyé, depuis, à M. Leblanc, qui a grande envie de l'exécuter, « à ce qu'il m'a mandé ; mais il a des vues pour une réforme « générale de toutes les maréchaussées du royaume [1]. »

Il faut observer que l'intendant critiquait surtout la maréchaussée royale. Ses remarques devaient être justifiées, mais la mauvaise organisation de cette troupe était le résultat des édits qui avaient démembré la charge du prévôt général. Il n'est pas étonnant que cet officier, qui aurait dû commander une force importante et veiller à la sécurité de toute la Province, se soit désintéressé de ses devoirs et ait abandonné à son lieutenant le commandement des treize archers qu'on lui avait laissés. Les critiques adressées aux maréchaussées diocésaines sont plus vagues. Quelques-unes de ces troupes n'étaient peut-être pas parfaites, mais on a pu constater que, jusqu'à l'époque où nous sommes arrivés, la maréchaussée du Gévaudan avait toujours donné satisfaction au pays.

L'édit de 1696, qui modifia les prévôtés diocésaines, fut sans doute motivé en partie par les plaintes de l'intendant à M. de Launoy. Quant à la réforme étudiée par M. Leblanc pour réorganiser toutes les maréchaussées du royaume, elle ne devait être exécutée qu'en 1720. Celle de 1696 ne fut d'ailleurs pas très-heureuse.

Cet édit, du mois de mai 1696, commence ainsi : « Nous « avons été informez qu'encore qu'il y ait des Prevosts établis « dans nôtre Province de Languedoc, pour la recherche des cri-

1. *Chroniques du Languedoc (Revue)*, t. III, p. 12.

« mes ; cependant comme il n'y a que les Prevosts Generaux par « Nous créez et établis qui tiennent de Nous leur caractère, et « que les autres sont nommez tous les ans par les Assemblées « des Diocèses, ce qui leur donne moins de considération et « d'autorité, et les rend même moins attachez à leurs devoirs à « cause de l'instabilité de leur état [1]. » Il ne s'agissait donc pas d'une réorganisation complète des maréchaussées de Languedoc, et l'on n'apportait aucune modification à la prévôté générale qui avait le plus besoin d'être réformée. D'ailleurs, les raisons données par l'édit pour justifier les mesures prises n'étaient que des prétextes ; il importait surtout de faire rentrer de l'argent dans les caisses royales par la création de nouveaux offices. Le passage suivant de cet acte ne laisse aucun doute à ce sujet : « sans aug-« menter les impositions, et en laissant aux Diocèses ce qui leur « est necessaire pour leurs affaires ordinaires, Nous procurerons « un avantage considérable au Public, *et Nous tirerons en même « temps quelque secours pour subvenir aux besoins pressans de « nôtre Etat.* » A ces fins, Louis XIV supprimait les prévôts nommés par les assemblées d'assiettes, et créait, dans chaque diocèse, *en titre d'office héréditaire*, un prévôt particulier, un lieutenant, un procureur, un commissaire aux montres et payeur des gages, un greffier, un exempt et un certain nombre d'archers, En réalité, il n'y avait que vingt maréchaussées pour vingt-deux diocèses ; ceux de Toulouse et de Montauban n'avaient qu'un prévôt pour leur deux territoires, ainsi que ceux de Rieux et de Comminges [2]. Le nombre total des archers était de 146 pour ces vingt prévôtés ; celle du Gévaudan en comprenait six.

L'édit fixait les gages des maréchaussées diocésaines à 50.000 livres par an. Cette somme était constituée au moyen de : 1° 14.880 livres qui étaient imposées précédemment par les seize diocèses ayant des prévôts particuliers et qui devaient être réparties à l'avenir sur tous les diocèses de la province ; 2° 15.620 livres à lever aussi sur les vingt-deux diocèses, non d'une façon uniforme, mais suivant une proportion indiquée par l'édit, la

1. Saugrain, *La Maréchaussée de France*, t. I, p. 1117.

2. Cela s'explique, car la majeure partie du diocèse de Montauban était dans le Quercy, comme celle du diocèse de Comminges était dans la Guyenne.

part du Gévaudan était de 800 livres ; 3° 19.500 livres à prendre sur le don gratuit que la Province accordait chaque année au roi.

La maréchaussée du diocèse de Mende devait se composer de douze hommes dont trois officiers ne faisant pas de service actif : le procureur, le commissaire aux montres et le greffier. Tandis que précédemment le pays était surveillé par huit archers et un officier, il devait l'être désormais par six archers et trois officiers ; la sécurité publique risquait fort d'en souffrir. Si l'édit avait été appliqué exactement, le Gévaudan qui payait autrefois 2.800 livres pour les gages de sa prévôté, aurait bénéficié de 225 livres environ par an.

Enfin, l'édit accordait aux prévôts et aux lieutenants de nouvelle création les mêmes pouvoirs qu'aux officiers de la maréchaussée royale, c'est-à-dire le droit de connaître des crimes énumérés à l'article 12 du titre premier de l'ordonnance du mois d'août 1670.

Le roi avait vendu les offices en bloc à Charles de la Cour de Beauval, moyennant 600.000 livres. Les Etats de Languedoc désiraient que la Province rachetât ces offices, mais ils ne voulaient pas les payer plus de 450.000 livres [1]. L'intendant Basville leur fit connaître que d'après les avis qu'il avait reçus du roi, la Province ne pouvait espérer être subrogée au traité passé avec le sieur de Beauval, à moins de 500.000 livres plus deux sols par livre. Une commission fut désignée par les Etats de 1696-1697 pour étudier cette question. Sur ses propositions, l'assemblée décida de racheter les offices au prix indiqué, et d'en effectuer le payement en deux fois, fin 1697 et fin 1698, avec intérêts au denier dix-huit à partir du 1er janvier 1697. Pour dédommager le sieur de Beauval, la Province lui laissait ce qui devait lui revenir, pour l'année 1696, des 19.500 livres abandonnées annuellement par le roi [2]. La somme totale à payer par le Languedoc, y compris les deux sols par livre et les intérêts, s'élevait à 591.664 livres. Les Etats de 1697-1698 décidèrent d'emprunter 318.664

1. De Boislisle, *Correspondance des Contrôleurs généraux des finances avec les Intendants des Provinces*, t. I, p. 436, col. 1.

2. Archives de l'Ardèche, C 293 (Délibérations des Etats de Languedoc, séance du 11 janvier 1697).

livres ; les 273.000 livres restant devaient être fournies par les diocèses, soit au moyen de la vente des offices, soit par imposition ou emprunt. Le roi, moyennant ce payement de 591.664 livres, laissait chaque année à la Province 19.500 livres à prendre sur la taille et octroi et non sur le don gratuit, contrairement à ce qui était indiqué dans l'édit [1].

Les Etats du Gévaudan réglèrent en 1697 les détails de l'application de l'édit dans le diocèse. Sur la proposition du syndic, l'assemblée décida que Pierre d'Aubin ayant obtenu des provisions du roi qui n'avaient pas été cassées, il continuerait sa charge jusqu'au moment où le nouvel office de prévôt serait vendu. Le pays devait verser 15.100 livres deux sols trois deniers pour sa part des 273.000 livres que les diocèses devaient fournir à la Province. Par contre, il devait recevoir chaque année 1.078 livres onze sols cinq deniers sur les 19.500 livres abandonnées par le roi. Les Etats particuliers observèrent que 1.078 livres représentaient des gages trop modestes et qu'il était nécessaire de les augmenter pour « attirer des personnes propres et de la qualité requise pour exercer les charges. » Ils décidèrent donc de porter ces gages à 2.800 livres en imposant chaque année 1.721 livres huit sols sept deniers.

Les Etats de Languedoc avaient ordonné de vendre les offices au denier vingt pour les gages fournis par les 19,500 livres du roi. Les Etats du Gévaudan chargèrent les commis et députés de procéder à cette vente conformément à ces instructions pour les 1.078 livres revenant au diocèse, mais en ce qui concernait les 1.721 livres données par le pays, de la faire au denier douze pour les charges de prévôt, lieutenant et procureur du roi, au denier onze pour celles de greffier et de payeur des gages, et à un moindre prix pour celles d'archers « attendeu la despance qu'ils sont obligés de faire pour l'entretien d'un cheval [2]. »

L'assemblée des Etats décida aussi qu'il serait imposé chaque année 300 livres pour subvenir aux frais de déplacement des officiers du présidial de Nimes lorsqu'ils viendraient en Gévaudan.

1. Archives de la Lozère, C 567, fol. 32 à 39.

2. *Procès-verbaux des délibérations des Etats du Gévaudan*, t. VI. p. 211 à 221.

Cette mesure était motivée par la déclaration du 20 décembre 1695 qui avait confirmé le bailliage dans le droit de connaître de la compétence du prévôt et dans celui de juger les cas prévôtaux, mais qui avait aussi stipulé que les officiers du présidial de Nimes pourraient, de cinq ans en cinq ans, tenir leurs assises à Marvejols et que chaque fois le diocèse payerait 1.500 livres pour leur subsistance [1].

Conformément à la délibération des Etats, et d'après l'avis général qu'il n'y avait pas lieu de vendre l'office de commissaire aux montres et payeur des gages, l'assemblée de l'assiette imposa 1.621 livres dix-sept sous huit deniers pour les gages de 1697 [2]. Ces fonds ne furent d'ailleurs pas employés immédiatement, car au mois d'avril 1698, lors de la réunion des Etats, la vente des offices n'avait pas encore eu lieu, et l'assemblée dût charger les commissaires de l'assiette de procéder à cette vente le plus tôt possible. Les Etats de la Province ayant formellement interdit d'imposer des fonds pour les gages des anciennes maréchaussées, on décida que les mêmes commissaires rechercheraient par quels moyens on pourrait dédommager le sieur d'Aubin des frais qu'il avait exposés en poursuivant les commissions obtenues en 1696 [3].

La vente des offices eut enfin lieu le 10 septembre 1698. Pierre d'Aubin, ancien prévôt du diocèse, acquit la charge de prévôt et celles de deux archers pour le prix de 12.400 livres, et le sieur Jean-Antoine Rachas, celles de lieutenant, de procureur du roi, de greffier et de quatre archers moyennant 15.100 livres. Cela produisit donc au total 27.500 livres [4]. Le diocèse s'était réservé la charge de commissaire aux montres et payeur des gages « afin d'avoir un droit d'inspection sur la maréchaussée [5]. » On peut remarquer que de même la charge d'exempt ne fut pas vendue. Les gages étaient respectivement fixés à 800 livres pour le prévôt, 300 pour le lieutenant et le greffier, 150 pour le procureur du roi et 200 pour chaque archer ; soit 2.750 livres par an. Le pays n'a-

1. *Procès-verbaux des délibérations des Etats du Gévaudan*, t. VI, p. 229.
2. Archives de la Lozère, C 1489 et C 911 année 1697.
3. *Procès-verbaux des délibérations des Etats du Gévaudan*, t. VI, p. 240 à 243.
4. Archives de la Lozère, C 1489.
5. *Procès-verbaux des délibérations des Etats du Gévaudan*, t. VI, p. 273.

vait à imposer annuellement que 1.671 livres huit sols ; le 9 janvier 1699, il en reçut l'autorisation des commissaires du roi aux Etats de Languedoc. Après avoir remboursé 15.100 livres à la Province, le diocèse put employer les 12.400 livres restant à payer ses créanciers [1].

Pierre d'Aubin avait dépensé plus de 11.000 livres pour obtenir du roi les provisions du 11 janvier 1696 qui furent annulées par l'édit du mois de mai suivant. Il continua ses fonctions sans gages depuis le 1er janvier 1697 jusqu'au 10 septembre 1698, date à laquelle il acheta le nouvel office de prévôt. Pour lui tenir compte de ces dépenses, les commis et députés, dans leur séance du 7 novembre 1698, répartirent entre lui et ses archers la somme de 1.621 livres qui avait été imposée en 1697 pour les gages de la maréchaussée et qui était restée sans emploi. Le prévôt reçut 1.300 livres [2].

Aux Etats particuliers de 1700, le syndic qui exerçait, sans gages, les fonctions de commissaire aux montres et payeur des gages de la maréchaussée, rendit compte que le sieur Rachas n'avait pas encore rempli les charges par lui achetées. L'assemblée décida que si dans un délai de trois mois ces charges n'étaient pas occupées par « des personnes qui seront agréables au diocèse », les gages ne lui en seraient plus payés [3]. Au mois d'août 1701, Rachas n'avait d'ailleurs encore payé que 5.100 livres sur 15.100 livres qu'il devait au diocèse ; il promit alors aux commis et députés de verser 4.000 livres au mois d'octobre [4].

1. *Procès-verbaux des délibérations des Etats du Gévaudan*, t. VI, p. 259 à 261.

2. Archives de la Lozère, C 1489. « Sur quoy a esté deslibéré, après avoir receu tous les susdits et declarations precedantes prises sur ce faict, ensemble l'estat des fraix des provisions et les procedures faites par ledit sieur Aubin prevost contre plusieurs criminels qui ont esté reellement executés, comme aussy le jugement de nosseigneurs des Estats generaux, sur l'estat des impositions de l'année dernière, que de ladite somme de seize cens vingt une livre[s] et quelques sols qui fut imposée ladite année dernière, pour le remboursement de ses provisions et fraix et pour les procedures que le sieur Aubin a faites, il luy en appartiendra celle de treize cens livres a laquelle tous lesdits fraix, vaccations et gaiges ont esté réglés que le sieur Receveur luy payera sur nos mandemens et le surplus de ladite somme qui revient a trois cens vingt une livre[s] et quelques sols sera destinée aux greffier et archers pour le service qu'ils ont randeu jusques au jour de la vente qui a esté par nous faite des charges de la Maréchaussée dudit pays... »

3. *Procès-verbaux des délibérations des Etats du Gévaudan*, t. VI, p. 272.

4. Archives de la Lozère, C 824.

En 1702, la maréchaussée du Gévaudan était ainsi constituée [1] : Pierre d'Aubin de Baudry était prévôt et possédait une place d'archer ; la charge de lieutenant était remplie par Claude Jourdan, sieur de Montvaillant, qui avait également une place d'archer [2]. Le procureur était Jean-Antoine Rachas [3], et le greffier Jean Valentin [4]. Les quatre archers possesseurs de leurs charges se nommaient : Jean-Joseph Reversat [5], Vidal Astruc [6], Jacques Gravil [7] et Nicolas Mille.

Pierre d'Aubin mourut le 14 août 1702 [8] ; sa charge fut rachetée par Nicolas Agnès de Saint-Germain, notaire royal à Mende [9].

1. Archives de la Lozère, C 1494.

2. Ces deux places avaient d'abord été vendues par Rachas à Pierre Blanquet, bourgeois de Serverette, mais cette vente fut annulée par acte du 28 août 1701. (Archives de la Lozère, Série E, minutes de Valentin, notaire à Mende, années 1700-1702, fol. 77).

3. Il était aussi procureur du roi au bailliage.

4. Notaire à Mende. Il avait acheté cette charge à Rachas le 24 novembre 1700 pour 6.000 livres. (Archives de la Lozère, Série E, minutes d'Alméras notaire à Mende, années 1697-1700, fol. 503).

5. Il acheta sa charge à Rachas, le 16 novembre 1700, pour 3.000 livres. (Archives de la Lozère, Série E, minutes de Valentin, notaire à Mende, années 1700-1702, fol. 48).

6. Il acheta sa charge à Rachas, le 25 janvier 1701, pour 3,000 livres. (Archives de la Lozère, Série E, minutes de Valentin, notaire à Mende, années 1700-1702, fol. 51).

7. Il acheta sa charge à Pierre d'Aubin, le 16 novembre 1700, pour 1.200 livres. (Archives de la Lozère, Série E, minutes de Laurans, notaire à Mende, années 1700-1702, fol. 146).

8. Archives de la Lozère, Série E, minutes de Valentin, notaire à Mende, années 1700-1702, fol 117. — Son testament, du 10 octobre 1701, contient le curieux article suivant : « ...Et comme tout est incertain en ce monde et que nous sommes tous mortels, en cas tous les enfens de mon espouse et de moy mourussent devant elle ou après je veux et pretens et substitue tout mon bien à Monseigneur de Mende et après luy à Monsieur Chastang pour en jouir des revenus leur vie durant et ensuite à l'hospital de Mende après la mort de l'un et de l'autre pour toujours ; aux conditions que ledit hospital fera faire deux services à perpétuité pour le repos de mon âme, celle de mon espouse et de mes enfens, et de Monseigr l'Evêque de Mende, monsr Chastang et toute ma famille en général, a scavoir l'un le lendemain de la dernière paque dans la grande Esglise dans le Cœur ou j'entens que la messe commence après matines entre huit et neuf heures du matin..... j'entens encore et pretens que tous les prévotz du Gevaudan quy viendront après moy, leur lieutenant, procureur du Roy, greffier, archers qui voudront se trouver à tous les deux services ayent chacun à scavoir, le prévost après avoir assisté au service tout entier luy soit payé vingt sous toutes les fois qu'il y assistera ; et au lieutenant dix sols, au procureur du Roy et greffier chacun dix sols, aux archers chacun cinq sols... J'entens pour le second service... que se soit le lendemain de la toussaint... etc. » Sa veuve, Madeleine de Levolle, fille de Mathieu de Levolle, docteur en médecine à Serverette, fonda en 1720, avec Anne de Lescure, le couvent des Dames de l'Union à Mende.

9. Archives de la Lozère, C 1497.

Les protestants des Cévennes étaient soulevés depuis la révocation de l'édit de Nantes ; plusieurs furent arrêtés à la suite du meurtre de l'abbé du Cheyla, au Pont-de-Montvert, en 1702. Le présidial de Nimes devait, pour la première fois, envoyer à Marvejols la commission créée par la déclaration du 20 décembre 1695. L'intendant Basville lui demanda de s'arrêter à Florac pour y juger les prévenus qu'on lui amènerait [1]. Le 15 août, le duc de Broglie annonçait au ministre de la guerre que trois protestants avaient été jugés et condamnés par cette commission ; l'un fut brûlé vif au Pont-de-Montvert, un autre roué au château de Ladevèze, et le troisième pendu à Saint-André-de-Lancize [2].

La guerre religieuse rendait la levée des impôts difficile. On dût envoyer successivement le lieutenant Jourdan, puis le prévôt Saint-Germain, avec des troupes de fusilliers qu'ils laissaient comme garnisaires dans les communautés qui n'avaient pas payé [3]. La révolte protestante gagna un moment les environs de Marvejols. Le prévôt fut envoyé, à cette occasion, à Saint-Léger-de-Peyre, dans le courant de l'année 1706. Pour le dédommager de ses frais, l'intendant Basville lui accorda certains biens saisis sur des individus condamnés aux galères [4].

En 1710, le syndic du diocèse proposa aux Etats particuliers de donner une gratification au prévôt qui avait arrêté et condamné plusieurs voleurs ; l'assemblée renvoya la solution de cette question aux commis et députés [5].

Comme nous l'avons fait observer plusieurs fois, la maréchaussée de Languedoc ne formait pas une troupe homogène : un prévôt général, des lieutenants généraux qui s'étaient rendus in-

1. *Histoire générale de Languedoc*, Edition Privat, t. XIII, p. 746.

2. *Ibidem*, t. XIV, p. 1581.

3. Archives de la Lozère, C 1547.

4. *Ibidem*, Série E, minutes de Valentin, notaire à Mende, années 1706-1708, fol. 80 et 89. « .....pour partie des sommes à luy [Saint-Germain] adjugées par monseigneur de Basville, Intendant de cette province, pour les fraix par luy expozés contre les phanatiques du lieu de St Latger de Peire suivant l'ordonnance de mondit seigneur du vingt unieme octobre de l'année dernière [1706] à prendre, partie sur les nouveaux convertis dudit lieu et le restant sur les biens de Pierre Muret dit Blancayy condamné aux galères perpétuelles par jugement rendu le neufiesme octobre mil sept cens six... »

5. *Procès-verbaux des délibérations des Etats du Gévaudan*, t. VI, p. 413. — De 1710 à 1720, les Archives de la Lozère ne fournissent aucun renseignement intéressant sur la maréchaussée.

dépendants, des prévôts diocésains qui avaient eux-mêmes des lieutenants, tels étaient ses chefs qui avaient entre eux de nombreux conflits, soit au sujet de leurs juridictions, soit à propos de l'autorité que certains prétendaient avoir sur les autres. Cette situation n'était pas particulière à la Province, mais générale au royaume. Dans certaines régions même, les territoires des prévôts, vice-sénéchaux, vice-baillis, lieutenants criminels de robe-courte, chevauchaient les uns sur les autres. Dans la même ville, résidaient parfois plusieurs officiers qui remplissaient des fonctions identiques, mais qui n'avaient aucun lien entre eux.

Depuis longtems le pouvoir royal étudiait les moyens d'apporter un peu d'ordre dans ce chaos. D'après le colonel Delattre, Henri IV s'en serait déjà préoccupé en 1609 [1]. On sait qu'en 1698 l'intendant Basville écrivait que M. Leblanc avait des vues pour une réorganisation générale de toutes les maréchaussées de France, mais ce ne fut qu'en 1720 que la réforme eut lieu. Si l'étude des modifications à apporter dans les prévôtés fut longue, on ne peut que se féliciter de ce qu'elle ait été approfondie ; les résultats furent admirables. L'édit qui s'ensuivit et les ordonnances qui le complétèrent établirent une troupe homogène et disciplinée sur l'organisation de laquelle est encore calquée celle de la gendarmerie moderne. En tenant compte des erreurs passées, on trouva du premier coup la formule définitive d'une arme qui a rendu tant de services au pays.

L'édit est du mois de mars 1720 [2]. Le préambule expose que les diverses compagnies de maréchaussées avaient été instituées pour maintenir la tranquillité publique et contribuer à la facilité et sûreté du commerce, « en arrêtant par des punitions sévères « le cours des vols, assassinats, crimes, délits et malversations. » Il constate ensuite « que la multiplicité de ces Compagnies, avec « création d'Officiers sous differens titres, faisoit naître entr'eux « des contestations sous prétexte d'indépendance les uns envers « les autres, et que la modicité des gages et solde qui ont été « attribués aux Archers, et le peu d'exactitude dans leurs paye-

1. Delattre, *Historique de la Gendarmerie française*, p. 88.

2. *Recueil chronologique des Ordonnances, Edits... etc, depuis 1715 jusqu'en 1756 inclusivement*, t. III, p. 183.

« mens, les a obligés de s'attacher à d'autres emplois ; ce qui « cause un si grand relâchement dans la discipline et le service « auquel ces Compagnies étoient destinées... » Afin de remédier à ces inconvénients, le roi, par l'article premier supprimait toutes les charges de prévôts généraux et provinciaux, vice-baillis, vice-sénéchaux, lieutenants criminels de robe-courte, lieutenants en résidence, procureurs du roi, greffiers, exempts, archers, payeurs des gages, commissaires et contrôleurs et tous autres officiers de maréchaussée et de robe-courte « sous quelques titres « et qualitez et par quelques édits et titres qu'ils ayent esté créez « ou établis. » La réforme était donc radicale. Seules étaient maintenues les compagnies du prévôt général de la Connétablie, du prévôt général de l'Ile-de-France, du lieutenant criminel de robe-courte de Paris, du prévôt des monnaies, des chevaliers du guet de Paris et de Lyon, ainsi que celles des prévôts à la suite des maréchaux de France. En définitive, toutes les prévôtés des provinces étaient supprimées. A leur place, il fut créé une compagnie dans chaque généralité ou département du royaume. Chacune de ces troupes était composée d'un prévôt général, d'un ou plusieurs lieutenants, d'exempts, de brigadiers, de sous-brigadiers et d'archers. Il y avait un trompette près du prévôt général, et, dans chaque résidence d'officier, un assesseur, un procureur du roi et un greffier. Les prévôts et les lieutenants avaient, tant qu'ils étaient en charge, le titre d'écuyer et jouissaient de certains privilèges ; ils étaient créés en titre d'offices formés et héréditaires. Les charges de prévôt étaient fixées à 40.000 ou 30.000 livres, suivant les compagnies, et celles de lieutenant, uniformément à 15.000 livres. Ces officiers devaient toucher annuellement : les prévôts dont les offices valaient 40.000 livres, 1.200 livres de gages et 2.800 livres de solde, au total 4.000 livres ; les autres prévôts 900 livres de gages et 2.100 livres de solde, au total 3.000 livres ; enfin, les lieutenants, 450 livres de gages et 1.050 livres de solde, au total, 1.500 livres.

Une ordonnance du 16 mars 1720 [1] compléta l'édit en fixant la subordination et la discipline des nouvelles compagnies. Les archers étaient répartis en brigades commandées chacune par un

1. Briquet, *Code militaire*, t. III, p. 644.

exempt, un brigadier ou un sous-brigadier. La surveillance des campagnes allait être ainsi plus immédiate et plus continue. Cette réforme, si utile, venait à son heure. Elle aurait été impossible plus tôt, non seulement pendant les guerres de religion ou les guerres civiles, mais même sous le règne de Louis XIV alors que bon nombre de gentilshommes faisaient de leurs châteaux des repaires de bandits et qu'il était encore nécessaire que la maréchaussée opposât des forces suffisantes aux bandes de brigands qui pillaient paysans et voyageurs. L'ordonnance prévoyait cependant que si le service l'exigeait, les lieutenants pourraient, sur l'ordre des prévôts, réunir leurs brigades. Les appointements des officiers de justice étaient fixés à 300 livres pour les assesseurs et les procureurs, et à 350 livres pour les greffiers. Ces gages peuvent paraître modestes, mais il faut considérer que ces officiers occupaient tous d'autres fonctions dans les justices royales ou seigneuriales. Les exempts touchaient 700 livres, les brigadiers 600, les sous-brigadiers 550, les archers et les trompettes 500.

Toutes ces compagnies avaient un habillement uniforme : manteau et justeaucorps avec aiguillettes de soie blanche pour les archers, sous-brigadiers et brigadiers. L'exempt avait un habit avec aiguillettes d'argent. Les officiers portaient une veste couleur chamois, le lieutenant avec le justeaucorps et le prévôt avec l'habit ; l'un et l'autre avaient des aiguillettes d'argent. Cet uniforme était en drap bleu doublé de rouge, avec parements rouges ou écarlates ; les boutons étaient en étain argenté ou en argent, le chapeau avait des galons d'argent. Des passementeries de même métal différenciaient les grades. Les chevaux, de la taille de ceux des dragons, avaient une housse en drap bleu galonnée.

Le prévôt général devait faire chaque année trois tournées pour passer la revue des lieutenants, exempts, brigadiers, sous-brigadiers et archers [1]. Le lieutenant inspectait chacune de ses brigades une fois par mois. Dans les résidences où il y avait plusieurs brigades et dans les villes principales, les communautés

1. L'ordonnance ne dit pas s'il devait se rendre dans chaque brigade ; il résulte d'un contrôle de revue de l'année 1732 que la revue avait lieu par lieutenances (Archives de l'Hérault, C 700).

étaient tenues de fournir un grenier à foin et une écurie pour loger les chevaux ensemble. Enfin, le roi se réservait de choisir cinq inspecteurs généraux parmi les prévôts « qui se seront distingués par leur attention au service » pour faire des tournées annuelles dans les généralités qui leur seraient désignées.

La déclaration du 9 avril 1720 [1] détermina les territoires des nouvelles compagnies qui étaient au nombre de 30. La généralité de Languedoc avait une compagnie dont le prévôt résidait à Montpellier et qui était divisée en quatre lieutenances : Montpellier, Le Puy, Carcassonne et Toulouse. La finance du prévôt général était de 40.000 livres. Nous n'avons pas de renseignements certains sur la force de cette troupe. D'après un auteur, elle comprenait neuf exemps, huit brigadiers, quinze sous-brigadiers, 128 archers et un trompette, formant trente-deux brigades [2]. Dans un état non daté, qui paraît être de 1720 [3], on ne trouve que vingt-cinq résidences de brigades, mais il faut tenir compte qu'il y avait parfois deux ou trois brigades dans une même localité.

Nous allons voir quelles furent, en Gévaudan, les conséquences de l'édit de mars 1720.

1. Briquet, *Code militaire*, t. III.

2. Delattre, *Historique de la gendarmerie française*, p. 96. — Cet auteur ne citant jamais ses sources, on ne peut vérifier ses renseignements.

3. Archives de l'Hérault, C 697. — Cet état est intitulé *Carte générale des Maréchaussées du Royaume.*

VII

DE 1720 A 1769

La lieutenance du Puy était composée de sept brigades; il y en avait deux au Puy commandées, l'une par un exempt et l'autre par un sous-brigadier, deux à Tournon sous les ordres d'un brigadier et d'un sous-brigadier, une à Aubenas et une autre à Privas commandées toutes deux par des brigadiers, et enfin une à Mende sous les ordres d'un exempt. Le lieutenant, qui résidait au Puy, avait près de lui un assesseur, un procureur du roi et un greffier [1].

Nous ne savons quelle était la circonscription de chacune de ces brigades; il y a tout lieu de croire que la brigade de Mende desservait tout le Gévaudan. C'était peu d'un exempt et de quatre cavaliers pour assurer la sécurité de ce pays, d'autant plus que le lieutenant ne pouvait juger les criminels arrêtés par la brigade que lorsqu'il était de passage dans le diocèse. Si la nouvelle organisation augmentait la force de la maréchaussée par la discipline et la subordination qu'elle lui imposait, elle n'avait, par contre, prévu qu'un trop petit nombre de brigades. Ce défaut devait s'atténuer peu à peu.

Il fallait assurer le remboursement des anciens offices et pourvoir au payement des nouveaux gages. L'administration royale aurait voulu que les provinces contribuassent à cette dernière dépense; M. Leblanc, secrétaire d'Etat au département de la guerre, écrivit aux Etats de Languedoc en leur demandant de verser tous les ans 20.950 livres. Cette somme aurait été fournie par 17.950 livres que les diocèses distribuaient,

1. Pigagnol de la Force, *Nouvelle Description de la France*, t. VI, p. 183. Cet ouvrage est de 1753, mais la composition de la maréchaussée de Languedoc, telle qu'il la donne, est conforme à la *Carte générale des Maréchaussées du Royaume* dont nous avons déjà parlé et qui doit dater de 1720 (Archives de l'Hérault, C 697). L'*Almanach historique et chronologique de Languedoc* de 1752 n'indique qu'une brigade à Tournon, mais en place une à Annonay.

disait-il, aux maréchaussées diocésaines et par 3.000 livres que la Province donnait comme gratification au prévôt général. Les Etats de Languedoc, dans leur séance du 28 février 1721 [1], firent observer que les diocèses ne payaient nullement 17.950 livres aux maréchaussées, mais seulement des vacations qui variaient tous les ans, dont le montant ne dépassait jamais 6.000 à 7.000 livres, et que ces frais seraient toujours à leur charge [2]. Ils ajoutèrent que les 3.000 livres dont faisait mention M. Leblanc ne constituaient pas une gratification annuelle et que cette somme n'était accordée qu'en cas de mutation, ou tous les dix ans.

M. Leblanc réclama alors à la Province les 19.500 livres qui, depuis 1697, étaient distraites de la taille et octroy pour payer la maréchaussée. Les Etats de Languedoc de 1722 décidèrent d'abandonner cette somme pour servir au traitement des nouvelles maréchaussées, mais de réclamer, par contre, le remboursement des 550.000 livres qu'ils avaient versées pour le rachat des offices créés en 1696 [3]. Les Etats résolurent, en 1724, de poursuivre de nouveau le remboursement de ces 550.000 livres et de continuer d'imposer les 19.500 livres qui étaient fournies annuellement par les diocèses, afin de permettre à ceux-ci de payer l'intérêt des anciennes charges. D'après une liquidation en date du 26 mars 1724, il ne fut remboursé que 300.000 livres au Languedoc. Un arrêt du Conseil, du 5 octobre 1731, portait que les 200.000 livres restant [5] seraient payées à la Province en rentes sur les tailles après qu'il en aurait été déduit 78.000 livres représentant la retenue de 19.500 livres que le Languedoc avait continué de percevoir pendant quatre ans [6].

Un nouvel arrêt du Conseil, du 30 mars 1732, fixa à 2.000 livres la rente à payer annuellement à la Province, et à 53.950 livres la somme que celle-ci devait rembourser au roi. Les députés à la cour ne purent faire modifier cet arrêt, toutefois, le contrôleur

1. Archives de la Lozère, C 852, fol. 54.

2. Cela n'était pas tout à fait exact, au moins pour le diocèse de Mende qui payait chaque année 1.671 livres huit sols de gages.

3. Archives de la Lozère, C 582, fol. 209 et 222.

4. *Ibidem*, C 582, fol. 250 et 257.

5. L'administration royale ne se reconnaissait pas tenue au remboursement des 50.000 livres que la Province avait payées, en plus des 500.000 livres, à raison de deux sols par livre.

6. Archives de la Lozère, C. 584, fol. 78.

général des Finances leur laissa entendre que si les Etats renonçaient à la rente de 2.000 livres, le roi pourrait les tenir quittes des 53.950 livres qu'il leur réclamait. Dans leur séance du 12 décembre 1732, les Etats de Languedoc acceptèrent cette proposition, aimant mieux ne pas recevoir une rente modique que débourser immédiatement une somme assez importante dont l'intérêt annuel était évalué à 2.600 livres [1].

Le remboursement des anciens offices fut également long à régler. En Gévaudan, on continua de verser aux propriétaires de ces offices les 1.078 livres onze sols deux deniers de gages fournis par la Provice. Aux Etats particuliers de 1727, le greffier du pays rendit compte que ces propriétaires réclamaient le remboursement de leurs finances, le payement des loyaux couts et le montant des gages auxquels ils avaient droit. Cette requête fut renvoyée aux commis et députés [2]. Les propriétaires des offices, après plusieurs pourparlers avec les commis, renoncèrent à leurs prétentions, mais ils demandèrent, en plus du prix de leurs charges, un intérêt de cinq pour cent depuis 1720. Les Etats particuliers de 1728 laissèrent encore aux commis l'étude de cette proposition [3].

A l'assemblée de 1729, le greffier expliqua que l'intérêt annuel de la finance des anciens offices montait à 1.375 livres, et que depuis 1720 on ne payait que 1.078 livres aux propriétaires, ce qui représentait environ 2.700 livres de retard. Les Etats décidèrent d'imposer cette somme sur l'exercice courant [4]; et il fut payé exactement 2.797 livres quinze sols aux propriétaires des offices [5]. Les années suivantes, et jusqu'en 1733, le diocèse leur donna 296 livres huit sols dix deniers en sus des 1.078 livres onze sols deux deniers provenant de la Province [6].

Par acte passé le 18 janvier 1730, devant Me Vincens, notaire à Mende, le remboursement des offices eut lieu sous forme de

1. Archives de la Lozère, C 584, fol. 162.
2. *Procès-verbaux des délibérations des Etats du Gévaudan*, t. VI, p. 625.
3. *Ibidem*, t. VI, p. 636.
4. *Ibidem*, t. VI, p. 655.
5. Archives de la Lozère, C 1558.
6. *Ibidem*, C 1559, 1562, 920 et 921.

rentes perpétuelles aux ayants droit dont le total s'élevait à 1.375 livres [1].

Le 7 janvier 1733, les Etats de Languedoc décidèrent de procéder avec les diocèses à la liquidation du remboursement ; à cet effet, ils invitèrent ceux-ci à remettre aux syndics généraux, dans le courant de l'année, les pièces nécessaires. On imposa pour la dernière fois la somme de 19.500 livres sur laquelle le Gévaudan percevait 1,078 livres onze sols deux deniers [2]. En rendant compte aux Etats particuliers de cette délibération, le syndic du pays exposa que la Province était redevable au diocèse de 15.000 livres ; l'assemblée convint que la somme qui serait attribuée au Gévaudan serait délivrée aux propriétaires des offices afin de réduire la rente qu'on leur faisait [3]. L'année suivante, le syndic expliqua que la Province ayant cessé d'allouer 1.078 livres pour les gages de la maréchaussée, il fallait imposer cette somme pour payer la rente de 1.375 livres, mais que cela ne constituerait pas une dépense nouvelle puisque la Province levait précédemment les 19.500 livres sur les diocèses eux-mêmes. Cette imposition fut votée par les Etats [4]. Le Languedoc n'ayant reçu que 300.000 livres au lieu de 550.000 que lui avaient coûté les offices, le Gévaudan ne perçut à son tour que 6.443 livres au lieu de 15.000. Ces 6.443 livres furent versées aux propriétaires des anciens offices dont la rente fut réduite à 1.052 livres dix-sept sols à partir de 1741 [5].

L'article 14 de l'ordonnance du 16 mars 1720 avait prescrit aux communautés des villes où les brigades étaient en résidence de leur fournir des écuries et des greniers à foin, mais il n'était pas fait mention du logement des hommes. Cependant M. Leblanc écrivit à l'intendant de Languedoc pour le prier de demander aux Etats de supporter la dépense du logement des officiers et cavaliers. Les Etat de la Province, dans leur séance du 26

1. Archives de la Lozère, Série E, minutes de Vincens, notaire à Mende, années 1729-1731, fol. 71.

2. *Ibidem*, C 584, fol. 191.

3. *Procès-verbaux des délibérations des Etats du Gévaudan*, t. VI, p. 715.

4. *Ibidem*, t. VII, p. 18.

5. Archives de la Lozère. C 924.

février 1722, firent oberver que cela n'était pas prévu par l'ordonnance et que le logement n'avait jamais été fourni aux anciennes maréchaussées [1]. Néanmoins, le ministre répéta à l'intendant que le logement incombait aux communautés. Par une ordonnance du 28 avril 1722, l'intendant fixa les sommes à payer chaque mois pour cet objet : soit 20 livres au prévôt général, 15 livres au lieutenant, 10 livres à l'exempt, 6 livres au brigadier, 5 livres au sous-brigadier et 3 livres au cavalier ou trompette [2]. Une autre ordonnance du 24 février 1724, réduisit ces sommes à 8 livres pour l'exempt, 5 livres pour le brigadier, 4 livres pour le sous-brigadier et 50 sous pour le cavalier [3]. Les communautés demandèrent que ces frais fussent supportés par la Province, et les Etats de Languedoc chargèrent les députés à la cour de présenter des remontrances au roi pour faire décharger les villes de cet impôt. Le roi déclara qu'avant de répondre à ces doléances il désirait être plus amplement informé [4].

La communauté de Mende s'adressa au diocèse en lui demandant de payer les frais de logement, attendu que la brigade en résidence dans cette ville était établie pour la sécurité de tout le Gévaudan. Les Etats particuliers de 1724 prescrivirent au syndic du pays d'écrire à celui de la Province pour savoir comment opéraient les autres diocèses, et ils chargèrent les commis et députés de prendre une décision à ce sujet [5]. Les Etats de Languedoc consultés conclurent que le logement des brigades serait payé par les diocèses, et les Etats du Gévaudan de 1727, votèrent les 216 livres nécessaires pour cet objet: quatre-vingt-seize livres pour l'exempt et trente livres pour chacun des quatre cavaliers [6]. Une ordonnance de l'intendant, du 25 février 1727, avait confirmé la décision des Etats de la Province, et le Gévaudan continua d'imposer chaque année 216 livres pour le logement [7].

Aux Etats de Languedoc de 1752, il fut rendu compte d'un

1. Archives de la Lozère, C 582, fol. 138.
2. Archives de l'Hérault, C 697.
3. *Ibidem*, C 697.
4. Archives de la Lozère, C 582, fol. 198, 210 et 224.
5. *Procès-verbaux des délibérations des Etats du Gévaudan*, t. VI, p. 585.
6. *Ibidem*, t. VI, p. 599.
7. Archives de la Lozère, C 851 à 857 et C 919 à 935.

mémoire du prévôt général au sujet du loyer des écuries et greniers à foin. Cet officier exposait que dans huit diocèses la dépense était acquittée par les diocèses eux-mêmes, tandis que dans les autres elle était laissée à la charge des communautés, et que certaines villes négligeaient ou refusaient de payer ce loyer. Il demandait qu'une règle générale fût établie pour toute la Province. L'assemblée conclut que ces frais, comme ceux du logement des hommes, incombaient aux diocèses [1]. Les Etats du Gévaudan de 1753 se conformèrent à cette décision [2], et à partir de cette année on imposa, pour le loyer d'une écurie et d'un grenier à foin, 30 livres qui étaient payées précédemment par la communauté de Mende [3].

Nous ignorons quand fut installée la nouvelle brigade de Mende qui se composait d'un exempt et de quatre cavaliers. En 1722, alors que la peste ravageait le Gévaudan, le syndic rendit compte aux Etats particuliers que cette brigade avait été employée à escorter les vivres et les fournitures envoyés aux lieux contaminés. Pendant quelque temps, on avait payé chaque jour quatre livres à l'exempt et deux livres dix sols à chaque cavalier, puis cette taxe fut réduite à deux livres dix sols pour l'exempt et à une livre cinq sols pour les cavaliers. Le syndic demanda aux Etats d'approuver cette dépense et d'accorder une gratification à la brigade. L'assemblée « connoissant les services utiles que la maréchaussée a rendu[s] » chargea les commis de continuer la taxe tant qu'il serait nécessaire, et de fixer la gratification qu'il y avait lieu d'accorder [4].

Pour des motifs que nous ne connaissons pas, la brigade fut renforcée, en 1724, de deux cavaliers de la lieutenance de Montpellier, depuis le 12 juillet jusqu'au 13 février 1725, ainsi que d'un brigadier et de deux cavaliers du Vivarais pendant quatre mois [5].

En 1726, les Etats du Gévaudan renvoyèrent aux commis et

1. Archives de la Lozère, C 592, fol. 88.
2. *Procès-verbaux des délibérations des Etats du Gévaudan*, t. VII, p. 277.
3. Archives de la Lozère, C 854 à 857, 849 et 927 à 931.
4. *Procès-verbaux des délibérations des Etats du Gévaudan*, t. VI, p. 552.
5. Archives de la Lozère, C 1548.

députés une demande de gratification présentée par la maréchaussée ; il fut accordé 120 livres au lieutenant Du Perrau et 100 livres à l'exempt De la Vilatte [1].

A l'assemblée de l'assiette de 1727, le greffier du pays représenta qu'avant 1720, il y avait dans le diocèse un prévôt, un lieutenant et dix archers [2] qui parvenaient difficilement à assurer la sécurité publique ; que depuis il n'y avait plus que quatre cavaliers et un exempt et que ce dernier était même absent depuis plus d'une année [3] ; et qu'enfin, le lieutenant du Puy, qui seul pouvait juger les criminels, était trop éloigné. L'assemblée chargea le syndic de demander deux autres brigades pour le Gévaudan [4].

En 1731, les Etats de Languedoc sollicitèrent en vain l'établissement d'un lieutenant et la création de deux nouvelles brigades dans le diocèse de Mende. Vingt-huit ans plus tard, en 1759, l'intendant Saint-Priest écrivait à ce même sujet : « Le Gévaudan « a près de soixante-dix lieues de circonférence et chaque lieue « est plus forte du double que les lieues des environs de Paris. « Il n'y a dans un pays si vaste qu'une seule brigade qui est établie à Mende, et qu'un seul lieutenant pour les trois pays du « Gévaudan, du Vivarais et du Velai. Cet officier, qui réside au « Puy, est hors d'état de faire tout le service nécessaire, attendu

1. *Procès-verbaux des délibérations des Etats du Gévaudan*, t. VI, p. 612. — Archives de la Lozère, C 1551.

2. C'était une erreur car il n'y avait que six archers.

3. L'exempt De la Vilatte avait été envoyé à Albi en 1726 (Archives de la Lozère, C 1551).

4. Archives de la Lozère, C 851. « Le sieur Greffier a dit encore que la brigade de la maréchaussée de Mende a été composée de dix cavaliers jusqu'en l'année 1720, qu'il y avait même alors un prévôt et un lieutenant de prévôt qui commandoint cette brigade, et que malgré leur vigilance et leur activité, ils parvenoint à peine à maintenir la seureté publique dans le diocèse, que le nombre des cavaliers a été réduit à quatre, lesquels ne sauroint suffire pour maintenir le bon ordre à cause de la grande étendue du diocèse qui a plus de vingt lieues de ce païs tant en longueur qu'en largeur, que d'ailleurs le diocèse est rempli de montagnes ; que les cavaliers n'ont plus de chef qui se mette à leur tète pour parcourir le diocèse, ny même d'exempt depuis plus d'une année ; en sorte qu'ils ne font presque plus de fonctions, que d'ailleurs l'éloignement du lieutenant de prévôt qui est seul en droit de juger les criminels, et qui fait sa résidence au Puy et à Viviers enhardit les malfaiteurs à commettre des crimes dans l'espérance de l'impunité.

« Sur quoy a été unanimement délibéré de charger M. de St-Sauveur, sindic du diocèse de présenter un placet à ce sujet à M. Leblanc ministre d'Etat, et de lui demander deux autres brigades, et Mgr le président a été prié par l'assemblée de vouloir prendre la peine de luy écrire. »

« que les frais qu'il fait pour se déplacer sont en pure perte pour « lui. » Le ministre, sur l'avis conforme du contrôleur général des Finances avait résolu de créer dans le Gévaudan, un lieutenant et deux nouvelles brigades qui auraient été placées, l'une à Marvejols et l'autre à Saint-Chély [1] : mais cet établissement n'eut pas lieu.

La déclaration du 5 février 1731 avait restreint la juridiction des prévôts des maréchaux et des juges présidiaux, notamment en leur enlevant la connaissance des assassinats. Le Parlement de Toulouse défendit, en 1738, aux officiers du présidial de Nimes, qui se rendaient en Gévaudan tous les cinq ans, de juger en dernier ressort d'autres affaires que celles qui leur étaient attribuées par cette déclaration [2]. Par contre, les Etats de Languedoc représentèrent au roi, dans leur cahier de doléances de 1742, « combien les dispositions de sa déclaration de 1731 sont « préjudiciables à la justice, soit en restreignant les cas prévô- « taux et présidiaux, soit en ajoutant de nouvelles formalités qui « retardent la punition des crimes et augmentent les dépenses « des procédures. [3] »

La juridiction du prévôt amena un conflit en Gévaudan. Le bailliage était formé de deux sièges distincts qui, conformément à l'acte de paréage, alternaient d'année en année pour rendre la justice ; l'un séant à Marvejols et composé d'officiers royaux, l'autre séant à Mende et composé d'officiers de l'évêque, tous les deux prononçant leurs jugements au nom du roi et de l'évêque. Les lettres patentes du 12 décembre 1695, dérogeant à l'article 15 du titre 2 de l'ordonnance criminelle de 1670, avaient attribué au bailliage le droit de connaître de la compétence du prévôt et de juger les procès prévôtaux conjointement avec celui-ci. Les officiers du siège de Marvjols soutenaient que cette exception à la loi générale ne pouvait s'appliquer qu'à eux, juges royaux, et non aux officiers du siège de Mende qui n'étaient que les juges d'un seigneur haut justicier. De nouvelles lettres patentes, du 23 mai 1748, tranchèrent le différend en déclarant que les officiers

1. *Histoire générale de Languedoc*, Edition Privat, t. XIII, p. 1152.
2. *Inventaire des Archives de la Haute-Garonne*, Série B, t. III, p. 192, col. 2.
3. *Ibidem*, Série C, t. II, p. 572, col. 2.

des deux sièges étaient également juges du roi et de l'évêque puisqu'ils rendaient la justice au nom des deux, qu'il n'y avait aucune différence entre les uns et les autres, et que tous étaient compris dans les dispositions des lettres du 12 décembre 1695 [1].

Dans le courant de l'année 1742, un contrebandier avait été arrêté par la brigade de Mende et écroué aux prisons de cette ville ; une troupe de quarante autres contrebandiers tenta d'enlever le prisonnier de vive force. Un cavalier de la maréchaussée, nommé Méjean, fut tué de quatre coups de fusil. Il laissait une veuve et quatre enfants pour lesquels le prévôt général demanda une gratification au ministre [2]. Les Etats du Gévaudan allouèrent cent livres aux orphelins [3].

En 1747, deux compagnies du régiment du Commissaire général avaient leur quartier à Marvejols. Un nommé Guillaume Astruc, de Recoules [4], tenta de suborner plusieurs cavaliers et de les faire déserter. Il fut arrêté et remis à la maréchaussée de Mende ; le prévôt général reçut l'ordre de lui faire son procès [5].

Le dimanche 27 juillet 1749, les juges de police de la ville de Mende firent publier le prix des journées de moissonneurs qu'ils

1. Archives de la Lozère, Série B, fonds du bailliage. Registre de la séance de Marvejols du 13 septembre 1771 au 29 août 1786. — « A CES CAUSES, en interprétant en tant que de besoin, les lettres patentes en forme de déclaration du 12 décembre 1695 cy attachées sous le contre scel de notre chancelerie, et de notre certaine science, plaine puissance et authorité Royalle, nous avons par ces présantes signées de notre main, dit, déclaré et ordonné, disons, déclarons et ordonnons, voulons et nous plait que les officiers du Bailliage du Gévaudan tant ceux de la scéance de Maruejols que ceux de la scéance de Mende, jugent en dernier rexort chacun dans l'année de leur exercice la compétance dudit prévôt des maréchaux et de son lieutenant lorsque la capture de l'accusé aura été faite dans l'étendue du Haut Gévaudan seulement, depuis Florac, Barres et le Pont-de-Montvert en haut inclusivement à la charge que tous les jugemens qui seront rendus à l'advenir par lesdits officiers seront intitulés en ces termes : — NOUS OFFICIERS DU BAILLIAGE ROYAL, EPISCOPAL ET COMMUN DU GÉVAUDAN, COMMISSAIRE DU ROI EN CETTE PARTIE — Confirmons en outre les officiers de l'une et de l'autre scéance chacun pendant l'année de leur exercice dans le droit et pocexion d'instruire et de juger conjointement avec le prévôt de nos cousins les maréchaux de France ou son lieutenant les procès criminels lors que le délit aura été commis dans l'étendue des mêmes limites, leur attribuant à cet effet de nouveau, et en tant que de besoin, toute cour, juridiction et connoixance..... »

2. Archives de l'Hérault, C 698.

3. Archives de la Lozère, C 1584.

4. Sans doute Recoules-de-Fumas.

5. Archives de l'Hérault, C 700.

avaient fixé à dix-huit et dix-neuf sols. Les quatre cavaliers de la maréchaussée furent requis d'accompagner le trompette chargé de cette publication, car on craignait qu'elle ne fût mal accueillie. En effet, les moissonneurs rassemblés sur la place de la ville, au nombre de cinq à six cents, ayant entendu la publication, s'armèrent de pierres et attaquèrent les cavaliers en criant *tue! tue!* Ceux-ci, blessés et ayant leurs mousquetons brisés, furent obligés de rompre et de se réfugier dans la demeure du juge Boutin. Les émeutiers commencèrent le siège de cette maison dont ils brisèrent les fenêtres, vitres et chassis, à coups de pierres. L'exempt De Rieucros, apprenant ce qui se passait, se rendit sur les lieux et essaya de ramener les moissonneurs au calme, mais il fut également blessé d'un coup de pierre sur les côtes. Enfin, des habitants vinrent au secours de la maréchaussée qui, sortant de son asile, parvint à chasser hors de Mende les perturbateurs qui étaient tous des étrangers. Vingt-neuf furent cependant arrêtés et écroués aux prisons de la ville [1].

Comme une troupe de bandits opérait dans le Gévaudan en 1750, la brigade de Mende fut momentanément renforcée d'un cavalier de celle d'Annonay, sur la réquisition de M. de Châteauneuf commandant en Vivarais [2].

Le 21 mai 1759, le syndic du diocèse représenta aux Etats particuliers que depuis plusieurs années il y avait eu des désordres de toute espèce dans le Gévaudan et qu'il s'était formé des bandes redoutables de voleurs. La maréchaussée avait arrêté plusieurs brigands; on était même parvenu à disperser deux de ces bandes dont l'une était établie du côté des Laubies et la seconde à la Villedieu. Mais il y en avait encore d'autres ; la plus importante par le nombre et la qualité des personnes qui la composaient, ainsi que par l'étendue du pays qu'elle occupait, opérait entre Saint-Flour, Chaudesaigues et la montagne d'Aubrac, allant même parfois jusque dans l'Albigeois, le Rouergue et les Cévennes, du côté du Vigan. Ces brigandages n'étaient pas les

1. Archives de la Lozère, Série B, fonds du bailliage. — On trouve le récit de cet incident dans l'*Annuaire du département de la Lozère* de l'année 1891, p. 206, sans référence. Le document qui nous a servi est le procès-verbal rédigé par l'exempt.

2. Archives de l'Hérault, C 698.

seuls qui troublaient le pays ; des gens d'affaires, des huissiers et des sergents prévariquaient et ruinaient les particuliers. A la demande des commis et députés, le syndic avait rédigé, sur l'état du diocèse, un mémoire destiné aux chefs de la justice, et que les Etats approuvèrent [1]. Ce fut à cette époque que l'administration royale songea un moment à établir un lieutenant de prévôt dans le Gévaudan avec deux nouvelles brigades à Marvejols et à Saint-Chély.

Plusieurs de ces brigands et prévaricateurs furent arrêtés, en particulier Jacques Roumezi, les frères Guillaume et Louis Boudouly, les nommés Hyenne dit Duchateau et Pierre Périer, ainsi que le sieur Gély, notaire à Langogne, et les nommés Bordy, Rieu et Valès, également de Langogne. Les cinq premiers furent jugés par le sieur de Vertaure, assesseur en la maréchaussée ; les frères Boudouly et Duchateau furent roués à Mende et leurs cadavres portés aux fourches patibulaires de Saint-Chély. La barre de fer, du poids de vingt livres, qui servit à l'exécution fut volée sur l'échafaud et payée quatre livres à Louis Favier serrurier qui l'avait fournie. Quant au sieur Gély et à ses complices, il semble qu'ils furent déférés au présidial de Nimes [2].

Dans l'assemblée des commis et députés tenue le 26 novembre 1759, il fut représenté que les officiers du présidial de Nimes s'étaient rendus en Gévaudan, de cinq ans en cinq ans, jusqu'en 1725, et qu'on leur avait alloué chaque fois 1.500 livres, mais que ces officiers ayant trouvé cette somme insuffisante avaient cessé de venir. Le lieutenant du prévôt, en résidence au Puy, avait en partie suppléé à cette absence. Mais, depuis la déclaration de 1731, il ne passait que rarement dans le diocèse, et cela pour deux raisons : parce que sa juridiction était diminuée et parce que ses déplacements ne lui étaient plus payés par le roi [3]. En 1760, les Etats de Languedoc autorisèrent le diocèse de Mende à imposer 2.400 livres, au lieu de 1.500, pour la dépense des officier du présidial de Nimes [4]; cette somme fut levée la même

1. *Procès-verbaux des délibérations des Etats du Gévaudan*, t. VII, p. 419 à 423.
2. Archives de la Lozère, C 1615.
3. *Ibidem*, C 825, fol. 963.
4. *Inventaire des Archives de la Haute-Garonne*, Série C, t. II, p. 626, col. 2.

année [1]. Pour permettre au lieutenant du Puy de venir plus souvent en Gévaudan, le diocèse lui alloua une gratification de 720 livres [2] qui, pendant plusieurs années, fut sans doute payée sur les 7.000 livres dont le diocèse disposait pour les dépenses diverses ; plus tard elle fut comprise dans les frais ordinaires. Le Velai accordait également une gratification au lieutenant du Puy [3].

Depuis plusieurs années, on avait négligé de désigner les inspecteurs de la maréchaussée créés par l'ordonnance du 16 mars 1720 ; un arrêt du Conseil d'Etat, en date du 29 juin 1759, les rétablit pour ramener « l'ordre et la discipline dans un corps dont les fonctions sont si nécessaires au bien public [4]. »

L'édit et l'ordonnance de mars 1720 avaient constitué une troupe homogène et disciplinée ; mais des dispositions de détail pouvaient être améliorées. Une ordonnance, du 17 avril 1760, réglementa de nouveau le service. Les prévôts faisaient deux tournées par an ; les lieutenants visitaient chacune de leurs brigades tous les deux mois; les commandants de brigade inspectaient leur troupe deux fois par mois. Une tournée devait être faite, tous les jours, par deux hommes de chaque brigade. Il était tenu par les commandants de brigade un journal du service tant ordinaire qu'extraordinaire. Enfin, la maréchaussée ne devait plus être employée à mettre les jugements à exécution, mais seulement à prêter main forte à ceux qui en étaient chargés [5].

L'administration royale reconnut enfin que le nombre des brigades de maréchaussée créées en 1720 était insuffisant, et aussi que la solde était trop modeste. Le roi donna mission à ses commissaires aux Etats de Languedoc de 1768 d'étudier ces questions afin que la réforme projetée pût avoir lieu à partir du 1er avril 1769. Il faisait remarquer que jusqu'alors la dépense des maréchaussées était payée uniquement sur la taille, bien que ceux qui étaient exempts de cet impôt jouissent des avantages procurés par le service des brigades, et il ajoutait qu'il y aurait lieu de

1. Archives de la Lozère, C 849.
2. *Inventaire des Archives de la Lozère*, Série C, p. 338, col. 1.
3. Archives de la Lozère, C 603, fol. 147 et 342, etc.
4. Archives de l'Hérault, C 700.
5. Archives communales de Lille, liasse 14.293.

comprendre l'augmentation des dépenses sur la capitation, en exemptant toutefois les officiers des cours supérieures. On prévoyait que les nouveaux frais s'élèveraient à 163.525 livres pour le Languedoc ; le roi prenait à sa charge 55.187 livres dix sols, il restait donc 108.337 livres dix sols à payer par la Province. La compagnie de maréchaussée de Languedoc était alors de 183 hommes, y compris les officiers et elle coûtait chaque année 100.200 livres sur lesquelles la Province en donnait 48.150. Tout en se réservant de faire de très-humbles remontrances au roi sur ce que la part de la Province allait être à l'avenir proportionnellement plus forte que par le passé, les Etats reconnurent que les mesures proposées étaient fort utiles et ils décidèrent d'imposer les sommes nécessaires sur la capitation [1].

Le 28 janvier 1768, l'intendant avait envoyé à Paris un mémoire du prévôt général démontrant la nécessité de porter de trente-trois à cinquante-neuf le nombre des brigades de Languedoc. Dans le Gévaudan, il y en aurait eu de nouvelles à Florac, Marvejols et Langogne. A ces brigades, il faut ajouter celle de Villefort, qui bien que située dans le diocèse d'Uzès devait faire le service dans une partie de celui de Mende. Le roi ayant répondu qu'on ne pouvait accorder au Languedoc que treize brigades au lieu de vingt-six, le prévôt général adressa un second mémoire qui, pour le Gévaudan, proposait les brigades de Langogne et de Florac, ainsi que celle de Villefort pour le diocère d'Uzès [2].

Dans un autre mémoire, non daté, mais certainement antérieur aux précédents, le prévôt général avait demandé que la lieutenance du Puy fût divisée en deux ; un lieutenant aurait résidé à Villeneuve-de-Berg et un autre au Puy. Ce dernier aurait eu sept brigades sous ses ordres : deux au Puy et une dans chacune des villes de Mende, Marvejols, Florac, Langogne et Villefort [3].

Il faut noter qu'en 1766, des lettres patentes, datées du 30 août, avaient commis trois conseillers du Parlement de Toulouse pour se transporter dans le Vivarais et le Gévaudan à l'effet de s'enquérir des abus intéressant la justice criminelle. A la suite

1. Archives de la Lozère, C 603, fol. 195 à 199.
2. Archives de l'Hérault, C 700.
3. *Ibidem*, C 700.

de cette enquête, un édit d'avril 1767 apporta des modifications dans les ressorts de plusieurs tribunaux [1]. En demandant onze brigades d'augmentation dans les Cévennes, le Gévaudan, le Velai et le Vivarais, le prévôt général écrivait dans son mémoire de 1768 : « La situation de ces quatre pays et le génie des habi-« tans exigent absolument une augmentation aussi considérable « de brigades, l'arrêt du conseil de 1766 concernant l'adminis-« tration de la justice dans ces pays en est une preuve. » Ainsi qu'on va le voir, la maréchaussée fut non seulement augmentée, mais encore réorganisée en 1769.

1. *Histoire générale de Languedoc*, Edition Privat, t. XIII, p. 1195.

VIII

DE 1769 A 1790.

L'effectif de la maréchaussée fut, par l'ordonnance du 25 février 1768, augmenté de 200 brigades. Une seconde ordonnance, datée du 25 décembre 1769, règlementa de nouveau le service de l'arme. Tous les officiers, commandants de brigades et cavaliers devaient avoir servi dans les corps de troupe ; l'article 2 de l'ordonnance fixait, pour chaque grade, en quelle qualité et pendant combien de temps. Le nombre des revues était modifié ; le prévôt général devait faire une tournée par an, le lieutenant, une par mois, et le chef de brigade devait inspecter sa troupe une fois par semaine. Chaque inspecteur général, accompagné du prévôt intéressé, visitait une fois par an les compagnies qui lui étaient désignées. La solde des prévôts et des lieutenants n'avait pas varié ; elle était toujours de 3.000 ou de 4.000 livres pour le prévôt, suivant le prix de sa charge, et de 1.500 livres pour le lieutenant. Celle des chefs de brigade et des cavaliers était de 450 livres pour les exempts, de 360 pour les brigadiers, de 324 pour les sous-brigadiers et de 270 pour les cavaliers. Elle était donc notablement réduite, mais cette diminution était compensée par certains avantages. Les exempts recevaient chaque année trente livres pour l'entretien d'un cheval, les autres chefs de brigade et les cavaliers, vingt livres pour le même objet. Les fourrages étaient remboursés d'après le taux journalier de quinze livres de foin, cinq livres de paille et huit livres ou un tiers de boisseau d'avoine. Les prévôts touchaient, pour les fourrages, 500 livres, et les lieutenants 250. Le logement devait être fourni en nature aux brigades, soit chez l'habitant, soit au moyen de casernes particulières. Enfin, il était créé deux masses, l'une pour l'habillement et l'autre pour la remonte, alimentées toutes deux au moyen de primes variant suivant les grades et qui, au total, allaient de soixante-dix livres pour le cavalier à cent quinze livres pour l'exempt. Le trompette conservait son ancienne solde de 500 livres, mais n'avait pas droit aux nouveaux avantages.

Les brigades qui, auparavant, étaient uniformément composées de cinq hommes, y compris le commandant, n'étaient plus que de cinq, quatre ou trois hommes, suivant que leur chef avait le grade d'exempt, de brigadier ou de sous-brigadier. Elles devaient avoir leurs circonscriptions délimitées et correspondre entre elles à des points fixés par les prévôts généraux. L'ordonnance donnait aussi la description de l'uniforme qui différait peu de celui de 1720. Enfin, la nouvelle organisation devait entrer en vigueur à partir du 1er janvier 1770 [1].

Bien que le roi eût annoncé, en 1768, qu'on ne pouvait créer plus de treize brigades nouvelles en Languedoc, ce nombre fut de beaucoup dépassé. C'est sans doute en diminuant l'effectif des brigades commandées par des brigadiers et des sous-brigadiers, qu'on parvint à ce résultat. Il y eut cinquante-deux résidences de maréchaussée ; comme il y avait deux et même trois brigades dans certaines villes, la Province ne devait pas être loin d'avoir les cinquante-neuf demandées primitivement par le prévôt général. La lieutenance du Puy comprenait les brigades suivantes : Le Puy, Villeneuve-de-Berg, Tournon et Mende, commandées par des exempts ; Annonay, Aubenas, Privas, Langogne, Montpezat et Marvejols, commandées par des brigadiers ; Monestier, Montfaucon, Chalençon, Chailard, Joyeuse, Villefort et Florac, commandées par des sous-brigadiers [2].

Le Gévaudan avait donc obtenu toutes les brigades que réclamait pour lui le prévôt général : Mende, Marvejols, Langogne et Florac, sans compter celle de Villefort qui desservait peut-être une partie du diocèse [3]. Sans parler de cette brigade, l'effectif de

1. Archives communales de Lille, n° 13. 597.

2. *Etats militaires de la France*, année 1774. — La délibération des commis et députés du Gévaudan du 26 décembre 1770 (Archives de la Lozère C 826, fol. 43), et celle de l'assiette de 1772 (*Ibidem*, C 933) portent que la brigade de Florac était commandée par un brigadier, mais c'est une erreur. D'ailleurs la délibération de l'assiette mentionne qu'il n'y a que deux cavaliers à Florac, ce qui est bien l'effectif que commandait un sous-brigadier.

3. Nous n'avons pu élucider cette question. Dans un mémoire de l'intendant, fait en 1789, au sujet d'une nouvelle augmentation de brigades (Archives de l'Hérault, C 699), on lit à propos de la brigade de Villefort : « Cette brigade fait le service en Vivarais et ensuite elle s'étend jusqu'aux Vans, diocèze d'Uzès. » Cependant, à partir de 1778, on trouve dans les registres

la maréchaussée du Gévaudan était alors de seize hommes, y compris quatre chefs de brigade.

Le diocèse de Mende avait à assurer le logement des hommes et des chevaux. Pour les hommes, l'article 26 de l'ordonnance du 27 décembre 1769 avait prescrit qu'ils seraient logés chez l'habitant ou en casernes composées « d'un nombre de chambres « suffisant pour loger les commandants et cavaliers. » Cependant les commis et députés ne fournirent pas le logement en nature, mais ils allouèrent les indemnités prévues par l'ordonnance de l'intendant du 24 février 1724, soit soixante livres par an à chaque brigadier, et trente livres à chaque cavalier, ou pour les trois nouvelles brigades, 420 livres qui, ajoutées aux 216 livres qu'on payait à la brigade de Mende, firent un total de 636 livres [1].

Le prévôt général avait dressé, le 10 mars 1770, un mémoire de ce que devait contenir le casernement des chevaux [2]. Le syndic du Gévaudan expliqua aux commis et députés, dans la séance du 26 novembre 1770, qu'il avait loué dans chaque résidence « une écurie, un grenier à foin et une chambre pour tenir l'a- « voine, les harnais et les armes, et une cour pour déposer les « fumiers, conformément aux nouvelles ordonnances », et que le prix était uniformément de quatre-vingts livres dans chaque

d'écrou de Mende (Archives de la Lozère. Série B, fonds du bailliage) des prisonniers amenés dans cette ville par la brigade de Villefort ; mais il se peut que, sans faire de service en Gévaudan, elle était sous les ordres du sous-lieutenant qui fut établi à Mende en 1778.

1. Archives de la Lozère, C 826, fol. 43 et C 933 à 935. — Le sous-brigadier de Florac fut traité comme un brigadier ; il aurait dû recevoir quarante-huit livres et non soixante.

2. Archives de l'Hérault, C 700. « Mémoire des articles nécessaires pour les écuries et l'aprovisionnement des chevaux de la Maréchaussée. — Art. 1er. Une écurie pour quatre chevaux de plus que ceux de chaque résidence. — 2. Les bares pour séparer les chevaux. — 3. Une crèche, le ratellier, et les anneaux. — 4. Les pelles et brouètes pour enlever le fumier. — 5. Une basse cour assès comode pour entreposer le fumier, y faire le pensement des chevaux, et qu'il y aye des anneaux attachés autour de la muraille. — 6. Un puis dans la basse cour avec une auge, sa pouillie, les sceaux, les cordes et quelques baquets. — 7. Un grenier à foin au dessus de l'écurie assès grand pour l'aprovisionnement du nombre de chevaux. — 8. Un grenier à avoine sec et comode. — 9, Un magasin pour une sellerie, les armes et les harnois. — 10. Un hangard ou remise pour mettre les voitures de foin et de paille lorsqu'elles arrivent jusqu'à ce qu'on aye le temps de les enfermer. — Enfin tout ce qui est nécessaire pour le casernement des chevaux. »

ville [1]. Il ajouta qu'il avait aussi loué une écurie à Mende, localité où précédemment chaque cavalier avait son cheval chez lui, et que la somme à payer pour cette brigade était augmentée de cinquante livres, puisqu'on ne donnait auparavant qu'une indemnité de trente livres. La dépense pour les écuries était de 320 livres qui, ajoutées aux 636 livres du logement des hommes, formaient un total de 956 livres, en augmentation de 710 livres sur ce que payait le diocèse avant 1770 [2].

Le logement fut ainsi donné, sous forme d'indemnité, aux brigades du Gévaudan jusqu'en 1780, bien que, par une ordonnance du 1er août 1770, le roi eût rappelé que les casernes devaient être fournies par les généralités et qu'il eût fixé la composition des logements qui devaient comprendre, indépendamment des écuries, deux chambres à cheminée pour le chef de brigade, et une chambre, également à cheminée, pour chaque cavalier [3].

Le diocèse de Mende continuait à allouer chaque année une gratification de 750 livres au lieutenant du Puy. En 1769, le syndic expliqua aux Etats particuliers que cette dépense était nécessaire pour assurer la tranquillité, d'autant plus qu'on signalait une bande de voleurs qui s'était formée à l'extrémité du pays, sur les frontières du Velai [4]. Le 4 avril 1771, il exposa qu'il se commettait toujours de nombreux crimes, tels qu'assassinats, meurtres et vols de toute espèce, qu'on avait arrêté plusieurs de ces malfaiteurs et que le lieutenant de prévôt Dulac instruisait leur procès [5]. Le lendemain, l'abbé de Savine, président de l'as-

1. En 1773, l'écurie de la brigade de Florac se trouvait dans l'enclos du château du comte du Roure, seigneur de Florac. (Archives de la Lozère, E 865, fol. 48).

2. Archives de la Lozère, C 826. fol. 43 et C 933 à 935.

3. Archives de l'Hérault, C 698. — Cette ordonnance commence ainsi : « Sa Majesté étant informée que l'exécution de l'article 26 de son Ordonnance du 27 décembre 1769 souffre des difficultés, relativement au logement des Commandans et Cavaliers des brigades de Maréchaussée, en ce que les casernes qui leur ont été destinées dans plusieurs généralités, ne contiennent pas un nombre de chambres suffisant pour qu'ils soient logés séparément, ce qui est néanmoins indispensable, eu égard à l'activité de leur service, qui ne leur permet pas de faire ordinaire entr'eux comme les troupes, d'autant que la plupart desdits Commandans et Cavaliers sont mariés : Et Sa Majesté n'ayant jamais entendu leur interdire les avantages et la liberté du mariage, qui ne peut que contribuer à leur bonne conduite, et les attacher à leur état... »

4. *Procès-verbaux des délibérations des Etats du Gévaudan*, t. VII, p. 572.

5. *Ibidem*, t. VII, p. 593.

semblée des commis et députés, rapporta à cette réunion que le lieutenant-colonel de la Coste, commandant de Pradelles et de Langogne, avait dispersé une bande de voleurs qui opérait entre Saugues et Langogne, et fait arrêter plusieurs de ses chefs dont l'un venait d'être exécuté par sentence du lieutenant de prévôt. Les commis chargèrent leur président de remercier M. de la Coste qui se trouvait à Mende [1].

Aux Etats de Languedoc de janvier 1775, il fut rapporté que le diocèse de Rieux avait sollicité l'établissement d'une brigade de maréchaussée dans cette ville, et que le comte d'Artois en réclamait également une pour le Malzieu, localité de son apanage. Le comte de Muy, ministre de la guerre, avait écrit à l'archevêque de Narbonne, président des Etats, que le roi accepterait sans doute de faire ces créations, mais qu'il était indispensable que la Province payât le tiers des frais qui s'élevaient à 5.835 livres pour les deux postes. L'assemblée accepta ces propositions et convint de payer les 1.945 livres nécessaires [2]. L'établissemennt de ces brigades fut décidé, et le maréchal de Muy écrivit le 7 juillet à l'intendant de faire préparer le casernement de celle du Malzieu. Le maire de cette ville annonça, le 30 juillet, qu'il avait trouvé un local très commode [3].

L'ordonnance du 20 avril 1778 [4] réorganisa pour la dernière fois la maréchaussée. Les compagnies, au nombre de trente-trois, étaient réparties en six divisions. La sixième de ces divisions comprenait les compagnies des généralités d'Auvergne, de Montauban, de Dauphiné, de Languedoc, de Provence, de Roussillon et de Corse. Comme précédemment, la compagnie était com-

1. Archives de la Lozère, C 826, fol. 45. — Pour des motifs analogues, M. de La Coste reçut du Vivarais une pension viagère de 300 livres, approuvee par arrêt du Conseil d'Etat du 16 mars 1775 et portée à 600 livres par autre arrêt du 14 février 1785. (*Loix municipales du Languedoc*, t. V, p. 636 à 639).

2. *Ibidem*, C 608, fol. 256.

3. Archives de l'Hérault, C 700. — « Malzieu ce 30eme iuliet 1775. Monseigneur, Du moment que nous avons receu la lettre que vous nous avès faict l'honneur de nous écrire le 18eme du courant nous avons faict assembler le corps de vile pour délibérer sur le local que vous voulès que nous donnions à la brigade de maréchaussée qui doibt venir dans notre comuneauté et en conséquence leur avons assigné un endroict très comode tant pour les écuries, grenier à foin que pour abrevoir, le tout conformément a vos ordres et ay l'honeur d'estre de votre grandeur, Monseigneur le très humble et très obeyssant serviteur, *signé* Bussiere du Crouzet, Maire. »

4. *Ordonnance du Roi concernant les Maréchaussées, du 28 avril 1778*, une brochure de 42 pages.

mandée par un prévôt général et divisée en lieutenances. Le grade d'exempt n'existait plus, il était remplacé par celui de sous-lieutenant, mais cet officier sans être à la tête d'une brigade particulière, avait la surveillance et la direction de plusieurs. Les grades des chefs de brigade étaient ceux de maréchal des logis et de brigadier, et toutes les brigades comptaient trois cavaliers.

L'ordonnance fixait la discipline et la subordination de l'arme, et elle entrait dans de nombreux détails au sujet du service intérieur. Elle déterminait la façon dont les officiers devaient passer les revues. Les généraux commandant les subdivisions pouvaient, sur l'ordre du roi, inspecter les compagnies placées dans l'étendue de leur commandement. Il y avait un inspecteur général pour chacune des six divisions ; ces inpecteurs passaient chaque année, dans les mois d'août et de septembre, une revue par lieutenance ; ils étaient accompagnés du prévôt. Du 15 avril au 15 mai, le prévôt passait également une revue par lieutenance. Les lieutenants devaient faire trois tournées par an dans chacune de leurs brigades, en février, juin et octobre. Enfin, les sous-lieutenants avaient pour obligation d'inspecter sans cesse leurs brigades, de voir chacune d'elles au moins tous les huit jours et de vérifier leur service d'une façon continue.

L'ordonnance réglait aussi les conditions d'entrée dans la maréchaussée et le nombre d'années qu'il fallait avoir servi dans les corps de troupe. Les places de prévôt étaient réservées uniquement à l'avancement des lieutenants. Les charges de prévôt et de lieutenant devaient être remboursées au fur et à mesure qu'il se produirait des vacances afin qu'à l'avenir toutes ces fonctions pussent être obtenues gratuitement et données au seul mérite.

La solde était ainsi fixée : inspecteur, 4.000 livres ; prévôt, 2.400 livres plus l'intérêt de la finance, soit 1.200 ou 900 livres, au total 3.600 ou 3.300 livres ; lieutenant, 1.200 livres et l'intérêt de la finance, ou 450 livres, au total 1.650 livres ; sous-lieutenant, 1.000 livres ; maréchal des logis, 600 livres ; brigadier, 450 livres; cavalier, 366 livres ; trompette, 270 livres. L'inspecteur avait en outre 1.000 livres de frais de tournée, le prévôt 500 et le lieutenant 250.

L'uniforme restait à peu près le même : manteau en drap gris blanc, habit bleu, veste couleur chamois, culotte de peau. Il était fourni gratuitement aux chefs de brigade et aux cavaliers. Dans chaque lieutenance, il était institué un conseil d'administration.

Le logement devait être donné en nature aux brigades, et comprendre cinq chambres, dont quatre à feu, une écurie pour six chevaux, des greniers et toutes les commodités nécessaires. En cas d'impossibilité de trouver des casernes, la province devait payer, par an, soixante-dix livres aux maréchaux des logis, soixante aux brigadiers et cinquante aux cavaliers. Les officiers n'étaient pas logés mais recevaient une indemnité fixée à 500 livres pour le prévôt, à 250 pour le lieutenant et à 150 pour le sous-lieutenant. Les écuries devaient être toujours fournies en nature, sans exception.

Enfin, l'ordonnance donnait des règles très détaillées pour l'exécution du service ordinaire et extraordinaire : tournées de communes, recherche des criminels, surveillance des militaires « en semestre », arrestation des vagabonds, surveillance des foires et marchés, correspondance des brigades, transfèrement des prisonniers, escorte des troupes en marche, tenue du journal de service, réquisition de la maréchaussée par les autorités civiles, rédaction des procès-verbaux.

Tel était, très résumé, le dernier règlement qui ait été fait sur l'organisation et le service de la maréchaussée. Sans déroger aux principes posés par l'édit de mars 1720, il apportait de nombreuses améliorations dans le service. Cette ordonnance répondait si bien au but qu'elle se proposait que nombre de ses articles figurent encore, à peine modifiés, dans le règlement actuel de la gendarmerie.

Les Etats de Languedoc de 1780 votèrent 60.187 livres dix sols pour les nouvelles dépenses de la maréchaussée, mais ils exprimèrent le regret que cette troupe, loin d'être augmentée dans la Province, avait été diminuée [1]. Il n'y avait plus, en effet, que cinquante brigades [2] réparties en quarante-sept résidences [3].

1. Archives de la Lozère, C 613, fol. 30.

2. Cela résulte d'un contrôle de revue de l'année 1780 (Archives de l'Hérault. C 697).

3. *Etats militaires de la France*, année 1779.

La compargnie de Languedoc était toujours formée des lieutenances de Montpellier, le Puy, Carcassonne et Toulouse. Il y avait, dans celle du Puy, trois sous-lieutenants placés au Puy, à Tournon et à Mende. Ses brigades étaient celles du Puy, de Tournon, de Mende, de Villeneuve-de-Berg, d'Annonay, d'Aubenas, de Privas, de Langogne, de Montpezat, de Marvejols, de Montfaucon, du Chailard, de Villefort, de Florac et du Malzieu [1]. Il y avait donc encore cinq brigades dans le Gévaudan, celle de Mende commandée par un maréchal des logis et celles de Langogne, Marvejols, Florac et le Malzieu, commandées par des brigadiers. Cela faisait, en tout, un officier et vingt hommes ; il n'y avait pas eu diminution pour le Gévaudan. Il est à supposer que chacun des trois sous-lieutenants avait sous ses ordres les brigades du pays où il résidait ; c'est-à-dire qu'il y avait un sous-lieutenant pour le Velai, un autre pour le Vivarais, et le troisième pour le Gévaudan ; mais il n'est pas certain que les circonscriptions de ces officiers aient correspondu exactement aux frontières de ces pays; nous n'avons pu trouver aucun renseignement précis à ce sujet [2].

Le diocèse de Mende avait à loger ses cinq brigades. Pour celle du Malzieu, il y avait peu de chose à faire, car déjà le brigadier et deux cavaliers étaient casernés dans la maison où se trouvaient le magasin et l'écurie ; il suffisait pour pourvoir le quatrième cavalier, de déterminer le propriétaire à abandonner le logement qu'il s'était réservé [3]. Les consuls de Mende, Marvejols, Langogne et Florac déclaraient, en 1779, qu'il était impossible de trouver des casernes dans leurs villes, et ils en firent dresser procès-verbal par les subdélégués. Mais l'intendant répondit qu'il fallait insister pour obtenir des casernes, et à Mende en particu-

1. *Etats militaires de la France*, année 1779.

2. Nous croyons que le sous-lieutenant de Mende avait la surveillance de la brigade de Villefort, et que celle de Langogne dépendait du sous-lieutenant du Puy. Dans une lettre du lieutenant Saralier, datée du 29 novembre 1788, on lit qu'il a chargé le sous-lieutenant du Puy de dresser le procès-verbal du changement de caserne de la brigade de Langogne. Un état du casernement dressé en 1789, fait figurer la brigade de Langogne sous la rubrique *Velai* et celles de Mende, Marvejols, Florac et Villefort sous la rubrique *Gévaudan* (Archives de l'Hérault, C. 699).

3. Archives de l'Hérault, C. 698. — De celà on peut conclure qu'avaat 1778 la brigade du Malzieu se composait d'un sous-brigadier et de deux cavaliers.

lier où le prévôt général faisait observer que l'écurie n'était pas convenable [1].

Le 23 novembre 1780, le syndic du Gévaudan rendit compte aux commis et députés que les villes n'ayant pu trouver des casernes en temps utile, le diocèse avait dû encore imposer les sommes habituelles pour les dépenses du logement des hommes et des chevaux. Depuis la tenue de l'assiette, certaines communautés s'étaient mises en règle, et les autres avaient pris des engagements afin de s'y trouver l'année suivante ; mais les villes demandaient à ne pas supporter seules les frais du casernement. L'assemblée reconnut la justesse de cette réclamation et décida, qu'après s'être renseignée sur ce qui se faisait dans les autres diocèses, elle accorderait aux villes du Gévaudan le traitement le plus favorable, à moins que les Etats de la Province ne fassent un règlement général [2]. En 1781, le syndic rapporta aux Etats particuliers que les Etats de Languedoc avaient prescrit que le loyer des casernes devait être supporté par les diocèses et payé sur la capitation. Il fit connaître à l'assemblée qu'en raison des arrangements pris, il n'en résulterait aucune augmentation de dépense pour le Gévaudan [3].

Le 10 juin 1782, le syndic du pays exposa aux Etats que le propriétaire de la caserne de Mende avait, le 9 février précédent,

1. Archives de l'Hérault, C 698. — Voici le procès-verbal dressé à Mende : « L'an mille sept cens soixante dix neuf et le quatrième jour du mois d'août avant midy par devant nous Etienne Lafont subdélégué de l'Intendance de Languedoc au département de Mende, écrivant sous nous Pierre Bon, secrétaire ordinaire de la Subdélégation, duement assermenté. Ont comparu Messire Elie Hercule Randon de Mirandol premier consul maire, et s[r] Louis Malaval second consul, lieutenant de maire, et s[r] Alexis Brajon troisième consul de la ville de Mende, qui nous ont dit, qu'en exécution de l'ordonnance de Sa Majesté du 28 avril 1778 concernant la maréchaussée et de l'article premier du titre neuf au sujet du logement des brigades, et en conséquence aussi des ordres à eux adressés par les Lettres de Monseigneur l'Intendant des 23 février, 12 avril et 20 juillet 1779, ils se seroient donnés toute sorte de mouvemens pour procurer des cazernes à la brigade de maréchaussée résidente audit Mende, mais qu'après bien de recherches ils n'avoient trouvé dans ladite ville qui est d'ailleurs peu considérable aucun logement qui fut ou qui put être composé des pièces qu'exige ledi article premier du titre neuf, qu'en conséquence ils se sont présentés devant nous pour en faire leur déclaration à l'effet d'en être dressé procès-verbal pour constater l'impossibilité de procurer dans ladite ville le cazernement de la brigade de maréchaussée qui y est de résidence, le tout conformément à l'article trois de ladite ordonnance, et ont signé : RANDON, p[er] consul, MALAVAL, second consul l[t] de maire, BRAJON, consul. »

2. Archives de la Lozère, C 826, fol. 129.

3. *Procès-verbaux des délibérations des Etats du Gévaudan*, t. VIII, p. 39.

notifié au maire de la ville qu'il désirait habiter lui-même sa maison. Le maire avait cherché une autre caserne et, par contrat du 19 avril, affermé pour six ans, au prix de 300 livres, la demeure du sieur Lafont, avocat. Le syndict expliqua que cette maison était fort vaste et très commode, et située dans un emplacement des plus favorables, se trouvant près des prisons. D'autre part, la caserne de Langogne et l'écurie de Florac avaient besoin de réparations estimées à 250 livres pour la première et à 56 livres pour la seconde. L'assemblée approuva ces dépenses [1].

Des comptes de l'année 1783, il résulte que les brigades étaient casernées ainsi qu'il suit : celle de Mende, dans la maison du sieur Lafont, pour le prix de 300 livres ; celle de Marvejols, dans la maison du vicomte de Framond, pour 300 livres ; celle de Langogne, dans deux maisons appartenant à la demoiselle Eynac et au sieur Nicolas Monnier, pour le prix total de 180 livres ; enfin, celle de Florac, dans les maisons des sieurs Montel, Pelatan et Vidal, pour le prix de 218 livres [2].

On remarquera qu'il n'est plus fait mention de la brigade du Malzieu ; en effet, elle avait été transférée à Craponne dans le courant de l'année 1782 [3]. Dans un mémoire établi en 1789 par le subdélégué de Mende on lit au sujet de cette brigade : « Il en « avait autrefois été placé une au Malzieu ; elle y commit quel- « ques excès, et les plaintes qu'on en porta la firent transférer il « y a cinq ou six ans à Crapone à la sollicitation de M. le duc « de Polignac. [4] »

Il n'y eut, au cours des années 1784 et 1785, aucune modification dans le casernement [5]. Les Etats particuliers de 1786 approuvèrent le bail d'une caserne à Florac, passé pour six ans avec le sieur Jaffard, au prix de 264 livres [6]. Les Etats de Languedoc

1. *Procès-verbaux des délibérations des Etats du Gévaudan*, t. VIII, p. 60 à 62.

2. Archives de la Lozère, C 1562.

3. Elle était encore au Malzieu le 12 juillet 1782 ; cela résulte du contrôle de revue d'un détachement de maréchaussée envoyé à la foire de Beaucaire (Archives de l'Hérault, C 697). Cette brigade figure encore sur l'*Etat militrire* de 1782, mais il n'en est plus fait mention dans celui de 1783, année à partir de laquelle une brigade est indiquée à Craponne.

4. Archives de l'Hérault, C 699.

5. *Procès-verbaux des délibérations des Etats du Gévaudan*, t. VIII, p, 163 et 223.

6. *Ibidem*, t. VIII, p. 298.

sanctionnèrent cette dépense le 23 décembre de la même année [1]. Les baux des casernes de Mende, Marvejols et Langogne étant près d'expirer, le syndic fut autorisé à en passer d'autres par les Etats particuliers de 1787 [2]. Il renouvela celui de la brigade de Mende, à l'ancien prix de 300 livres; et pour 270 livres, il loua une nouvelle caserne à Marvejols. Celle de Langogne, dont le bail allait aussi prendre fin, avait été achetée par le sieur Mourgues, boulanger, qui désirait l'occuper. Le syndic afferma deux maisons appartenant à M. de Bavès, au prix de 190 livres, mais le diocèse devait exécuter les réparations reconnues nécessaires et qui étaient évaluées à 406 livres. Saralier, lieutenant au Puy, jugea que les nouvelles casernes n'étaient ni commodes, ni conformes à l'ordonnance, et il défendit à la brigade de les occuper. Le syndic proposa aux commis et députés d'imposer provisoirement 218 livres, représentant les indemnités prévues par l'ordonnance de 1778, en attendant une décision de l'intendant [3]. Un

1. Archives de la Lozère, C 616, fol. 200.

2. *Procès-verbaux des délibérations des Etats du Gévaudan*, t. VIII, p. 365.

3. Archives de la Lozère, C 826, fol. 210. — *Procès-verbaux des délibérations des Etats du Gévaudan*, t. VIII, p. 429. — Le lieutenant Saralier écrivait, le 7 mai 1788, au prévôt général : « Monsieur, A mon arrivée avant hier à Langogne je visitay les maisons que l'on se propose de fournir pour le logement et cazernement de cette Brigade en conséquence du consentement que l'on dit en avoir été donné au sindic du pays de Gévaudan par M. de Ville Savoy commissaire ordonnateur, ce qui me surprend d'autant plus, monsieur, que j'avois eu l'honneur de vous faire précédemment un détail très circonstancié de touttes les difficultés qui s'opposent à ce que cette brigade puisse occuper ces maisons, et si le commissaire ordinaire des guerres de Tournon s'étoit rendu sur les lieux, ainsi que Mr l'intendant le lui avoit mandé, je suis bien persuadé que d'après le rapport qu'il en auroit fait, M. de Ville Savoy n'auroit pas décidé que la brigade prendroit ce logement, où les chevaux logés dans une très mauvaise écurie, basse, sur le grand chemin dont la porte d'entrée est très mauvaise, ferme mal, peuvent être vollés, surtout lorsque le cavalier qui doit loger au dessus sera absent. L'écurie est basse sans aucune espèce de pavé et très humide, le plancher qui est au dessus et où doit loger un cavalier ne vaut rien, l'homme risque de passer au travers, on y a mis quelques mauvais litaux pour boucher les trous, soit au dessus de l'écurie, soit au plancher sous le grenier, les murs étoient ouverts et lézardés, on y a mis un peu de la chaux pour remplir les fentes dud. mur, quant à la seconde maison qui est dans un un lieu izolé au bas d'une montagne dans un enclos fermé de murs, les chambres qui sont sous la montagne dont les portes d'entrée sont beaucoup plus basses que le terrain seront innondées par les pluyes ou la neige, et les cavaliers ne pourront en sortir; les réparations que l'on y a faites d'après le devis indescent qui en a été donné sont odieuses puisque les manteaux des cheminées ne sont autre chose que des solives et planches en bois, en sorte qu'en faisant un feu avec de la paille à ces cheminées, on y metroit le feu : toutes les autres réparations sont aussi mesquines et aussi dangereuses, et je ne prendrai jamais sur moy d'y établir la brigade qu'il n'y soit venu un commissaire pour examiner ces maisons, en consé-

commissaire des guerres, chargé de vérifier l'état des immeubles, estima que de nouvelles réparations étaient nécessaires; celles-ci s'élevèrent à 400 livres que le diocèse dut payer en même temps que le loyer de l'ancienne caserne [1]. Il semble que la brigade entra dans les maisons du sieur de Bavès à la fin de l'année 1788. En dépit des réparations exécutées, elle y fut fort mal, car sur un état du casernement de l'année 1789, l'inspecteur général donna l'appréciation suivante au sujet de l'une des deux casernes : « Cette maison appartient à un particulier du lieu qui l'a louée « au syndic du pays de Gévaudan, et ce dernier se chargea d'y « faire faire les réparations nécessaires, il en donna en consé- « quence le prix fait à des ouvriers qui l'ont très mal exécuté, « puisque pendant l'hivert dernier la neige et les pluyes ont très « incommodé les trois cavaliers dans leur chambre. Le lieutenant « a demandé que cette maison soit mieux réparée et mise en bon « état. [2] »

Le diocèse de Mende avait continué d'allouer des gratifications aux officiers de maréchaussée, non seulement au lieutenant, mais aussi à l'assesseur, au procureur et au greffier [3]. Les brigades recevaient aussi parfois des indemnités; ainsi, en 1781, il fut

quence j'ay dit à la Brigade de ne pas quitter la maison qu'ils habitent jusqu'à nouvel ordre. Je vous prie de faire connoître mes représentations à Mr l'Intendant. » Le 29 septembre 1788, il se plaignait encore au subdélégué que les réparations fussent faites incomplètement. (Archives de l'Hérault, C 699).

1. *Procès-verbaux des délibérations des Etats du Gévaudan*, t. VIII, p. 513.

2. Archives de l'Hérault. C 699.

3. Archives de la Lozère, C 1.647 et 1.656. — Les officiers de justice du Puy ne suivaient pas le lieutenant dans ses déplacements en Gévaudan. C'étaient des officiers de justice du diocèse de Mende qui remplissaient les fonctions d'assesseur, de procureur du roi et de greffier. Le lieutenant délivrait lui-même les provisions nécessaires, tout au moins au greffier. Plusieurs de ces provisions sont enregistrées dans le registre du bailliage. Voici le texte de l'une d'elles : « Nous, Jean Claude Saralier, capitaine lieutenant de prévôt de la maréchaussée du Languedoc, au département du pays de Vivarais, Velay et Gévaudan à la résidance du Puy, sachant ny avoir aucun greffier à titre d'office en notre justice pour le Baillage du Gévaudan à la résidance de Maruejolz et étant instruit des bonnes vie et mœurs du sieur Pierre Avignon de ladite ville de Maruejolz, l'avons constitué et constituons par ces presantes dans l'état et office de notre greffier en la maréchaussée Baillage de Maruejolz pour en jouir autant de temps qu'il nous plairra, avec touts les privilèges, fruits, profits et émolumants attachés audit office, ayant reçu de luy le serment en tel cas requis à la charge par lui de faire enregistrer les présentes dans le registre du greffe du Baillage de Maruejolz et d'y être reçu au susdit Etat et office de notre greffier et de se conformer en ce qui le conserne aux ordonnances Royaux. En témoin de quoi lui avons fait expédier les présantes signées de notre

payé trente-neuf livres à Bedos, brigadier à Marvejols, et à ses cavaliers pour les journées qu'ils avaient employées à la poursuite de chiens enragés [1].

En 1782, le syndic fit remarquer aux Etats particuliers que, jusqu'alors, on avait négligé de demander aux Etats de Languedoc l'autorisation d'imposer les gratifications accordées pour les arrestations de malfaiteurs, et que cette façon de procéder était irrégulière. Il fut décidé qu'à l'avenir cette autorisation serait demandée chaque année aux Etats de la Province [2].

L'article 22 du titre IV de l'ordonnance de 1778 avait prescrit que les journaux de service des brigades, après avoir été vérifiés par le sous-lieutenant, le lieutenant et le prévôt général, seraient transmis par ce dernier à l'intendant de la province afin que celui-ci pût faire contrôler le service s'il le jugeait à propos. Voici les observations des subdélégués de Mende et de Barre chargés, en deux occasions, de procéder à cette vérification. Au sujet des journaux de Mende, Marvejols, Langogne et le Malzieu, des quatre premiers mois de l'année 1779, le subdélégué de Mende écrivait : « Le subdélégué atteste la vérité du service « constaté par les journaux en ajoutant que cette forme de ser- « vice étant toute nouvelle, il faut attendre pour pouvoir en ju- « ger clairement. » Le subdélégué de Barre portait sur le journal de Florac : « Le subdélégué confirme 1° l'exposé des journaux, « donne des éloges à la brigade sur sa bonne conduite et son « exactitude, et marque qu'il ne lui parait pas que le service « puisse être mieux fait. » Pour le service du mois de décembre 1783, le subdélégué de Mende disait des brigades de Mende, Marvejols et Langogne , « Le subdélégué observe que ces brigades « ne sont pas assez exactes et assez actives à rechercher les va- « gabonds qui parcourent le royaume sans passeport, et notam- « ment les petits marchands colporteurs dont la plupart com- « mettent des vols et même des assassinats. » Quant au subdélé-

main et contresignées par notre secrétaire qui y a apposé le sceau de nos Armes. A Maruejolz le vingt troisieme octobre mil sept cens soixante dix sept. SARRALIER *signé*, et plus bas. par mond. s[r] Capitaine L[t] de prévôt, GERVAIS, secrétaire. *signé*. » (Archives de la Lozère, Série B, fonds du bailliage, séance de Marvejols, registre allant de 1771 à 1786).

1. Archives de la Lozère, C 1.649.

2. *Procès-verbaux des délibérations des Etats du Gévaudan*, t. VIII, p. 64.

gué de Barre, il était toujours satisfait du service de la brigade de Florac : « Le subdélégué marque que cette brigade a réelle- « ment fait le service mentionné dans le journal. 1 »

Il y eut, au cours de l'été de l'année 1782, de nombreux orages accompagnés de grêle qui dévastèrent les récoltes ; dans le Vivarais, en particulier, la misère fut très grande et, poussés par la faim, des individus se réunirent en bandes et commirent toute sorte d'excès du côté de Saint-Ambroix, les Vans, Joyeuse. et même jusqu'en Gévaudan. Le lieutenant Saralier dissipa ces rassemblements et arrêta vingt-trois insurgés 2. Aux Etats de la Province de 1783, il fut rapporté « que le Roy, instruit des dé- « sordres commis l'hyver dernier dans les Cévennes, le Vivarais « et le Gévaudan avoient été occasionnés par la misère des ha- « bitants et les malversations des praticiens des campagnes, « avoit pourvu aux besoins les plus pressants en procurant les « moyens d'établir des ateliers de charité dans les communautés « qui avoient le plus souffert. 3 »

Aux Etats particuliers de 1784, l'envoyé du baron de Peyre représenta que, si le présidial de Nimes venait dans le Gévaudan tenir ses séances comme il y était obligé, il ne serait pas nécessaire de donner une gratification au lieutenant de prévôt. Mais, le syndic fit observer qu'on ne pouvait laisser les malfaiteurs en prison en attendant la venue des officiers du présidial, que l'attribution du prévôt n'était pas exactement la même que celle de cette cour, et qu'enfin la modicité de la dépense ne pouvait balancer les avantages qui en résultaient. L'assemblée, à l'unanimité des voix, renouvela la gratification, « convaincue par l'expérience de l'heu- « reux effet que produisait dans ce pays les voyages multiples de

1. Archives de l'Hérault, C 699.

2. *Histoire générale de Languedoc*, Edition Privat, t. XIII, p. 1.319. — « Le lieutenant de prévôt de la maréchaussée de Vivarais, M. Sarralier, qui donnait incessamment la chasse à tous les mendiants et vagabonds dont le pays était inondé, et qui en délivrait la campagne en les dirigeant sur le dépôt de Montpellier, se hâta de se mettre en selle au premier bruit de l'attroupement et à la tête des trois brigades de Montpezat, de Villeneuve-de-Berg et d'Aubenas, courut battre les environs de Joyeuse et des Vans. Il passa plusieurs semaines en expédition, dissipant les rassemblements armés, employant tour à tour la persuation et la menace pour faire rentrer les insurgés dans leurs familles et emmenant les plus récalcitrants pour les livrer à la justice. Il en arrêta vingt-trois qui furent enfermés aux prisons de Villeneuve-de-Berg. »

3. *Inventaire des Archives de la Haute-Garonne*, Série C, t. II, p. 700, col. 2.

« M. le lieutenant de prévôt. 1 » Le présidial de Nimes cherchait toujours à réduire le pouvoir exceptionnel qu'avait le bailliage du Gévaudan, de connaître de la compétence du prévôt et de juger en dernier ressort, avec cet officier, les procès prévôtaux. Un arrêt du Parlement de Toulouse, enregistré au bailliage le 6 septembre 1785, confirma une fois de plus ce tribunal dans ses prérogatives 2.

Le 22 juin 1789, le syndic rendit compte aux Etats particuliers que deux bandes de brigands s'étaient formées, l'une depuis Saint-Juéry, sur la frontière d'Auvergne, jusqu'aux environs de Saint-Chély, et l'autre depuis Villefort jusqu'à Pradelles. Le comte de de Périgord, commandant en chef en Languedoc, avait donné l'ordre aux brigades de maréchaussée du Gévaudan de faire des courses journalières pour arrêter ces bandits. Mais, ajoutait le syndic, malgré leur zèle, ces troupes n'étaient pas en assez grand nombre pour se porter promptement sur les différents points où se commettaient des délits. L'assemblée décida d'accorder des gratifications aux particuliers qui arrêteraient des malfaiteurs 3.

A ce moment le brigandage n'était pas spécial au Gévaudan, mais général dans toute la France. Une déclaration du 23 mai 1789 attribua provisoirement aux prévôts des maréchaux, et *privativement* à tout autre siège « la connoissance et le jugement « des émotions populaires, attroupemens, excès, violance com- « mise à force ouverte, en quelque lieu que les délits de cette « nature eussent été commis. » Des lettres patentes du 1er août suivant ajoutèrent que pour ces crimes, les prévôts ne seraient plus astreints à la formalité de faire juger au préalable leur compétence, et qu'ils auraient même juridiction sur les nobles et les ec-

1. *Procès-verbaux des délibérations des Etats du Gévaudan*, t. VIII, p. 199.

2. Archives de la Lozère, Série B, fonds du bailliage, séance de Marvejols, registre allant de 1781 à 1786. « .....maintient en outre les officiers du bailliage dans le droit de juger la compétence du prévôt des maréchaux de France, et d'instruire et juger en dernier ressort, concurramment avec le prévôt dans tous les cas exprimés audit paréage et susdittes lettres patentes le tout suivant et conformément à icelles, fait deffances tant audit Seneschal de Nimes qu'à tous autres de à ce donner auxd. officiers du Bailliage du Gévaudan aucun trouble ny empéchement sous les peines de droit, et de tout dommage, dépans et interets et d'en ètre enquis d'autorité de notre dite Cour. »

3. *Procès-verbaux des délibérations des Etats du Gévaudan*, t. VIII, p. 548.

clésiastiques. Le Parlement de Toulouse enregistra cette déclaration et ces lettres, mais seulement pour la durée d'une année [1].

De nouveau, le besoin d'une augmentation de brigades se faisait sentir. Le 31 janvier 1789, le comte de Puységur, ministre de la guerre, demanda à l'intendant de Languedoc de lui faire des propositions dans ce sens, en prévoyant même des brigades à pied dans les pays de montagne, « où la maréchaussée pouvait « difficilement communiquer à cheval. » L'intendant, après avoir pris l'avis de ses subdélégués, adressa le 5 juin 1789, un mémoire dans lequel il exposait qu'il y avait alors cinquante-deux brigades dans la Province, qu'il était nécessaire d'augmenter l'effectif de trois de ces brigades et d'en créer cinquante-neuf nouvelles, dont trente-quatre à cheval, vingt-deux à pied et trois mixtes. Les brigades proposées pour le Gévaudan étaient au nombre de six : trois à cheval, à Barre, Saint-Chély et Saugues, et trois à pied, à Châteauneuf-de-Randon, le Bleymard et Sainte-Enimie. Il faut noter que l'intendant en demandait aussi une à pied pour Meyrueis qui, ainsi que Villefort, allait deux ans plus tard, faire partie du département de la Lozère [2].

L'accroissement du nombre des brigades de maréchaussée fut aussi réclamé par certains cahiers de doléances de 1789. Ainsi le tiers état de la ville de Mende demandait la diminution des troupes et l'augmentation des maréchaussées à pied [3] ; et celui du bailliage désirait que les résidences des brigades de maréchaussée, à pied ou à cheval, fussent multipliées dans le diocèse [4].

Des lettres patentes du 7 mars 1790, rendues sur la demande de l'Assemblée nationale, prescrivirent de surseoir à l'exécution de tous jugements définitifs rendus par les juridictions prévôtales. D'autres lettres, du 3 avril suivant, ordonnèrent d'élargir immédiatement tous les condamnés par jugements prévôtaux

1. *Inventaire des Archives de la Haute-Garonne*, Série B, t. III, p. 414, col. 2, et p. 415, col. 2. — Archives de la Lozère, Série B, fonds du bailliage, séance de Marvejols, registre allant de 1787 à 1790.

2. Archives de l'Hérault, C 699.

3. *Bulletin de la Société d'Agriculture... de la Lozère*, Archives Gévaudanaises, année 1906. p. 42.

4. *Ibidem*, Documents historiques, année 1892, p. 228.

qui n'avaient pas encouru de peines afflictives [1]. C'était la fin de la juridiction des prévôts des maréchaux.

L'assemblée administrative du département de la Lozère, dans sa délibération du 12 juillet 1790, requit M. de Beaucourt, sous-lieutenant de maréchaussée à Mende, de réunir le 14 juillet les brigades de Mende, Marvejols et Florac sur le causse de Sauveterre pour y prêter le serment civique, conjointement avec les gardes nationales. Ce serment fut prêté le jour fixé, à dix heures du matin [2].

La loi du 16 février 1791 supprima le nom de la maréchaussée, et réorganisa cette troupe sous la dénomination de gendarmerie nationale : « La maréchaussée portera désormais le nom de « gendarmerie nationale. » Les brigades de maréchaussée du Gévaudan allaient former le noyau de la compagnie de gendarmerie du département de la Lozère. L'histoire de celle-ci serait une suite toute naturelle à celle que nous venons de terminer.

1. *Recueil général des Loix, Proclamations, Instructions et autres Actes du Pouvoir exécutif*, t. I, 1re partie, p. 521 et t. I, 2e partie, p. 714.

2. *Délibérations de l'administration départementale de la Lozère et de son directoire*, t. I, p. 163 et 164.

APPENDICE

LISTES

DES PRÉVÔTS GÉNÉRAUX DE LANGUEDOC, ET DES LIEUTENANTS DE PRÉVOT, CHEFS DE BRIGADE, ARCHERS, CAVALIERS ET OFFICIERS DE JUSTICE DE LA MARÉCHAUSSÉE DU GÉVAUDAN.

NOTA. — Les dates placées en face de chaque nom sont celles de la première et de la dernière mentions que nous ayons trouvées concernant chaque personnage. L'astérisque indique qu'une date est réellement celle de l'entrée en fonctions ou celle de la cessation de service.

I

Prévôts Généraux de Languedoc

ORIGINE A 1790.

PATAULT (François) s^r de la Voulte. 1528-1551

Semble le premier prévôt général de Lang. Pourvu de cette charge vers 1528 *(Hist. Lang.* XIII, 461). Auparavant prévôt à la suite du connétable *(Ib.* XIII, 397) et prévôt de l'hôtel *(Actes Franç. Ier.* VI, 822). Mort avant le 11 avr. 1551 (Saugrain, I. 81 et 91).

LAGASSE (Pierre de) s^r de Parasols. 1559-1560

En 1552, était lieut. du prévôt de l'hôtel *(Inv. H.-Gar.* C II-46). Mention aux Etats de Lang. en 1559 (Loz. C 535, f. 3) et en 1560 (H.-Gar. C 2280, f. 474). Vivait encore en 1563 mais n'était plus prévôt *(Ib.* C 2281, f. 200). La Roque (I, 287) dit que le père Jacques et le fils Pierre furent successivement prévôts de Lang., le 1er en 1557, le 2e en 1563; cependant il fut dit aux Etats de Lang. de 1563 que Pierre de Lagasse était jadis prévôt.

PACHAUT (Nicolas de). 1565*-

Provisions enregistrées au Parl. de T. le 17 mai 1565 *(Inv. H.-Gar.* B I-351), aux Etats de Lang. le 23 oct. suivant (H.-Gar. C 2281, f. 291).

HÉBIERS (le sieur des). 1569-

(*Inv. H.-Gar.* C II, 74).

SOUSMARTYE. -1574

Remplacé en 1674 par Pezon (*Inv. H.-Gar.* C II, 79). Son rétablissement demandé en vain par les protestants en 1579 (*Hist. Lang.* XII, 96).

PEZON (Nicolas de). 1574*-1587

Obtint la charge pour s'être signalé par les exécutions qu'il avait faites lors de la St Barthélemy (*Hist. Lang.* XI, 96). Provisions enregistrées aux Etats de Lang. en 1574 (*Inv. H.-Gar.* C II, 79). Mention aux Etats de Lang. de 1587 (Loz. C 536, fol. 77).

SENAULX (Loïs) s[r] de Roquerol. 1588*-1592

Provisions du 10 nov. 1588 (Loz. C 536, f. 101). Mort vers 1592 (*Hist. Lang.* XII, 1555).

AUGIER (Pierre d') baron de Sabran 1502*-1620?

Exerça la charge pendant trois mois par commission du maréchal de Montmorency (Loz. C 536, f. 223). Confirmé par provisions du 27 juin 1592 (*Inv. H.-Gar.* C II, 135; Loz. C 536, f. 184). Provisions renouvelées en sept. 1595 (*Ib.* B II. 43). Mention aux États de Lang. le 22 déc. 1620 (Loz. C 540. f. 222). Les Etats de Lang. de 1649 en parlent sous le titre de baron de Sabran (*Ib.* C 544, f. 92), cependant un arrêt du Parl. de T. du 14 mars 1614 lui avait défendu, ainsi qu'à son fils Jean, de porter ce titre (*Inv. H.-Gar.* B II, 114).

AUGIER (Jean d'), fils du précédent. 1620?-1622?

Semble avoir succédé à son père ; aux Etats de Lang. de 1622 et 1627 mention de feu Jean d'Augier prévot général (Loz. C 540, f. 351 et C 541, f. 283).

COUSIN (Guillaume). 1595*-1596*

Commission donnée par le duc du Maine et enregistrée au Par. de T. le 4 déc. 1595 (*Inv. H.-Gar.* B II, 24). En janv. 1596, le duc de Joyeuse demanda en vain à Henri IV de le maintenir (*Hist. Lang.* XII, 1555).

DESPLANS. 1622

Mention aux Etats de Lang. (Loz. C 540, f. 351).

DALLARD (Esprit). -1626

Démissionne et est remplacé en 1626 (*Inv. H,-Gar.* B II, 360).

GONDIN (Honoré de) baron d'Aramont et de Boisseron 1626*-1656?

Provisions du 21 avril 1626 (*Inv. H.-Gar.* B II, 360). Mention aux Etats de Lang. le 7 février 1656 (Loz. C 545, f. 88). D'après La Roque (II, 24) ses deux fils, Bernard et Hercule, lui auraient succédé, le 1er en 1647 et le 2e en 1648.

BERNOLLE (Gabriel), écuyer. 1646*-1658

Commis seulement à l'exercice de la charge par lettres du 6 sept. 1646; commission confirmée par arrêt du 16 juil. 1658 (Saugrain, I, 806). Il semble que de 1646 à 1658 il y a eu compétition entre Bernolle et les deux fils d'Honoré de Gondin.

MONTENARD (Jérémie de Lavergne de) s^r de Tressan. 1663*-1668

Provisions enregistrées aux Etats de Lang. le 1er fév. 1663 (Loz. C 548, f. 95) remplacé en 1669 (*Ib.* C 554, f. 146).

MIREMANT (François de) baron de Florac. 1669-1680

Provisions enregistrées aux Etats de Lang. en 1669 (*Inv. H.-Gar.* C II, 373). Etait mort quand il fut remplacé en 1680 (Loz. C 554, f. 146).

PEIRAT (Jean de). 1680*-

Provisions du 23 juillet 1680 (Loz. C 554, f. 146).

CHEVALIER DE ROUSSES (Charles) s^r de Malassagnes et d'Estables. 1682*-1714*

Originaire du Gévaudan, fils de Antoine-Hercule et de Anne de la Roche (Loz. E, Laurans, 1700, f. 138). Provisions du 6 août 1682 (*Ib.* C 555, fol. 54). Vendit sa charge à son successeur le 15 janv. 1714 (Her. C 697).

GILBERT (François) s^r de la Motte. 1714*-1720*

Capitaine d'infanterie au régiment de Navarre; achète la charge de son prédécesseur le 15 janv. 1714; provisions du 22 avril (Loz. C 579, f. 98 et Her. C 697). Cesse ses fonctions en 1720, office remboursé 31.200 liv. le 5 déc. 1721 (Her. C 697).

ROUX (Jean). 1720*-

Capitaine au Royal-Carabiniers; provisions du 15 mai 1720 (Loz. C 582, f. 66).

COSTE (Jean-Louis). 1729*-1763

Provisions de 1729 (Lemau, 7e *abrégé milit.*; *Inv. H.-Gar.* C II, 542). - Mention en 1763 (Loz. B, baill.)

COSTE (René-Jean-Gabriel de) écuyer. 1757*-1790*

Sans doute le fils du précédent, dût être nommé en survivance. 44 ans en 1776, ancien mousquetaire dans la 1re compagnie. Provisions du 2 sept. 1757 (Her. C 700). Suspendu de ses fonctions en 1780 et rétabli le 18 avril 1781 (*Ib.* C 697). Etait en exercice à la Révolution.

II

Lieutenants du Prévôt Général ou Prévôts diocésains en Gévaudan

ORIGINE A 1720.

PIERRESBESSES (Gabriel de) écuyer, s^r du Mazel. 1555-1565

Fils de Claude et de Marguerite Recours, épousa le 4 fév. 1540 Antoinette de Chastel de Condres ; enfants : Guillaume, Jean et Jeanne (La Roque I,339). Paraît être le premier prévôt du Gévaudan; nommé entre 1552 et 1555 (Loz. E, Torrent, f. 213 et 42). Mention le 23 oct. 1565 (H.-Gar. C 2281, f. 292).

BOYSSONNADE (Pierre). 1564

(Loz. C 813. f. 83). Etait sans doute un prévôt protestant.

CAPRIÈRES (Guillaume de) s^r de la Tour. 1568-1581*

Originaire de Montpellier où il était prévôt diocésain en 1565 (H.-Gar. C 2281, f. 307, et Loz. E, Desestreyctz, 1578, f. 397). Vint en Gévaudan vers 1568 (Loz. C 877, f. 99). Première mention certaine en 1570 (*Ib.* C 877. f. 13). Mis à rançon par Merle, en 1579, lors de la prise de Mende (*Ib.* C 1794). Remplacé en 1581 après la reddition de cette ville (*Ib.* C 1338). Vivait encore en 1582 (*Etats Gév.* I, 111). Père d'Antoine mentionné plus loin. Ses descendants paraissent s'être fixés à Mende ; on trouve en 1615 Jean de Caprières, bourgeois (Loz. E, Recolin, f. 76), et en 1657, Antoine de Caprières, collecteur des deniers de la ville (*Ib.* E, Mazot, f. 154).

ROBERT (Philippe de) s^r de Boisverdun, écuyer, bailli du Gévaudan. 1572-1573

Eut les mêmes attributions que le prévôt durant les années 1572 et 1573; il avait à cet effet six archers (Loz. C 3 et C 877).

CAPRIÈRES (Antoine de) s^r de la Tour. 1576*-

Fils de Guillaume mentionné ci-dessus, né à Montpellier (Loz. E, Desestreyctz, 1578, f. 397). Etait archer lorsqu'il fut désigné par les commis, le 17 oct. 1576, pour remplacer son père quand celui-ci abandonnerait sa charge ; nomination approuvée par les Etats de 1577 (*Ib.* C 813, f. 130). Marié le 16 nov. 1578 à Sanche Born, fille de Vidal, marchand de Mende (*Ib.* E, Desestreyctz, f. 397). Mourut avant 1583, date à laquelle sa veuve était fiancée à Gabriel de Lafont, praticien de Mende (*Ib.* Desestreyctz, f. 228 et 252). Il ne paraît pas avoir exercé effectivement la charge de prévôt.

BOYER (Jean) dit Mytard. 1578*-

Prévôt protestant nommé par les Etats de 1578 pour l'exécution de l'édit de pacification de 1577 (Loz. C 876).

BALDIT (André de). 1581*-1588*

Nommé après la reddition de Mende par Merle, qui eut lieu en juil. 1581, payé de ses gages à partir du 15 août (Loz. C 1338). Tué en fév. 1588 au siège de Chirac occupé par les protestants (*Ib.* C 1353). Marié à Jaquète de Florit (*Ib.* C 1362).

GERBAL (Grinhon) s^r de la Roche. 1585-

Prévôt protestant nommé par le maréchal de Montmorency entre 1583 et 1585 ; autorisé par les commis le 8 janv. 1585 à exercer sa charge en attendant sa réception aux Etats (Loz. C 814, f. 39). La guerre religieuse ayant recommencé, cette réception n'eut pas lieu. Habitant de Marvejols ; maria une de ses filles au pasteur protestant Moynier ; était mort en 1586 (*Bull. Soc. Agr. Loz.* Doc. 1887, p. 410 et 468).

ROUFFET (Pierre de) s^r de Chavagnac, en Auvergne. 1588*-1589*

Nommé par les commis le 20 juin 1588 ; reçu par les Etats le 27 sept. (*Etats Gév.* I, 224). Démissionna vers août 1589 et se retira en Auvergne (*Ib.* I, 241 ; Loz. C 1357).

BONNAFOUX (Michel de), docteur ès droitz. 1589*-1592*

Lieut. du prévôt général de Lang. désigné par le maréchal de Montmorency pour exercer la charge de prévôt du Gévaudan ; reçu aux Etats le 13 nov. 1589 (*Etats Gév.* I, 273). Remplacé en 1592 parce qu'il était trop souvent absent du diocèse (*Ib.* I, 324).

MOLINES (François). 1592*-1596*

Nommé par les Etats le 4 fév. 1592 (*Etats Gév.* I, 324) ; commandait aussi le château du Villard appartenant à l'évêque (Loz. C 815, f. 35). Soutenu par Fosseuse, gouverneur du Gév. refusa de rendre cette place à l'évêque ; il fut révoqué par les Etats le 3 avril 1596 (*Etats Gév.* II, 13). A plusieurs reprises et jusqu'en 1603, il essaya de se faire rétablir (Loz. C 817, fol. 92). En 1598, il s'intitulait encore lieut. de prévôt (*Ib.* E, Pagès, f. 32). On trouve en 1613 un François Molines habitant Serverette (*Ib.* E, Torrent, f. 90).

RODIER (Antoine). 1592*-1611

Baile de Barre (*Etats Gév.* I, 247 et 353) ; nommé par les Etats, le 6 fév. 1592, lieut. protestant dans les Cévennes (*Ib.* I, 330). En 1606, les députés des Cévennes demandèrent son remplacement en raison de sa vieillesse (*Ib.* III, 493). Il continua néanmoins ses fonctions. Dernière mention en 1611 (*Ib.* IV, 53).

VIRGILE (Le capitaine), de Mende. 1596*-1597*

Nommé par les Etats, le 3 avril 1596 (*Etats Gév.* II, 14). Démissionnaire en 1597 (*Ib.* II, 149).

BAZALGÈTE (Martin) s^{r} de Barret, de Langogne. 1597*-1601

Nommé par les Etats, le 17 juin 1597 (*Etats Gév.* II, 149). En 1598, accusé de malversations, mais l'évêque fit arrêter les poursuites (*Ib.* II, 220 et 307). Cessa ses fonctions en 1601 (*Ib.* III, 97).

COLOMBY (Loys). 1598*-

Nommé, en 1598, par le prévôt général, lieut. particulier pour le Gévaudan, le comté d'Alais et la viguerie d'Anduze et Sauve ; les Etats refusèrent de le recevoir (*Etats Gév.* II, 256).

TINEL, du lieu de Londue, paroisse de Molezon, aux Cévennes. 1598*-1601*

Nommé, en 1598, par le prévôt général, lieut. en Gévaudan ; se présenta aux Etats de 1601 qui refusèrent de le recevoir (*Etats Gév.* III, 177).

ARMAND (Etienne), de Pradelles. 1600*-1638*

Lieut. du prévôt général pour les diocèses de Viviers, Gévaudan et Velay ; nommé prévôt du Gévaudan par les Etats le 2 févr. 1600 (*Etats Gév.* III, 34). En 1602, suspendu de ses fonctions pour 5 ans par sentence du sénéchal de Nimes, mais rétabli presque aussitôt par lettres du roi (*Ib.* III, 56 et Loz. C 817, f. 72 et 92). En 1617 ou 1618, obtint une commission du roi pour l'exercice de sa charge (*Etats Gév.* IV, 268). Malade, il fut remplacé le 6 sept. 1620 par son fils Michel (Loz. B, baill.), puis remis en fonctions à la mort de celui-ci (*Etats Gév.* IV, 576). En 1628, fut appelé à comparaitre devant le Parl. de T. Les commis nommèrent à sa place, le 22 août, Claude de Pierresbesses ; il fut rétabli dans sa charge le 27 nov. 1630 (Loz. C 820, f. 48. 97 et 108). Remplacé définitivement en 1638, il obtint la place de greffier de la prévôté (*Etats Gév.* V, 90). Mourut entre mars 1639 et mars 1640 (*Ib.* V, 111 et 131). Enfants : Michel, mentionné plus loin ; Charles qui l'aida dans ses fonctions de greffier ; Ysabeau mariée à Jean Gravier, de Grèzes (Loz. C 822, f. 73).

CHARRIÈRE (Jacques). 1603*

Originaire du Vivarais, nommé, en 1603, par le prévôt général, lieut. en Gévaudan, ne fut pas reçu par les Etats (Loz. C 817, f. 103 et *Etats Gév.* III, 364).

MALGOYRE (Moyse). 1606*

Lieut. de prévôt au diocèse de Nimes, reçut, en 1606, commission du prévôt général pour exercer sa charge dans le Gévaudan et les Cévennes ; les Etats refusèrent de le recevoir (*Etats Gév.* III, 532).

ARMAND (Michel). 1620*-1625

Fils d'Etienne, mentionné ci-dessus ; notaire à Pradelles (Loz. E' Torrent, 1621, f. 207). Nommé le 6 sept. 1620, par les commis pour remplacer son père malade (*Ib.* B, baill.) confirmé par les Etats le 29 fév. 1621 (*Etats Gév.* IV, 390). Mourut avant juill. 1625, *en faisant son service au païs* (*Ib.* IV, 572 et 576).

PIERRESBESSES (Claude de) s[r] de Chabanes. 1628*-1631*

Arrière petit-fils de Gabriel de Pierresbesses, premier prévôt du Gévaudan, fils de Guion du Mazel et de Marie de Toulouse (La Roque, I, 339) Avait défendu la place d'Ispagnac pendant les guerres religieuses, en récompense fut nommé prévôt, le 22 août 1628, pour remplacer Etienne Armand absent du diocèse ; ayant été pourvu de la place d'avocat général en la duché de Mercœur, il démissionna le 6 oct. 1631 (Loz. C 820, f. 48, 103 et 120, C 822, f. 73).

SÉNÉCHAL (Vincent), écuyer, s[r] de Bornay, bailli du Gévaudan. 1638-1639*

Remplit, vers 1638, les fonctions de prévôt par commission du roi (*Etats Gév.* V, 91 et Loz. C 891) ; démissionna le 21 mars 1639 (*Etats Gév.* V, 10).

REQUOLES (Barthélemy de), de Mende. 1639*-1667*

Nommé par les Etats le 21 mars 1639 (*Etats Gév.* V, 104). Blessé dans l'exercice de sa charge en 1641 (*Inv. H.-Gar.* B, III, 10) et en 1646 (*Etats Gév.* V, 234). Tué à Marvejols, le 11 nov. 1667 (*Inv. ville de Mende* GG 14). Marié à Marie de Sallesses (*Inv. Loz.* C, p. 301). Enfants : Pierre, chanoine de l'église collégiale de Marvejols ; Anne, mariée à Sylvestre Chevalier, avocat à Mende ; Marguerite, mariée à Joachim Valès, de Langogne. (Loz. E, Rouvière, 1674, f. 39).

NORRY (François) s[r] de Colisan. 1668*-1687*

Nommé par les commis à la mort de Requoles, confirmé par les Etats le 11 avril 1668 (*Etats Gév.* V, 590). Devenu vieux et infirme, fut remplacé par les Etats de 1687, et mourut avant mars 1688 (*Ib.* VI, 90 et 107). Fils de François et de Bertrade de Pelan du lieu de Moncontour, paroisse de Pelan en Bretagne. Epousa le 2 juillet 1676 Claude de Vachery, fille de Vidal, avocat et contrôleur des tailles du diocèse, et de Marie de Barrau (Loz. E, Rouvière, f. 56). Enfants : Marie, qui épousa le 9 février 1699 Jean-Louis Bouscharenc s[r] de Rissac, habitant de Langogne (*Ib.* E, Laurans, f. 112) ; Jean-Joseph, s[r] de la Blachière, qui, en 1704, était capitaine au rég. de Tournon-Infanterie (*Ib.* E, Laurans, f. 271), lequel épousa, le 13 août 1700, Marie-Rose Cladel, de Mende (*Ib.* E, Laurans, f. 101).

AUBIN (Pierre d') de Baudry. 1687*-1702*

Nommé par les Etats le 8 avril 1687 (*Etats Gév.* VI, 90). Reçut des provisions du roi le 12 février 1696 (*Ib.* VI, 205 et 215). Continua provisoirement ses fonctions supprimées par l'édit de mai 1696, en attendant que le nouvel office fût rempli (*Ib.* VI,213). Acheta cet office le 10 sept. 1698 (Loz. 1489). Etait aussi maître de l'hôtel de l'évêque (*Ib.* E, Laurans, 1688, f. 244). Décédé le 14 août 1702; il avait épousé Madeleine de Levolle, fille d'Antoine, médecin à Serverette ; il laissa 4 enfants en bas âge : Pierre ; Jean-Jacques ; Marguerite-Marie-Françoise ; Claire-Cécile (*Ib.* E, Valentin, f. 117). Sa veuve fut l'une des fondatrices du couvent de l'Union à Mende.

SAINT-GERMAIN (Nicolas-Agnès de). 1702*-1720*

Notaire à Mende, acquit en 1702 l'office vacant par la mort de Pierre d'Aubin (Loz. C 1491). Provisions du 10 mars 1703 (Hér. C 697). Fonctions supprimées par l'édit de mars 1720. Avait épousé Marie de Mirmand qui mourut en avril 1698 à la suite de couches (Loz. E, Baffie, f. 85 et Valentin, f. 53). Se remaria à Marguerite Lequepeys, veuve de Vidal Barthélémy, marchand. En 1709, il maria son fils Etienne-François-Agnès à la fille de sa femme, Agnès de Barthélémy, veuve elle-même de Jean-Antoine de Lafabrègue, avocat à St-Germain-de-Calberte (*Ib.* E, Valentin, f. 7).

III

Lieutenant du Prévôt du Gévaudan

1696 à 1720

JOURDAN (Claude) s^r de Montvaillant. 1702*-1720*

Fut l'unique titulaire de cette charge créée par l'édit de mai 1696. La charge achetée par Rachas fut d'abord revendue à Pierre Blanquet, bourgeois de Serverette, mais la vente fut annulée (Loz. E, Valentin, 1701, f. 77). Claude Jourdan en devint acquéreur en 1702 (Hér. C 627). Fonctions supprimées par l'édit de mars 1720. Il était fils de Jean et de Anne Martin du lieu des Fons, paroisse de St-Bauzile, se maria en 1712 à Marguerite Meynier, veuve de François Fontibus, et fille d'Antoine et de Catherine Forestier du lieu de Vidales, paroisse des Laubies (Loz. G 2191).

IV

Lieutenants au Puy
1720 à 1790

DUPERREAU (Jean-Louis Rouveire). 1726-1735

Première mention, en 1725 (Loz. C 1551) ; dernière, en 1735 (Lemau, *Abrégé milit.*)

DUPERREAU, fils. 1735

Figure avec son père sur l'abrégé milit. de Lemau en 1735, était sans doute en survivance ; était exempt en 1726 (Loz. C 1551).

NANTOU. 1735

Figure avec Duperreau, père et fils, sur l'abrégé milit. de Lemau en 1735.

FONLOZIER (de). 1740-1746*

Première mention le 2 nov. 1740 (Hér. C 698) ; vendit sa charge à Alexandre Deschaberts en 1746 (*Ib.*)

DESCHABERTS ou de CHABERT (Alexan.-François-Faure). 1746*-1754*

Achète la charge en 1746 (Hér. C 698), demande en vain en 1731 de la céder à son fils (*Ib.*), mort en 1754 (*Ib.*)

DESCHABERTS DULAC (François-Faure). 1754*-1772*

Frère du précédent, était lieut. au rég. de Bourbon-Busset quand il obtint la charge à la mort de celui-ci (Hér. C 698). En 1756, fait les fonctions de prévôt à la suite des troupes détachées en Corse (*Ib.*) dernière mention en 1773 (*Etats milit.*)

SARALIER (Jean-Claude). 1772*-1790*

41 ans en 1776, avait servi au rég. de la Légion de Flandres, un an et demi comme volontaire, trois ans comme maréchal des logis et dix ans comme sous-lieut. ou lieut. Commission du 11 août 1772 (Hér. C 700). Resta en fonctions jusqu'en 1790 (*Etats milit.*)

V

Sous-lieutenants à Mende

1778-1790

BERGE (de la). 1779-1780

(*Etats milit.*)

PARISSE (Jean-Baptiste). 1780-1783

(Hér. C 697 et *Etats milit.*). Passa en la même qualité à Montpellier où il resta de 1784 à 1787, puis à Rodez de 1788 à 1790 (*Etats milit.*)

BEAUCOURT (Florent-Joseph de). 1784-1790*

(*Etats milit.*). A la Révolution continua son service comme capitaine de gendarmerie à Mende.

VI

Archers

ORIGINE A 1720

CAPRIÈRES (Antoine de) s^r de la Tour. 1577-

Voir la notice aux prévôts du Gévaudan.

BONEFOY (Jean). 1586

Loz. C 1357.

BOMPAR (Jean). 1586-1588

Loz. C 1357. — *Ib.* C 814, f. 148. — Désigné le plus souvent comme commis du greffe.

AVIGNENT (Jean), dit le sergent la Plume. 1588

Loz. C 1353.

ST-LATGIER (Pierre). -1588*

Loz. C 1353. — Nous avons dit à tort (p. 35) qu'il fut tué au siège de Chirac, il mourut bien en 1588, mais après le mois d'avril (Loz. C 814, f. 148 et C 1355).

SALMISON (Pierre). 1588

Blessé au siège de Chirac en février 1588 (Loz. C 1353).

PITOT (Vidal), de Saint-Alban. 1588-1590

Loz. C 1353. — *Ib.* C 1356; mêmes références pour les trois qui suivent.

RIMEYZE (Jean), de St-Alban. 1588-1590

SEVERAGOL (Vidal), de Mende. 1588-1590

VINCENT (François), de Mende. 1588-1590

BEAUMÈS (Jean). 1590

Loz. C 1356; même référence pour les neuf qui suivent.

BONNEFOUS (Michel). 1590

PACQUET (Jean). 1590

PONS (Bernard). 1590

PORTUSSAU (François de). 1590

REBEYROLLES (Etienne). 1590

REYNARD (André). 1590

ROLAND (Fernand). 1590

ROUME (Michel). 1590

TRIAIRE (Antoine). 1590

GUERYCHON (Pierre). 1590-1592

Loz. C 1356. — *Ib.* C 1363.

DELPUECH ou PUECH (Jean). 1597-1607

Etats Gév. II, 38. — Loz. C 817, f. 174.

DUGUA (Jacques). 1601

Loz. C 1809. — Même référence pour celui qui suit.

FORT (Isaac). 1601

CLARET (Gabriel), de Mende. 1607

Loz. C 817, f. 174. — Même référence pour les deux qui suivent.

POUJOL (Maurice). 1607

RICHARD (Jean). 1607

CORTIN (Pierre), du lieu d'Alteyrac, diocèse de Mende. 1607-1612

Loz. C 817, f. 174. — *Ib.* C 1388.

MALAFOSSE (Nicolas). 1607-1624

Loz. C 817, f. 174. — *Ib.* C 1406.

BADAROUX (Jean), dit Montbrun, du lieu de Montbrun. 1601-1625

Loz. C 1809. — *Etats Gév.* IV, 594.

MALAFOSSE (Bertrand). 1612-1624

Loz. C 1338. — *Ib.* C 1406. — En 1627 ne porte plus le titre d'archer (*Ib.* E, Torrent, f. 136).

BERTINHOLLE (Antoine), dit St-Flour. 1617-1624

Loz. C 1396. — *Ib.* C 1406. — Marié le 15 janvier 1624 à Jeanne Maurin, fille d'Antoine, serrurier à Mende (*Ib.* E. Torrent, f. 15).

MARTYN (Claude), dit Chauchal. 1620-1624

Loz. C 1400. — *Ib.* C 1406.

LABBÉ (Nicolas), dit la Perle. 1622-1624

Loz. C 1402. — *Ib.* C 1406. — Mêmes références pour celui qui suit.

Marron (Jean). 1622-1624

Planchon (Gibert). 1623-1645
Loz. C 1404. — *Ib.* C 1425.

Trinquier (Jean). 1624
Loz. C 1406.

Picard (Jean). 1639-1645
Loz. C 1420. — *Ib.* C 1425.

Dossière (Jean). 1645
Loz. C 1425. — Même référence pour celui qui suit.

Maurin (Antoine). 1645

Galot (Jacques). 1645-1651
Loz. C 1425. — *Ib.* C 1432.

Croix (Pierre). 1645-1656*
Loz. C. 1425. — Tué le 29 sept. 1656 par le sieur de Montrodat (*Ib.* G 625).

Courteneufve (Raymond). 1645-1660
Loz. C 1425. — *Ib.* 1440.

Malafosse (Etienne) 1645-1666
Loz. C 1425. — Marié le 6 oct. 1666 à Philippe Malabouche (*Ib.* E, Mazot, f. 131).

Fontange (Jean). 1648
Loz. C 1429. — Même référence pour les trois qui suivent.

Massadan (Jean). 1648

Robert (Jean). 1648

Taloy (Jacques). 1648

Chabanette (Antoine). 1648-1651
Loz. C 1429. — *Ib.* 1432.

Bonnet (Antoine). 1651
Loz. C 1432. — Même référence pour les deux qui suivent.

Malafosse (Guillaume). 1651

Plan (Etienne). 1651

Bonnel (Pierre). 1660
Loz. C 1440. — Même référence pour les quatre qui suivent.

Brajalon (Pierre). 1660

Cambedezon (Bernard). 1660

Laussac (Pierre). 1660

Mauguché (Guillaume). 1660

Dardallon (Etienne). 1660-1687
Loz. C 1440. — *Ib.* 1469.

Mercier (Nicolas). 1669
Loz. E, Mazot, f. 81.

Amat (Jean). 1679-1689
Loz. E, Torrent, f. 162. — *Ib.* E, Laurans, f. 36.

Montialoux (Pierre). 1686-1692
Loz. E, Mercier, f. 224. — *Ib.* C 1477.

Borrilhon (Etienne). 1687-1692
Loz. C 1469. — *Ib.* C 1477. — Testament du 22 janv. 1699 où il s'intitule ancien archer (*Ib.* E, Alméras, f. 157); mort en 1699 (*Ib.* C 1489).

Michel (Antoine). 1687-1698
Loz. C 1469. — *Ib.* E, Alméras, f. 66. — Marié à Jeanne Bessière, était mort en mars 1699 (*Ib.* E, Alméras, f. 172).

Malafosse (Jean). 1687-1700
Loz. C 1469. — *Ib.* C 1489. — Mêmes références pour celui qui suit.

Monteil (Pierre). 1687-1700

Mille (Nicolas), dit la Forêt, 1687-1717
Loz. C 1469. — *Ib.* C 1527. — Etait mort en 1719 (*Ib.* C 1529).

Chalier (Pierre). 1692
Loz. C 1477.

Gravil (Jacques). 1692-1713
Première mention en 1692 (Loz. C 1477); en 1700, acheta pour 2.100 l. à Pierre d'Aubin un des offices d'archer créés par l'édit de mai 1696 (*Ib.* E, Laurans, f. 146); dernière mention en 1713, était mort en 1715 (*Ib.* C 1521 et 1523). Fils de Jean, laboureur, et de Marie Verdier, de Châteauneuf-de-Randon; épousa Marguerite Mouline, veuve de François Pépin (*Ib.* E, Laurans, 1693, f. 124; se remaria le 5 août 1704 à Catherine Vaumalle, de Chanac, fille de Pierre et de Anne Hours (*Ib.* E, Valentin, f. 67).

Reversat (Jean-Joseph). 1696-1717
Etait archer avant 1696; acheta le 16 nov. 1700 un office d'archer pour 3.000 l. (Loz. E, Valentin, f. 48); dernière mention en 1717; était remplacé en 1719 (*Ib.* C 1527 et 1529). Avait épousé Rose Bobin; était mort en 1739 (*Ib.* E, Vincens, f. 71).

Astruc (Vidal). 1701*-1720*
Acheta un office d'archer le 25 janv. 1701 (Loz. E, Valentin, f. 51); cessa de servir en 1720. Avait épousé Catherine Mercier; était mort en 1730 (*Ib.* E, Vincens, f. 71); avait une sœur nommée Ysabeau (*Ib.* E, Laurans, 1715, f. 67).

Roullet (Jean). 1703
Loz. C 1497.

Laurans, du lieu du Pouzal, paroisse de Saugues. 1704
Loz. E, Laurans, f. 264.

Trébuchon (Noël). 1707
Loz. E, Valentin, f. 96.

Jourdan (André). 1713-1714
Loz. C 1521. — *Ib.* C 1522.

Chevalier (Pierre). 1713-1719
Loz. C 1521. — *Ib.* C 1529. — Mêmes références pour celui qui suit.

Couderc (Jean). 1713-1719

Bourilhon (Jean). 1714
Loz. C 1522.

VII

Chefs de Brigade

1720 à 1790.

Brigade de Mende.

Pattée, *Exempt.* 1724
Loz. C. 1546.

Saint-Germain (Amé de), *Exempt.* 1724
Loz. C 1546. — Etait mort en 1725 (*Ib.* C 1549).

PELGÈRES (de) de Recoules, *Exempt.* 1725-1731

Loz. C 1548. — *Ib.* C 1562.

VILATTE (Blaise de la), *Exempt.* 1725-1726 et 1731-1741

A Mende de 1725 à avril 1726; passa ensuite à Albi (Loz. C 1548 et 1551); de nouveau à Mende en 1731 (*Ib.* C 1562). Dernière mention en 1741 (Lemau, *Abr. milit.*).

DUPERREAU, *Exempt.* 1726

Fils du lieut. du Puy, fit le service d'exempt à Mende pendant 8 mois (Loz. C 1551).

RIEUCROS (Jean-Antoine de Sauvage, s^r de), *Exempt.* 1737-1756

Loz. C 1575. — *Ib.* C 1608.

CANCÉ (Pierre), *Exempt.* 1759-1775

Loz. C 1614. — *Etats milit.*

LASSERAY (Gassien-Claude-Joseph de), *Exempt* puis *maréchal des logis.* 1776-1780

Né à Chinon, en Touraine; 45 ans en 1776; avait servi 10 ans dans le Beauvoisis et les Recrues de Tours et de Blois, puis dans la maréch. de Corse; commissionné le 31 mai 1772. (Hér. C 700). — Dernière mention en 1780 (*Ib.* C 697).

ROUBAUD (Joseph), *brigadier.* 1782-1789

Loz. B, baill., écrou de Mende. Même référence pour le suivant.

MARON (Vincent), *brigadier.* 1789-1790

Brigade de Marvejols.

GONTAR (Louis), *brigadier.* 1776-1780

Né à Gap en Dauphiné; 43 ans en 1776; avait servi 18 ans dans La Marine et aux Gardes Françaises. Commissionné le 6 mars 1770 (Hér. C 700). Dernière mention en 1780 (*Ib.* C 697).

BEDOS (Jean), *brigadier.* 1781-1782

Loz. C 1649. — *Ib.* B, baill., écrou de Mende. — Précédemment brigadier à Florac.

SADARQUES (Charles), *brigadier.* 1788-1789

Loz. B, baill., écrou de Mende. Précédemment cavalier à Mende, puis à Marvejols.

Brigade de Langogne.

SARLAT (Mathieu-Paul de), *brigadier.* 1776

Né à Craponne en Velai; 41 ans en 1776; avait servi 10 ans dans le Mestre de camp général Dragons, commissionné le 6 mars 1776 (Hér. C 700).

VOLLE (Antoine), *brigadier.* 1779-1781

Loz. B, baill., écrou de Langogne. — Hér. C 697.

Brigade de Florac.

RIGAL (Antoine), *brigadier.* 1773

Loz. B, baill., jugem. Roussel.

Bedos (Jean), *brigadier.* 1778-1781*

Loz. B, baill., écrou de Mende. — Hér. C 697. — Passa à Marvejols en 1781.

Nogier, *brigadier.* 1788

Loz. B, baill., écrou de Mende. — Même référence pour le suivant.

Jamme (François), *brigadier.* 1789

Brigade du Malzieu.

Dupinet (Jean-François), *brigadier.* 1778

Loz. B, baill., jugem. Crouzet. — Précédemment cavalier à Mende. Ensuite brig. à Villefort.

Héral (Amant), *brigadier.* 1780-1781

Hér. C 697. — Précédemment sous-brigadier à Villefort.

Brigade de Villefort.

Héral (Jean-Antoine), *brigadier.* 1774

Loz. B, baill., jugem. Vidal.

Héral (Amant), *sous-brigadier.* 1776-1779

Né à Rodez en Rouergue; 41 ans en 1776; avait servi 10 ans à Béarn-Infanterie; commissionné le 26 juin 1766. — Précédemment à Villeneuve-de-Berg (Hér. C 700). — Dernière ment. en 1779 (Loz. B, baill., écrou de Mende). — Ensuite brigad. au Malzieu.

Dupinet (Jean-François), *brigadier.* 1779-1782

Loz. B, baill., jugem. Rigaud. *Ib.* B, baill., jug. Aymard. — Précédemment cavalier à Mende et brigadier au Malzieu.

Laurent (Jean-Bernard), *brigadier.* 1789

Loz. baill., écrou de Mende.

VIII

Cavaliers

1720 A 1790.

Brigade de Mende.

Martin. 1725

Loz. C 1549.

Hébrard (Charles). 1725-1726

Loz. C 1548. — *Ib.* C 1551.

Aubary (Jean). 1725-1728

Loz. C 1549. — *Ib.* C 1556.

Méjean (Jean). 1725-1734

Loz. C 1548. — *Ib.* C 1567. — Père d'Etienne Méjean.

Guisard (Marc). 1725-1759

Loz. C 1548. — *Ib.* C 1614.

MÉJEAN (Etienne). 1728-1742*
Fils de Jean Méjean. Première mention 1728 (Loz. C 1556). Tué à Mende. en 1742, par des contrebandiers, il laissait une veuve et 4 enfants. (*Ib.* C 1584 et Hér. C 698).

BARRAFORT (David). 1729-1733
Loz. C 1558. — *Ib.* C 1565.

COSTET. 1734
Loz. C 1566.

SERRE (Pierre). 1737-1749
Loz. C 1575. — *Ib.* B, baill.

FAJET. 1738
Loz. C 1576.

SABLON. 1740-1742
Loz. C 1579. — *Ib.* C 1583.

VIGUIER (Louis). 1742-1747
Loz. C 1583. — *Ib.* C 1593.

FERRÉ (Pierre). 1742-1749
Loz. C 1583. — *Ib.* C 1597.

THÉRON (Jean). 1742-1759
Loz. C 1583. — *Ib.* C 1614.

COULOMB ou COLOM (Hugues). 1747-1759
Loz. C 1593. — *Ib.* C 1614.

DUPINET (Jean-François). 1748-1770
Loz. C 1595. — Hér. C 697. — Ensuite brigadier au Malzieu puis à Villefort.

BASSUÈGE (Jean). 1756-1776
Né à la Canourgue; 51 ans en 1776; avait servi 13 ans au bataillon d'Anduze et aux carabiniers; commissionné le 6 déc. 1753 (Hér. C 700). Première mention en 1756 (Loz. C 1608). Passa ensuite à Langogne.

ROME. 1767
Loz. C 1624.

SAINT-MARTIN (Antoine). 1767-1769
Loz. C 1624. — Hér. C 697. — Passa ensuite à Florac.

CANCÉ (Jean-Antoine). 1768-1770
Hér. C 697. — Passa ensuite à Marvejols.

JONQUET (Jean-Paul). 1773
Né à Montpellier; 41 ans en 1776; avait servi 14 ans à La Reine-Infanterie; commissionné le 28 juin 1767 (Hér. C 700). Première mention en 1773 (Loz. B, baill., jugem. Fraisse).

BARBUT (Pierre). 1773-1776
Né à Mende; 60 ans en 1776; avait servi 10 ans dans Picardie-Infanterie; commissionné le 21 janv. 1752 (Hér. C 700). Première mention en 1773 (Loz. B, baill., jug. Fraisse). Passe ensuite à Marvejols puis à Langogne.

BOYER (Jean-Baptiste). 1773-1789
Né à Mende; 42 ans en 1776, avait servi 16 ans à Rastau-Infant.; commissionné le 6 mars 1770 (Hér. C 700). Première mention en 1773 (Loz. B, baill., jug. Passaval). Dernière mention en 1789 (*Ib.* baill., écrou de Mende).

DUCHAMP (Claude). 1776-1778
Né à Largentières en Vivarais; 29 ans en 1776; avait servi 8 ans à Poitou-Infanterie; commissionné le 6 déc. 1775 (Hér. C 700) Dernière mention en 1778 (Loz. B, baill., écrou de Mende).

DUSSERT (Jean-Baptiste) ou SERRE (du). 1778
Loz. B, baill., écrou de Mende. — Passa ensuite au Malzieu.

BENOIT (François). 1779
Loz. B. baill., jug. Doladilhe.

TAILLANT (Claude). 1779-1781*
Loz. B, baill., jugem. Bayle. — Cassé le 18 mars 1781 par ordre du roi. (Hér. C 697).

ALIBERT (Jean-Paul). 1779-1781
Loz. B, baill., jugem. Bayle. — Hér. C 697.

RIEU (Jean). 1781-1788
Loz. B, baill., écrou de Mende.

SADARQUES (Charles). -1782*
Loz. B, baill., écrou de Mende. Passa ensuite à Marvejols où il fut promu brigadier.

RIEU (Théphile du). 1783-1786
Hér. C 697. — Loz. B, baill.

BONNET (Barthélémy). 1786-1788
Loz. B, baill. — *Ib.* B, baill., écrou de Mende.

GRANJON (Claude) ou GRANYON 1789
Loz. B, baill., écrou de Mende. — Même référence pour celui qui suit.

LAVERGNHE (Antoine) ou VERGULE (La). 1789

Brigade de Marvejols.

CAUMÈS (Pierre). 1776
Né à Montpellier; 45 ans en 1776 ; avait servi 16 ans à Berwick-Irlandois, aux Grenadiers-Royaux et aux Grenadiers de France; commissionné le 26 juill. 1770 (Hér. C 700).

LEYNOUT (Henry) ou LEYNOUX. 1776*-1780
Né à Marvejols; 37 ans en 1776; avait servi 14 ans à Gustine-Dragons; commissionné le 27 sept. 1776 (Hér. C 700). Dernière mention en 1780 (*Ib.* C 697).

GABAREL (Michel). 1776-1781*
Né à Palhers en Gévaudan; 36 ans en 1776; avait servi 8 ans à Dauphin-Infanterie; commissionné le 1er juill. 1775 (Hér. C 700). Cassé par ordre du roi le 18 mars 1781 (Hér. C 697).

PERSY (Guillaume) ou PERSIL. 1778-1780
Première mention en 1778 (Loz. B, baill., jugem. Baluel). Destitué le 25 déc. 1780 (Hér. C 697). — Précédemment à Florac.

BARBUT (Pierre). 1780-1781
Hér. C 697. — Précédemment à Mende, ensuite à Langogne.

ABRIC (Pierre). 1782
Loz. B, baill., écrou de Mende. — Même référence pour les deux qui suivent.

CÉAS (Jean). 1782

MERRIÉ (François). 1782

SADARQUES (Charles). 1782-1784
Loz. B, baill., écrou de Mende. — *Ib.* B, baill., jug. Virgille. —

— Précédemment à Mende, ensuite brigadier à Marvejols.

Bard (Jean) ou Bardet. 1784-1785

Loz. B, baill., jug. Ricard. — *Ib.* B, baill., jugem. Bouquet.

Bompar (Pierre-Paul). 1784-1789

Loz. B, baill., jugem. Virgille. — *Ib.* B, baill., écrou de Mende.

Cancé (Jean-Antoine). 1785-1789

Loz. B, baill., jugem. Bouquet. — *Ib.* B, baill., écrou de Mende. Précédemment à Mende.

Lacrotte (Jean). 1789-1790

Loz. B, baill., écrou de Mende. — Même référence pour celui qui suit.

Mathon (Etienne). 1790

Brigade de Langogne.

Céremoine (Jean-Baptiste). 1776

Né à Châteauroux en Berry; 51 ans en 1776; avait servi 10 ans à Aubigné-Dragons, commissionné le 6 juin 1758 (Hér. C 700).

Gerland (Guillaume). 1776

Né à Thiberville en Normandie; 51 ans en 1776; avait servi 9 ans au Commissaire général-cavalerie; commissionné le 6 mars 1770 (Hér. C 700).

Vidal (Hyacinthe). 1776-1781

Né au Bourguel en Languedoc; 39 ans eu 1776; avait servi 16 ans à Artois-cavalerie; commissionné le 4 janv. 1774 (Hér. C 700). Dernière mention en 1781 (*Ib.* C 697).

Bassuège (Jean). 1777-1780

Loz. B, baill., jugem. Fabre. — *Ib.* B, baill., écrou de Langogne. — Précédemment à Mende.

Tandon (Bertrand). 1781

Loz. B, baill., écrou de Mende.

Barbut (Pierre). 1783-1785

Loz. B, baill., jugem. Carbonnier. — *Ib.* B, baill., jugem. André. — Précédemment à Mende et à Marvejols.

Nogier (Augustin) ou Nozier 1783-1785

Hér, C 697. — Loz. B, baill., jugem. André.

Brun (Jean-Baptiste-Benoit). 1784

Hér. C 697.

Brigade de Florac.

Persy (Guillaume) ou Persil. 1773

Loz. B, baill., jugem. Roussel. — Ensuite à Marvejols.

Saint-Martin (Antoine). 1773-1789

Loz. B, baill., jugem. Roussel. *Ib.* B, baill., écrou de Mende. — Précédemment à Mende.

Boyer (Antoine). 1780-1781

Hér. C 697. — Même référence pour celui qui suit.

Lejeune (Joseph-Martin). 1780-1782

Peyrier (Pierre). 1783-1785

Hér. C 697. — Loz. B, baill., jugem. Nogaret.

Nemezy (Jean). 1785
Loz. B, baill., jug. Nogaret.

Courtois (Jean). 1789
Loz. B, baill., écrou de Mende. — Même référence pour les deux qui suivent.

Montbel (Jean-Jacques). 1789

Ramay. 1789

Brigade du Malzieu.

Prat (Antoine). 1777-1782
Loz. B, baill., jugem. Pouget. — *Ib.* baill., écrou de Mende.

Boyer (Mathieu), ou Noyer, ou Royer. 1778-1782
Loz. B, baill., jug. Crouzet. — Hér. C 697.

Dussert (Jean-Baptiste) ou Serre (du). 1778-1781
Loz. B, baill., jug. Crouzet. — Hér. C 697. — Précédemment à Mende.

Serrant (François). 1782
Loz. B, baill., écrou de Mende.

Brigade de Villefort.

Pons (Joseph). 1776-1785
Né à Mende; 30 ans en 1776; avait servi 8 ans à Tournon-Infanterie; commissionné le 13 déc. 1773 (Hér. C 700). — Dernière mention en 1785 (Loz. B, baill., jugem. Blanc).

Rozan (Benoît). 1776-1779
Né à Aubenas; 32 ans en 1776; avait servi 9 ans au Soissonnais; commissionné le 19 octob. 1773 (Hér. C 700). — Dernière mention en 1779 (Loz. B, baill., jugem. Rigaud).

Mazoyer (Antoine). 1778-1784
Loz. B, baill., jugem. Doladilhe. — *Ib.* B. baill., jug. Prieuret.

Portanier (Jacques). 1785
Loz. B, baill., jugem. Blanc.

Crozat. 1789
Loz. B, baill., écrou de Mende. — Même référence pour celui qui suit.

Serre (Jean-Pierre). 1789

IX

Officiers de Justice

Procureurs du Roi (1696 à 1790).

RACHAS (Jean-Antoine), *à Mende.* 1699-1720

Procureur du roi au bailliage (Loz. E, Torrent, 1694, f. 26). Acheta le 11 sept. 1698 l'office de procureur en la maréchaussée créé par l'édit de mai 1696 (*Ib.* C 1489). Cessa ses fonctions en 1720. Avait épousé Anne Bonhomme (*Ib.* E, Borrier, 1714, f. 327). Vivait encore en 1730 (*Ib.* E, Vincens, f. 71).

FOURNEL (Antoine), *au Puy.* 1732

Hérault C 697.

SAVOYE (Durand), *au Puy.* 1752-1769

Alm. hist. de Lang. 1752. — Hér. C 697.

PELISSIER (Pierre) de Montredon, *au Puy.* 1773*-1781

36 ans en 1776; commission du 7 juill. 1773 (Hér. C 700). Dernière mention en 1781 (*Ib.* C 697).

Assesseurs (1720-1790).

CHAUMEL (Jean). 1732

Hér. C 700.

VERTAURE (de). 1752-1759

Alm. hist. de Lang. 1752. — Loz C 1615.

VERTAURE (Jean-François-Valérieu-Bernard de). 1763*-1781

43 ans en 1776; commission du 20 juillet 1763 (Hér. C 700). — Dernière mention en 1781 (*Ib.* C 697).

Greffiers
(à Mende de l'origine à 1720, au Puy de 1720 à 1790).

ALBARIC, *greffier du diocèse.* 1574

Loz. C 877.

DESESTREYCTZ (Jean) ou DESTRECTZ. 1577

Loz. C 813. f. 130.

PIGIÈRE (Etienne), *commis*. 1583-1585

Loz. C 878.

BASTIT (Jean), notaire, *commis*. 1583-1587

Bull. Soc. Agr. Loz. Doc. 1887. p. 119. — Loz. C 1352.

BOMPAR (Jean), *commis*. 1586-1601

Bull. Soc. Agr. Loz. Doc. 1887, p. 273. — *Etats Gév.* III, 125. — Est parfois désigné comme archer.

PUECH (Jean) ou DELPUECH, *commis*. 1599-1602

Etats Gév. II, 358. — Loz. C 1809.

BODERT (Bertrand). 1612-1614

Loz. C 1388. — *Ib.* C 1390.

ROUX (André), *substitut puis commis*. 1618-1622

Loz. C 1797. — *Ib.* C 1406.

LERNOUX (Robert) ou LEVIEUX, *substitut*. 1618-1624

Loz. C 1797. — *Ib.* C 1406.

RAMPON, *greffier aux Cévennes*. 1624

Etats Gév. IV, 547.

ARMAND (Etienne). 1638-1639

Précédemment prévôt; voir la notice aux prévôts du Gévaudan.

ARMAND (Charles). 1640

Fils du prévôt Etienne Armand, remplaça quelquefois son père dans ses fonctions (Loz. II 338). En 1640, il secondait encore son père qui était alors greffier et il s'intitulait *substitué au greffe de la prévôté* (*Ib.* E, Recolin, f. 13). En 1642 il était praticien à Mende (*Ib.* E, Mazot, f. 91).

BUISSON (Jean). 1645-1660

Loz. C 1425. — *Ib.* C 1440.

ARZALIER (Pierre). 1651

Loz. C 1432.

MASSOT (Etienne). 1657

Loz. G 625.

MERCIER (Durand), notaire. 1661*-1694

Etats Gév. V, 483. — *Ib.* VI, 176. — Etait mort en 1695 (*Ib.* VI, 183).

NOEL. 1695*-1697

Etats Gév. VI, 189. — *Ib.* VI, 214. — Etait mort en 1700 (Loz. C 1489).

VALENTIN (Jean), notaire à Mende. 1700*-1720*

Acheta, le 24 nov. 1700, l'office créé par l'édit de mai 1696 (Loz. E, Allard, f. 503). Cessa ses fonctions en 1720. Il avait épousé Marie Gaisquet (*Ib.* E, Baffie, 1714, f. 297).

GUIGON (Jean). 1732

Hér. C 700.

DUCHAMP (Jean-Pierre), notaire. 1747*-1781

74 ans en 1776; commission du 1er août 1747 (Hér. C 700). Dernière mention en 1781 (*Ib.* C 697).

PIÈCES JUSTIFICATIVES

I

1555. 11 septembre.

Procuration pour mons. Gabriel de Pierresbesses, dict du Mazel.

Archives de la Lozère. Série H. Minutes de Pierre Torrent, notaire à Mende. Année 1555, f° 42.

L'an mil cinq cens cinquante cinq et l'onziesme jour du mois de septembre, régnant très crestien prince Henri. par la grâce de Dieu Roy de France, estabil en personne noble Gabriel de Pierresbesses dict du Mazel, s[r] dudit lieu, lieutenant de prévost de mareschaulx au païs de Givauldan, lequel, sans revocation des procureurs par luy jusques à present constituez, de présent a faict, nommé, constitué, créé et esleu son procureur mons[r] maistre Robert Fontunye, licencié ez droictz, lieutenant de mons[r] le Baillif de Givauldan présent et acceptant et ce, pour et au nom dudit constituant prendre, lever et recepvoir toutes et chacunes les sommes qui luy seront tauxées aulx estatz généraulx, mandés tenir à Carcassonne au xviii jour du present mois, pour les condamnations de plusieurs qu'il dict avoir prins et avoir faict exéquter, et d'icelles en quiter ceulx qu'il apartiendra, et faire une ou plusieurs quitances et aultrement, comme le constituant feroit et faire poroit s'il y estoit en personne, promectant avoir a gré tout ce que par sondit procureur sera faict, receu et quité, et l'en relever indempne soubz obligation de ses biens et toutelles renonciations de droict et faict ad ce nécessaire. De ce a requis acte et instrument à moy notaire soubz[ne]. Faict en la cité de Mende, devant la porte principale de l'esglise cathédrale dudit Mende, en présence de maistre Guy Albarin, greffier pour le Roy au bailiage de Givauldan, Guillaume Vigoroux, notaire royal de St Alban.

II

1601

Verbal des chevauchées et captures qui ont esté par nous Anthoine de Rodier, lieutenant de prévost général de messieurs les mareschaulx de France au païs de Gévaudan, la présente année mil six cens ung et sentences qui s'en ensuyvirent de nostre autorité.

Archives de la Lozère, C 1809.

En premier lieu,

L'an mil six cens ung et le segond jour du moys de février, suyvant la déliberation prinse en la ville de Mende par messieurs les commis et sindic dudit païs de Gévaudan, nousdit prévost sommes despartis de la ville de Mende, où estions arrivés le pénultiesme jour du mois de janvier dernier, et d'illec aurions prins des prisons du Roure dudit Mende, Jehan Viehluoux dit Roinezon, Jehan de Gauch et Jehan Barrès, prisonniers en icelles, et iceulx conduitz en la ville de Nismes, acisté de Me Estienne Armand prévost audit païs, Me Jehan Delpuech nostre greffier, Jaques Dugua, Ysac Fort et Jehan Badaroux nous archiers, et iceulx Gaud et Viehluoux et Barrès aurions conduitz en ladite ville de Nismes, suyvant le jugement donné par la souveraine court de Parlement et chambre de l'édit restablys à Castres, où aurions demeuré, comprins l'aller, venu, ou séjour faict audict Nisme, setze jours complectz, estant aussy avec nous monsieur Bompar greffier et commis à faire ledit voyage par ladite délibération.

Du dix septiesme jour dudit mois de fébvrier an susdit, nousdit prévost acisté dudit Delpuech nostre greffier, Dugua, Fort et Badaroux nous archiers, serions despartis de ladite ville et passés au lieu de Banulz où aurions faict repaistre nous chevaulx et après serions passés par le lieu d'Orzière-le-Mazel, et d'illec au Blesmar, où nous aurions couché et nous enquis, avec les officiers ordinaires dudit lieu, s'il y avoit aulcungz volleurs qui troublassent le repos public : où n'aurions receu aulcune plaincte ny procédures contre aulcungs, qui auroit esté cause que n'aurions faict autre diligence audit lieu.

Du lendemain, environ soleil levé, sommes despartis dudit lieu du Bleymar et serions passé par le Pont-de-Montvert, où sommes arrivés environ les dix heures du matin, et au logis de sire Anthoine André, hoste dudit lieu, où aurions disné, et après, nous serions informé, avec ledit Anthoine André, et certains autres, s'il y avoit aulcungz volleurs, faulx monnoyeurs ou autres gens malvivans, que nous aurions dit qu'ilz n'y avoit aulcuns gens de mauvaise vie, fors que à chacune foire et marché que se tient audit lieu se desroboyent une grand quantité de bources, et qu'il seroit bon que nous couchassions ledit jour audit lieu parce que lendemain y auroit foire, ce que nous aurions faict, acistés comme dessus.

Du lendemain dix neufiesme jour dudit mois et an, nousdit prévost, envyron l'heure de neuf heures de matin, estant la foire guarnye, serions sortys de nostredit lotgis, passés, repassés par icelle où n'aurions peu trouver aulcungs desdits couppe-bources ny autres, que auroit esté cause que serions montés à cheval envyron heure de trois heures après midy, et serions allés coucher en nostre maison audit lieu de Barre.

Le premier jour du mois de mars en ladite année mil six cens [un], nous dit prévost serions despartis de nostre maison de Barre, et serions passés par la ville de Florac, où nous [aurions] disné, acompacgné dudit m[e] Delpuech, nostre greffier, Jaques Dugua et Jehan Badaroux, nous archiers, et après avoir disné serions despartis dudit Florac et serions allés coucher en la ville de Mende et lotgis de Guillaume Peluch.

Du lendemain second jour dudit mois, serions despartis de ladite ville de Mende, environ l'heure de huit heures de matin, et serions allez à Châteauneuf-de-Randon, où nous aurions rencontré M[e]

Estienne Armand, autre prévost audit païs, avec lequel nous aurions prins advys de aller ensemble vers le boys de Mercoyre, à cause de certains volleurs qui y fréquentoyent et pour veoir d'en prendre quelcun. Ce que ledit sieur Armand auroit accordé, et le lendemain troisiesme jour dudit mois, serions despartis dudit Châteauneuf et passés par ledit boys de Mercoire et, nÿ ayant treuvé aulcun desdits volleurs, nous serions retirés en nostre maison audit Barre.

Le septiesme jour dudit moys de mars, nousdit prévost, acompaigné de nousdits greffier et archiers, serions despartis dudit lieu de Barre et passés par le lieu de Sainctc Croix de Valfrancesque, où nous aurions faict repaistre nous chevaulx, et nous serions enquis avec Mᵉ Besquier consul s'il y avoit aulcung vers le païs de Cevenes qui fust rebelle ou contrevenant aux édictz et ordres du Roy. Lequel nous auroit dict qu'il, n'y autres, n'avoyent entendu longt temps y avoit aulcune plainte de personne, et tous vivoyent de leur industrie ; et n'ayant entendu aucune plainte, ny moingz treuvé aulcung malfesteur, serions despartis dudit lieu et serions allés coucher au lieu de Saint Estienne de Valfrancesque, continuant nos chevauchées, où serions arrivés environ l'heure de vespres, où estant, nous serions enquis avec les officiers et consuls dudit lieu syls avoyent bezoing de nous pour le faict de la justice, ou sy quelqung les troublent, ou s'ilz avoyent prisonniers ou procédures que feussent de nostre gibier, offrant leur faire et parfaire leur procès suyvant les édictz du Roy, lesquels nous auroyent [dit] n'avoir en rien bezoin de nous, et moingz qu'ilz n'ont aucungz prisonniers, ny procédures de nostre gibier ny autres, et se sont soubsignés avec nousdit prévost et à mesme instant nous serions retirés en nostre maison.

Du unziesme jour du mois de mars, an susdit, nous Anthoine de Rodier, lieutenant de prévost susdit, estant advertis que le tretziesme jour dudit moys de mars se debvoit tenir une foire en la ville de Maruejolz, serions despartis de nostredite maison et venus coucher en la ville de Mende, où nous aurions séjournés tout le lendemain doutziesme, et prins résolution avec ledit sieur Armand prévost, d'aller audit Maruejols, le lendemain tretziesme, pour se prendre garde que aucung ne fust vollé en ladite foire dudit Maruejolz,ny par les chemins, ce que auroit esté entre nous arresté et conclud; et de faict, ledit jour tretziesme serions despartis dudit Mende avec ledit sieur Armand, Delpuech et nous archiers, et nous en serions allez audit Maruejolz,et arrivés environ neuf heures de matin, et aprés avoir disné sommes passés et repassés pour ladite foire pour veoir de prendre quelques delinquants, contre lesquels nous aurions décrez de prinse de corps, penceant les y treuver; et ny treuvant aulcung, nous serions presentés aux officiers et consuls de ladite ville, lesquelz aurions requis nous vouloir employer dès que sera bezoing en ce que sera de nous charges pour le maintien de la justice, et que s'ilz ont aulcungz prisonniers en leurs prisons, les nous bailher afin d'en faire justice prompte, et en deffaut de prisonniers, s'ilz ont aulcuns procédures, desquelles nous puissions prendre cognoissance, les nous bailher afin de faire les captures nécessaires et qu'il sera ordonné par nous superieurs. Lesquelz sieurs officiers et consuls nous ont dit et déclairé n'avoir à present bezoing ny affaire de nous, pour n'avoir aulcungz prisonniers dans leurs prisons, ny aulcunes procedures desquelles nous puissions prendre aulcune cognoissance, nous exortant au surplus de vaquer fidellement au deub de nostre charge, suyvant les éditz et ordonnances du Roy et déliberation prinse par le pays de Gevaudan, nous offrant en tant que bezoin seroit mainforte. Quoy entendu, après estre derechef passés par ladite foire, n'ayant receu aulcune plainte, sommes partis dudit Maruejolz et retournés audit Mende, d'où le lendemain serions despartis et allés en notre maison audit Barre.

Et aprés estre arrivés audit Barre, aurions heu advis que audit Sainct Estienne de Valfrancesque, se debvoit tenir une foire le [1] jour dudit mois, et que estoit très nécessaire de nous y transporter pour la conservation de la justice, ce que nous aurions faict, acompagné de nousdits archiers, où estans arrivés le susdit jour, aurions faict plusieurs passaiges et diligences pour veoir d'atrapper certains complices de feu Ysac Corrigier, estant advertis qu'ils se debvoient tenir à ladite foire ; mais ne pouvant

1 Le quantième a été omis dans le manuscrit.

veoir aulcungz, serions allez coucher au lieu de Saint Germain où nous serions arrivés environ une heure de nuit; et le lendemain, nous serions informés avec les officiers et consuls dudit lieu s'ilz auroient aulcungz prisonniers ny procedures, ou s'ilz auroient besoing de nous pour le faict de nostre, charge lesquels nous auroyent respondu que pour le present il ny avoit lieu, bien qu'il y avoit deux ou troys qui ne cessent de desrober journellement, contre lesquelz il y a certains inquisitions et ung decret de prinse de corps, mais que à present n'est bezoing les aller [chercher] parce qu'ilz estoient alarmés, et qu'il nous donneroient advis du jour et lieu. Quoy veu par nousdit prévost, aurions rembours chemin, et retournés audit Barre, et congedié noudits greffier et archiers.

Et après, le vingt deuxiesme dudit mois, aurions heu mandement de monsieur le juge Du Mas de nous en aller à Nismes, pour accarir sept ou huit tesmoingz que restoyent à accarir ausdits Vielhuoux dit Roinezon, Jehan de Gauch et Jehan Barres, prisonniers de nostre auctorité ; ce que à mesmes instant serions montés à cheval, avec ung de nous archiers et partie desdits tesmoings et, sommes allez à la ville de Nismes où estant, aurions proucédé à ladite accaration en jugement diffinitif du proces desdits prisonniers, par lequel est porté que lesdits Vielhuoux et Barres seroyent pendus et estranglés, ce que auroit esté faict de nostre autorité, apert de ladite sentence estant devers nousdit prevost, en quoy faisant aller et venu, aurions séjourné dix sept jours.

Et apres estres arrivés dudit Nismes, aurions séjourné audit Barre deux jours seulement, et incontinent, serions montés à cheval avec nosdits greffier et archiers, et serions allés audit Mende où aurions apporté la sentence donnée contre lesdits Roinezon et Gauch, où estant, aurions esté advertis que le vingt septiesme jour du mois d'avril an susdit six cens ung, avoit foire en la ville de Saulges, sommes partis dud. Mende le vingt sixiesme jour dudit mois et allez coucher à Saint Auban et d'illec lendemain audit Salgues, où nous sommes arrivés envyron neuf heures du matin, acisté comme dessus, où estant serions allés trouver Me Jacques Langlade, juge dudit Salges, et M. Me Pierre Labeyrié, procureur, les aurions requis nous vouloir employer en ce qu'ilz cognoistront estre nécessaire pour le deu de nostre charge, affin que la justice puisse estre administrée et que la commerce soit livré à l'advenir comme de present. Lesquels sieurs ont dit n'avoir affaire de nous ny de nous archiers pour le present, pour n'avoir prisonniers ny procédures qui soit de nostre gibier, ny autres ; mais nous ont requis faire plusieurs chevauchées, tant en ladite ville que autres dudit païs, pour faire que les pauvres marchans ne soient vollés et destroussez ; et après avoir passé et repassé par la foire dudit Salgues, nous sombmes partis de ladite ville et allez coucher à Saint-Chély, où nous serions arrivés environ une heure de nuit, où estant aurions le lendemain vingt huictiesme fait mesmes requisitions que dessus auxdits officiers et consuls dudit Saint-Chély. Lesquels nous auroyent faict mesmes responce que lesdits sieurs de Langlade. Quoy veu, nous serions allez disner et après aurions rembourcé chemin, et passant par Serveyrette n'aurions aussi receu aulcune plaincte ny treuvé aulcung malfecteur, que auroit esté cause que serions venus coucher en la ville de Maruejolz et d'illec nous serions retournés à nostre maison audit Barre.

L'an susdit et le troisiesme jour du mois de may, environ la point du jour, schaichant nousdit prévost que avoit foire au lieu de Saint-Germain, serions despartis de nostre maison accompagnés dudit Me Delpuech nostre greffier, Jacques Dugua et Jehan Badaroux nous archiers, où serions arrivés environ les dix heures de matin, et à mesmes instans que la foire estoit guarnie, et serions par icelle passés par plusieurs, penceans treuver quelques ungs des complices de feu Jehan Roinejon et Jehan de Gauch pour les constituer prisonniers, ce que n'auroyent peu faire pour ne les treuver en ladite foire, et veu que ne pouvions treuver aulcung, ny ne y avoit aulcung plaignant, serions allés treuver les officiers et consuls dudit lieu pour scavoir encore s'ilz avoit affaire à nous emploier en quelque choze pour le deu de nostre charge, lesquelz nous auroit dit qu'il n'estoit bezoing de nous retarder pour aulcune chose pour nostre charge. Quoy entendu, après estre encores repassés par ladite foire, serions montés à cheval et serions retournés audit Barre et sans avoir receu aulcune inquisition.

Et schaichant que le sixiesme jour dudit mois de may auroit une autre foire audit lieu de Barre, aurions séjourné audit lieu sans nous acheminer en autre lieu; et venant audit jour sixiesme, la foire estant guarnye audit Barre, aurions suyvi icelle par six ou sept fois pour nous prendre garde des certains coppe bources que nous avions entendu y avoir, pour veoir de les tenir en faulte et bien faire punir par la voye de justice; mais personne n'auroit esté desrobé ny vollé, que auroit esté cause que n'aurions receu aulcune plainte ny faict aulcune inquisition, comme apert par nostredit procès verbal.

Le unziesme jour du mois de juing an dit, nousdit prévost schaichant que le doutziesme jour dudit moys et mardy de Pantecoste se tenoit une foire au lieu du Bleymar, et à ces fins, serions despartis dudit Barre et allez coucher au Pont de Montvert, acompagné de nosdits greffier et archiers, et partis dudit lieu du Pont de Montvert le lendemain au point du jour, et arrivés audit lieu du Bleymar envyron les huict heures de matin et au lotgis de Balezac Fabre hoste dudit lieu, où estant, aurions perquisitionné de treuver certains volleurs complices de feuz Jehan Roincjon et Jehan Gauch, tant dudit villaige que autres circonvoisins, et les y peuvant treuver, aurions faict plusieurs tours en la dite foire, et n'ayant treuvé personne qui se soit plainct, envyron heure de vespres, après que le peuple de ladite foire se feust retiré, nousdit prévost, avec Me Estienne Armand autre prévost, nous sommes retirés et allez coucher au lieu de Baniolz, et le lendemain tretziesme dudit mois, à Mende, où nous aurions séjourné troys jours pour les affaires du païs, et après serions retournés en nostre maison.

Le vingt cinquiesme jour du mois de juing, nousdit prévost scaichant ledit jour avoir une foire à l'hospital de Gap François en Lozère, nous serions despartis dudit Barre pour y aller acompagnés de nousdits greffier et archiers, où estant, aurions rencontré ledit Estienne Armand autre prévost audit païs, et tous deux ensemble aurions demeuré tout ledit jour jusques envyron l'heure de vespres, et ledit sieur Armand nous auroit demandé de lui voulhoir bailher ledit Delpuech nostredit greffier et nous archiers pour aller faire capture de certains volleurs qui frequentoyent ordinairement au bois de Mercoire, Chateauneuf et autres lieux, ce que nous luy aurions accordé, et veu que nous estions seul, nous aurions rembourcé chemin et retourné à nostre maison, auquel voiage lesdits Delpuech et archiers auroyent demeuré envyron neuf jours à constitué prisonniers Jehan Martin dit lou Manchon de la ville de Langoigne, et icelui conduit en la ville de Mende et prisons d'icelle, comme apert par le verbal dressé tant par ledit sieur Armand que Delpuech nostre greffier,

Le ...[1] jour du mois de septembre, nousdit prévost scaichant que à la ville de Maruejolz se debvoit tenir une autre foire, y serions allez pour continuer nos chevauchées et en icelles nous employer pour la conservation et entretien de la justice, faict requisition ausdits officiers et consuls qui nous auroyent offert tout secours et main forte sy bezoin, disant n'avoir quant à eulx bezoing de nous. Quoy veu, ce que ne y pouvions rien faire, nous serions retirés pour nous treuver aussy audit Barre à raison d'une foire qui se y debvoit tenir [1] jour dudit mois ; ledit jour venu, nousdit prevost aurions fait plusieurs tours par ladite foire, durant ledit jour, pour entretenir le commerce livré où n'aurions receu aulcune plainte.

Et après, durant le penultiesme jour du mois d'octobre, nous aurions entendu que le segond jour du moys de novembre sa debdoit tenir la foire de Toussaintz en la ville de Mende, qui auroit esté cause que nousdit prévost serions montés à cheval avec nousdits greffier et archiers, et serions arrivés audit Mende le premier jour dudit mois d'octobre, envyron les cinq heures du soir où estant aurions esté advertis par monsieur le juge Dumas que, ausdites prisons de ladite ville de Mende, auroit ung prisonsier qu'estoit condempné par sentence du bailliage a estre fustigé, ce que falloit que ce fit le jour de ladite foire, comme estoit porté par ladite sentence, et que à ces fins falloit faire venir l'exécuteur, et que au mesmes instant aurions fait monter à cheval Jehan Badaroux, ung de nous archiers, pour aller cercher ledit exé-

1 Voyez ci-dessus, p. 175, note 1.

cuteur, et seroit arrivé en ladite ville de Mende le sabmedy de matin. et envyron heure de midy ladite sentence auroit esté mise à exécution, de point en point, selon sa teneur, en presence de plusieurs personnes, comme apert de ladite exécution estant devers le greffier dudit bailliage.

Extrait de l'original des susdites verbales, faictes par nousdit prévost soubsigné et demeurant à nostre pouvoir, en foy de tesmoignage de tout ce dessus ay signé le présent extrait duement collationné.

RODIER, prévost.

III

1607. 10 février.

Extrait des Registres des procès-verbaux des délibérations et conclusions prises par les commis et députés des Etats particuliers du Gévaudan.

Archives de la Lozère, C 877, fol. 174.

L'an mil six cens sept et le sabmedy dixiesme jour de febvrier après midy, en la ville de Mende et bassecourt de la maison épiscopalle, et pardevant monseigneur de Mende, comte de Gévaudan, conseiller du Roy en son Conseil d'estat et président aux Estatz dudit païs, assisté de messieurs les commis et deputez d'icelluy, ensemble de monsieur de Roussin procureur du Roy au siège du bailliaige de Gévaudan, auroit comparu le sieur Armand lieutenant audit païs de monsieur le prévost général de Languedoc, lequel auroit presenté devant lesdits sieurs, par forme de monstre et reveue, six hommes à cheval en équipage et habillement d'archiers, assavoir, Gabriel Claret, Nicolas Malafosse, habitans de ladite ville de Mende, Jean Richard, d'Arlande en Viverez, Jean Badaroux, du lieu de Montbrun, Pierre Cortin, du lieu d'Alteyrac au diocèse de Mende, et Maurice Poujol, du lieu de Bergoniou audit diocèse, lesquelz après avoir esté veuz et visitez par forme de monstre et reveue et trouvez en bon et suffizant equipaige et habillement requis pour faire service au Roy et audit païs, ont faict et presté, avec ledit sieur Armand, le sérement en tel cas requis et accoustumé ès mains de monseigneur de Mende, assavoir, ledit sieur Armand, de bien et fidellement servir le Roy et le païs en l'exercice de sa charge, sans acception de personne, faire ses chevaulchées ordinaires par tout ledit païs, pour tenir les subjectz de Sa Majesté, habitans d'icelluy, en paix et sûreté, se saisir et faire punition des vagabonds et autres personnes malvivans qui tiennent les champs et autres qui sont de sa jurisdiction, et en tout se conformer aux édictz et ordonnances du Roy, arrestz de la Cour de Parlement et réglemens du faict de la justice, comme aussi aux délibérations des Etatz généraulz de Languedoc et particuliers dudit diocèse touchant l'exercice de sadite charge, suivant le sérement par luy presté lors de sa réception ausdits Estatz particuliers, et soubz les charges et conditions y contenues; et de mesmes, lesdits archers ont presté sérement de servir fidellement Sa Majesté et ledit païs, suivre ledit sieur Armand et luy obéir en ce qu'il leur ordonnera concernant l'exercice de sa charge; ensemble à messieurs les officiers de la justice et dudit païs, sans user d'aulcune exaction ny concussion sur le peuple. Veu ladite monstre, attandu ledit sèrement, a esté par lesdits sieurs arresté que ledit sieur Armand, ensemble lesdits archers, seroint païez de leurs gaiges et entretenement, et a ceste fin leur seroient expédiés les mandemens pour ce requis sur le receveur dudit diocèse pour le quartier courant en la forme ordinaire, ensemble a Me Jehan Delpuech, aultre archer de ladite prévosté, lequel ne s'estant peu trouver à ladite monstre et reveue pour estre occupé près le sieur Rodier aussy lieutenant dudit sieur prévost au quartier des Cévennes, et demeure excusé et dispensé jusques au second quartier. Et d'aultant que ledit sieur Armand a remonstré que, suivant l'intention desdits sieurs et affin qu'il eust moyen de mieulx vacquer au faict de sa charge et donner plus de craincte aux meschans, il auroit prins extraordinairement un archer de creue et augmentation, attandu que des six archers ordinaires il y en a deux destinez pour suivre ledit sieur Rodier lieutenant au quartier des Cévennes, et que le nombre de quatre restant n'estoit suffizant pour l'assister et fortifier, veu la grande estandue du païs où il doibt faire ses chevauchées, requérant pour les susdites raisons, et qu'il auroit depuis les derniers Estatz tenu ledit archer de creue, qui est le susdit Maurice Poujol qui a presté le sérement avec les autres, a toujours servy et sert actuellement, qu'il pleust ausdits sieurs pourvoir a son entretenement sur telle nature de deniers qu'il leur plaira adviser, attandu que l'on auroit obmis par mesgarde de le coucher sur l'assiette dernière ; a esté conclud qu'il sera expédié mandement audit receveur pour le payement du quartier dudit Pojol sur toute nature de deniers de l'assiette revenans bons audit diocèse.

[*Signé*] Adam, évêque de Mende. — Ch. Rousseau, vicaire. — De Calvisson. — Laurent, consul de Maruéjols. — Bardon, consul de Mende.

J'ai receu deux extraictz du présent acte et proumetz satisfaire au contenu d'icellui en ce que me regarde, ce seiziesme février 1607.

[*Signé*] Armand.

IV

1789. 25 février.

Lettre adressée à l'Intendant de Languedoc par le subdélégué de Barre.

Archives de l'Hérault, C 699.

Monseigneur,

En réponse à la lettre que vous m'avès [fait] l'honneur de m'écrire au sujet de l'augmentation ou changement des brigades de la maréchaussée, j'ay celui de vous informer qu'il n'y a dans le département qu'une seule brigade de rezidance à Florac, sur la grande route, éloignée de celle de Mende de cinq lieues, et de celle de St Jean de Gardonenque, même route, de sept; le chemin est beau de l'un à l'autre mais le païs très froid. Leur service est plus difficile dans la traverse, étant obligés d'aller au pont de Montvert, chemin très difficile et mauvais païs, Meyrueis éloigné de Florac de quatre lieues, aussi mauvais païs ; elles parcourent suivant leur district, les communautés de ce département, tant celle de Florac, que celle de St-Jean, celle d'Alais pour la plus petite partie. Il parait que la brigade de Florac ne peut être placée plus avantageusement. S'il y avoit lieu d'une augmentation, Barre seroit le seul endroit de ce département où on en pourroit placer une autre qui veilleroit à la sûreté des communautés de Cevennes et seroit chargée du service du Pont de Montvert et de la Montagne de Lozère. Cette nouvelle brigade ne seroit éloignée que de deux lieues de celle de Florac et pourroit correspondre avec celles de la Grande Route. Barre mérite la préférence par sa position, le grand nombre de foires et marchés.

J'ay l'honneur d'être avec respect, Monseigneur, votre très humble obéissant serviteur.

[*Signé*] Campredon.

Barre le 25 février 1789.

V

1789. 18 février.

Mémoire en réponse à la lettre de M^r^ l'Intendant du 9 février 1789, au sujet d'un nouvel établissement de brigades de maréchaussée (Subdélégation de Mende).

Archives de l'Hérault, C 699.

Il y a longtems que le Gévaudan voit l'impuissance où sont les brigades existantes de procurer la sûreté, et de faire le service nécessaire pour le bien du païs.

Il n'y a que quatre brigades dans tout le Gévaudan, dont une à Florac dans la subdélégation de Barres, et trois dans celle de

Mende, sçavoir une à Mende, une à Maruéjols, et la troisième à Langogne.

La résidence de ces quatre brigades me paroit très bien placée ; Mende est placé au centre du diocèze, la ville de Langogne au nord-est, en est éloigné d'environ sept bonnes heures de marche, celle de Maruejols à l'ouest, de quatre heures de marche, et enfin celle de Florac au sud-sud-est, de près de sept heures de marche ; d'un autre côté, la brigade de Villefort, dans le diocèze d'Uzès, au sud-est de Mende, en est éloignée d'environ huit heures de marche ; ainsi ces diverses brigades peuvent aisément dans la journée correspondre avec celle de Mende à laquelle l'officier est attaché.

Mais si l'on jette les yeux sur la carte du Gévaudan, l'on verra qu'elles ne peuvent être à portée de prêter mainforte dans ce vaste païs, et qu'il y a des arrondissemens immenses qui, à cet égard, sont sans appuy et sans ressource. En effet toute la partie septentrionale s'en voit privée. Quelle étendue n'y a-t-il pas de Langogne à Saugues, de Saugues au Malzieu, à St-Chély et de ce dernier lieu à Maruejols ? Quel vaste contour présente cette vaste partie septentrionnale ; il faudroit que les brigades de Mende et de Maruejols fussent continuellement hors de leur résidence ; il y en avoit autrefois été placé une au Malzieu ; elle y commit quelques excès, et les plaintes qu'on en porta la firent transférer il y a cinq ou six ans à Crapone, à la sollicitation de Mr le Duc de Polignac.

Il paroitroit bien essentiel qu'elle fut rétablie dans ces cantons, je penserois néantmoins qu'elle devroit être placée à St-Chély-d'Apcher, tant parce que cette petite ville a un marché considérable toutes les semaines et est traversée par la grande route d'Auvergne et de Paris, que parce que cette position faciliteroit à cette brigade de correspondre aisément avec celle de Maruejols, distant d'environ six heures de marche, et que d'ailleurs elle en imposeroit au Bourg d'Aumont, à une lieue de St-Chély, lieu où il y a nombre de mauvais sujets que rien ne contient et qui se permettent tous les jours des meurtres qui demeurent impunis.

Cette brigade devroit être à cheval ainsi que celle qu'il paroitroit à propos de placer à Saugues ; cette dernière ville est éloignée de tout secours, la brigade la plus voisine est à Langogne distant de huit ou neuf heures de marche. Saugues d'ailleurs est le centre d'un vaste arrondissement sur la haute montagne de la Margeride. La brigade qui y seroit placée pourroit correspondre avec celle de Langogne et avec celle de St-Chély, et conjointement elles établiroient la sûreté dans les lieux intermédiaires et environnans.

Outre ces deux brigades à cheval, je croirois qu'il seroit essentiel d'en établir dans mon département trois à pied, sçavoir à Châteauneuf-de-Randon, au Bleimar, et à Ste-Enimie.

Châteauneuf est un lieu peu considérable par luy même, mais depuis le mois de may jusques en 9bre, il y a tous les mécredis un marché immense pour les bestiaux qui y attire une affluence extraordinaire de païsans et de marchands provençaux ou languedociens, il né s'y passe guère de marché où il n'y survienne des disputes, et où l'on ne se batte à outrance ; les gens du païs ainsy que ceux qui s'y rendent y font parade de leur férocité.

Une brigade à pied de résidence, secondée des cavaliers de celles de Langogne et de Mende qui s'y rendent le mécredi pour la correspondance, auquels même pourroit se joindre un cavalier de celle de Saugues dans les occasions pressantes, en imposeroient et préviendroient bien de malheurs et de meurtres.

Le même motif me fait désirer qu'il y en ait une au Bleimar ; ce lieu, le plus considérable de son arrondissement, a un marché considérable tous les mécredis, il est éloigné de Mende de quatre grosses heures de marche et à une distance un peu plus grande de Villefort, mais à la vérité à quelque distance à main gauche de la grande route de Mende à Villefort, une brigade qui y résideroit procureroit la sûreté sur cette route, et protégeroit nombre de communautés qui l'environnent, et qui à cet égard sont sans ressource ; elle pourroit d'ailleurs correspondre aisément avec les brigades de Mende, de Villefort, et même avec celle de Langogne.

Enfin une brigade à pied paroit nécessaire à Ste-Enemie. Cette petite ville est le principal lieu de la surface immense que présente la partie sud-ouest de la subdélégation de Mende, qui n'a aucune ressource pour avoir main forte dans l'occasion ou pour contenir les malfaiteurs ; elle est située dans un païs escarpé, difficile, où les communications ne sont que de misérables sentiers, où il semble qu'à peine les chèvres peuvent grimper ; il n'y a donc qu'une brigade à pied qu'y puisse y être utile ; elle pourroit correspondre avec celle de Maruejols qui en est éloignée d'environ sept heures de marche, avec celle de Mende éloignée d'environ cinq heures, et avec celle de Florac, qui n'en doit être éloignée que d'environ cinq heures, mais qui en est séparé par des gorges et des précipices très difficiles à franchir, et impraticables pendant l'hiver.

Pour résumer, je croirois qu'en laissant subsister les brigades actuelles, le bien du Gévaudan exigeroit qu'il en fût établi cinq nouvelles, sçavoir deux à cheval placées à St-Chély-d'Apcher et à Saugues, et trois à pied, sçavoir à Chateauneuf-de-Randon, au Bleimar et à Ste-Enimie.

A Mende le 18 février 1789.

[*Signé*] Blanquet, subd.

VI

1789

Extraits d'un memoire en forme d'état, de l'Intendant de Languedoc, pour faire connoître le nombre des brigades de Maréchaussées établies en Languedoc et les lieux où il paroit nécessaire d'en établir.

Archives de l'Hérault, C 699.

Diocèse d'Alais

Meyrueis (une brigade à pied demandée). Cet établissement ne seroit pas moins utile, 1° cette ville est située sur le penchant de la montagne de l'Espéron et près celle de l'Aigoual qui sont l'asile de beaucoup de malfaiteurs qui vont s'y réfugier, 2° lors de la récolte des chataignes 4 ou 500 travailleurs étrangers y commettent toutes sortes de désordres et de brigandages, 3° cette ville est éloignée de 4 grosses lieues de Florac où il y a une brigade et de 7 de St-Jean de Gardonenque où il y en a une autre, par cet éloignement elles ne lui sont presque d'aucune utilité.

Diocèse d'Uzès

Villefort (une brigade à cheval existante). Cette brigade fait le service en Vivarais et ensuite elle s'étend jusqu'aux Vans, diocèse d'Uzès, elle est également bien placée.

Nota. — Le mémoire reproduit, pour le diocèse de Mende, les propositions des subdélégués de Mende et de Barre.

BIBLIOGRAPHIE

I

AFFRE (H.). — *Coup d'œil historique sur l'ancienne baronnie de Peyre.* Rodez (De Broca), 1871, 1 vol. in-8°.

Almanach historique et chronologique de Languedoc et du ressort du Parlement de Toulouse. Toulouse (Crozat), 1752, 1 vol. in-8.

Annuaire du département de la Lozère, année 1891. Mende (Ignon), 1 vol. in-8°.

BAUCLAS (G.-H. de). — *Dictionnaire universel, historique, chronologique, géographique et de jurisprudence civile, criminelle et de police des maréchaussées de France.* Paris, 1748-1750, 2 vol. in-4°.

BOISLISLE (A. de). — *Correspondance des contrôleurs généraux des finances avec les intendants des provinces.* Paris (Impr. nat.), 1874, 3 vol. in-4°.

BORNIER (Philippe). — *Conférence des nouvelles ordonnances de Louis XIV, roi de France et de Navarre, avec celles des rois prédécesseurs de Sa Majesté, le droit civil et les arrests.* Paris, 1703, 2 vol. in-4°.

BRILLON (Pierre-Jacques). — *Dictionnaire des arrêts, ou jurisprucence universelle des Parlemens de France et autres tribunaux.* Paris, 1727, 6 vol. in-fol..

BRIQUET (De). — *Code militaire, ou compilation des ordonnances des rois de France concernant les gens de guerre.* Paris (Gandouin), 1741, 5 vol. in-12.

Bulletin de la Société d'agriculture, industrie, sciences et arts du département de la Lozère. Mende (Privat), in-8°.

Année 1875.

Documents antérieurs à 1790, années 1886, 1887, 1888, 1889, 1891, 1892, 1893 à 1895.

Chroniques et mélanges, année 1901.

Archives gévaudanaises, année 1906.

Burdin (Gustave de). — *Documents historiques sur la province de Gévaudan.* Toulouse, (Laurent) 1846, 2 vol. in-8°.

Catalogue des actes de François Ier (Collection des ordonnances des rois de France publiée par l'Académie des sciences morales et politiques). Paris (Impr. Nat.), 1887 et svt., 9 vol. in-4°.

Chalard (Joachim du). — *Sommaire exposition des ordonnances du roy Charles IX sur les plaintes des trois estats de son royaume, tenuz à Orléans l'an MCLX.* Paris (Brayer), 1568, 1 vol. in-12.

Chamberet (G. de). — *Précis historique sur la gendarmerie depuis les premiers temps de la monarchie jusqu'à nos jours.* Paris (Dumaine), 1861, 1 vol. in-12,

Chroniques du Languedoc, revue du Midi. Montpellier (Ricard), 1875-1779, 5 vol. in-8°.

Collection générale des loix, proclamations, instructions et autres actes du pouvoir exécutif, Paris (Impr. roy. ou nat.) 1792-an III, 18 tomes en 23 vol. in-4°.

Daniel (R.-P.). — *Histoire de la milice françoise et des changemens qui s'y sont faits depuis l'établissement de la monarchie dans les Gaules, jusqu'à la fin du règne de Louis le Grand.* Paris, 1721, 2 vol. in-4°.

Delattre (Colonel H.). — *Historique de la gendarmerie française,* Paris (Léautey), 1879, 1 vol. in-8°.

Délibérations de l'administration départementale de la Lozère et de son directoire. (Publiées par la Société d'agriculture, industrie, sciences et arts du département de la Lozère). Mende (Privat), 1882-1884, 4 vol. in-8°.

Devic (Dom Cl.) et Vaissette (Dom J.) — *Histoire générale de Languedoc, avec des notes et des pièces justificatives.* Toulouse (Privat), 1876-1893, 14 vol. in-4°.

Dictionnaire universel françois et latin, vulgairement appelé dictionnaire de Trévoux. Nouv. éd. Paris, 1732, 5 vol. in-fol.

Etats militaires de la France. Paris, 1759-1790, in-12.

Expilly (l'abbé). — *Dictionnaire géographique, historique et politique des Gaules et de la France*. Paris et Amsterdam, 1762-1764, 6 vol. in-fol.

Fontanon (Antoine). — *Les édicts et ordonnances des roys de France depuis S. Loys jusques à présent, avec les vérifications, modifications et déclarations sur icelles*. Paris, 1585, 2 vol. in-fol.

Guyot. — *Répertoire universel et raisonné de jurisprudence civile, criminelle, canonique et bénéficiale*. Paris, 1775-1786, 81 vol. in-8°.

Inventaire sommaire des Archives départementales antérieures à 1790, Haute-Garonne. Série B, t. I. II et III (Parlement de Toulouse), Toulouse (Privat), 3 vol. in-4°,

Inventaire sommaire des Archives départementales antérieures à 1790, Haute-Garonne, Série C, t. II (Procès-verbaux des Etats de Languedoc). Toulouse (Privat), 1 vol. in-4°.

Inventaire sommaire des Archives départementales antérieures à 1790, Lozère, Série C, Mende, (Privat), 1876, 1 vol. in-4°.

Inventaire sommaire des Archives communales antérieures à 1790, Ville de Mende. Mende (Privat), 1885, 1 vol. in-4°.

La Chesnay (Aubert de). — *Dictionnaire militaire, ou recueil alphabétique de tous les termes propres à la guerre, sur ce qui regarde la tactique, le génie, l'artillerie, la subsistance des troupes et la marine*. Paris, 1745, 3 vol. petit in-8°.

La Mare (De). — *Traité de la Police, où l'on trouvera l'histoire de son établissement, les fonctions et les prérogatives de ses magistrats, toutes les loix et tous les règlemens qui la concernent*. Paris (Brunet), 1717-1722, 4 vol. in-fol.

La Roque (Louis de). — *Armorial de la noblesse de Languedoc (Généralité de Montpellier)*. Montpellier (Seguin), 1860. 2 vol, in-8°.

Le Maitre (Lt-colonel). — *Historique de la Gendarmerie*. Orléans (Constant), 1880, 1 vol. in-12.

LÈQUES (L.). — *Histoire de la Gendarmerie.* Paris (Léautey), 1874, 1 vol. in-8°,

Loix municipales et économiques de Languedoc, ou recueil des ordonnances, édits, déclarations, lettres patentes, arrêts du Conseil, du Parlement de Toulouse et de la Cour des Aides de Montpellier, etc. Montpellier (Rigaud), 1780-1787, 7 vol. in-4°.

MORÉRI (Louis). — *Le grand dictionnaire historique, ou le mélange curieux de l'histoire sacrée et profane, etc.* Amsterdam, 1740, .8 vol, in-fol.

Nouveau commentaire sur l'ordonnance criminelle du mois d'avril [août] 1670, avec un abrégé de la justice criminelle. Paris (Debure), 1769, 2 vol. in-12.

OLLIER (le chanoine). — *Notice historique sur le Gévaudan.* Mende (Pauc), 1908. 1 vol. in-8°.

Ordonnance du roi concernant la maréchaussée, du 28 avril 1778. Lille (Peterinck-Cramé), s. d., 1 broch. in-4°.

PAPON (Jean). — *Recueil d'arrests notables des cours souveraines de France.* Genève (Crespin), 1622, 1 vol. in-4°.

PIGAGNOL DE LA FORCE. — *Nouvelle description de la France.* Paris, 1753, 13 vol. in-12.

PINSON DE LA MARTINIÈRE (Jean). — *La connestablie et maréchaussée de France, ou recueil de tous les édicts, déclarations et arrests sur le pouvoir et jurisdiction de messieurs les connestables et maréchaux de France et leurs lieutenans au siège de la table de marbre.* Paris (Robert), 1661, 1 vol. in-fol..

Procès-verbaux des délibérations des Etats du Gévaudan. (Publiés par la Société d'agriculture, industrie, sciences et arts du département de la Lozère). Mende (Privat), 1876-s881, 8 vol. in-8°.

Recueil chronologique des ordonnances, édits et arrêts de réglement cités dans les nouveaux commentaires sur les ordonnances d'avril 1667, août 1669, août 1670 et mars 1673. Paris (Debure), 1757, 3 vol. in-12.

GEVAUDAN OU DIOCESE DE MENDE

Dressé par l'auteur d'après la carte de Cassini et la carte d'Etat-Major.

(*Histoire de la Maréchaussée du Gévaudan*)

ROUCAUTE (Jean). — *Deux années de l'histoire du Gévaudan au temps de la Ligue (1588-1589).* (Extrait du *Bulletin de la Société d'agriculture, industrie, sciences et arts du département de la Lozère).* Mende (Privat), 1893, 1 vol. in-8°.

SAUGRAIN. — *La maréchaussée de France, ou recueil des ordonnances, édits, déclarations, lettres patentes, arrests, règlemens et autres pièces concernant la création, établissement, fonctions, rang, séances, prééminences, droits, prérogatives et privilèges de tous les officiers et archers des maréchaussées.* Paris (Saugrain), 1697-1717, 2 vol. in-4°.

SECOUSSE (et ses continuateurs). — *Ordonnances des roys de France de la troisième race recueillis par ordre chronologique.* Paris (Impr. royale), 1723-1847, 22 vol. in-fol.

TILLET (M.-J. du). — *Recueil des roys de France, leur couronne et maison. Ensemble le rang des grands de France,* etc. Paris (Houze), 1618, 1 vol.in-4°.

VALOIS (Noël). — *Inventaire des arrêts du Conseil d'Etat (Règne de Henri IV).* Paris (Impr. nat.), 1886-1893, 2 vol. in-4°.

II

SOURCES MANUSCRITES

Archives de la Lozère.

Série B, fonds du bailliage *(non inventorié).*

Série C, article 3 (copies collationnées et brouillons divers).

— article 14 (déclaration des revenus des biens nobles au diocèse de Mende).

— article 535 (extraits non certifiés des délibérations des Etats généraux de Languedoc).

— articles 536 à 617 (copies des délibérations des Etats généraux de Languedoc).

— articles 794 à 811 (délibérations des Etats du Gévaudan)

— articles 813 à 826 (verbaux des délibérations et conclusions prises par les commis et députés des Etats du Gévaudan).
— articles 844 à 866 (procès-verbaux des délibérations de l'assemblée d'assiette du diocèse de Mende).
— articles 875 à 941 (états de répartition des sommes imposées en Gévaudan sous diverses dénominations).
— articles 953 à 955 (copies des cahiers de doléances des Etats de Languedoc et de Gévaudan).
— articles 1320 à 1332 (état de diverses dépenses).
— articles 1333 à 1658 (comptes rendus aux Etats de Gévaudan).
— articles 1775 à 1777 (correspondance).
— articles 1794 à 1807 (guerres civiles et religieuses).
— article 1809 (maréchaussée).
— article 1836 (correspondance).

Série E, liasse 865.
— Fonds des minutes notariales *(non inventorié)*.

Série G, articles 625, 918 et 920.

Série H, article 338.

Archives de l'Ardèche.
Série C, liasse 293.

Archives de la Haute-Garonne.
Série C, liasses 2276, 2277, 2280, 2281.

Archives de l'Hérault.
Série C, liasses 697 à 700.

Archives communales de la ville de Lille.
Liasses 13597 et 14293.

Collection de M. Mathieu, président de la Société d'agriculture.., de la Lozère.

ERRATA

p. 3, n. 3,	*au lieu de* :	Delamare,	*lire* :	de La Mare.
p. 6, n. 2,	—	p. 83,	—	p. 85.
p. 8, l. 15,	—	la déclaration de 5 février.	—	la déclaration du 5 février.
p. 12, l. 5,	—	cettre troupe,	—	cette troupe.
— l. 12,	—	deniers vòtés,	—	deniers votés.
p. 13, l. 28,	—	chage de l'appel,	—	charge de l'appel.
p. 15, n. 3,	—	année 1556,	—	année 1555.
p. 16, l. 5,	—	autre priéce,	—	autre pièce.
p. 26, n. 1,	—	16 novembre 1570,	—	16 novembre 1578.
p. 28, l. 20,	—	sanscompagnie,	—	sans compagnie.
p. 37, l. 10,	—	eut,	—	eût.
p. 41, l. 18,	—	rengeant,	—	rangeant.
p. 50, l. 13,	—	élirent,	—	élurent.
p. 56, l. 10,	—	plus loin,	—	loin.
p. 57,	—	1re PARTIE,	—	2e PARTIE.
p. 69, l. 17,	—	certains inconnus,	—	certains imposteurs inconnus.
p. 74, l. 12,	—	ce derdier,	—	ce dernier.
p. 79, l. 23,	—	à cheval » Après,	—	à cheval. » Après.
— n. 4,	—	C 820, fol. 97,	—	C 820, fol 95.
p. 80, l. 25,	—	Gabriel de Pierresbesses,	—	Claude de Pierresbesses.
— n. 3,	—	f. 193,	—	f. 103.
p. 81. l. 1,	—	le 17 février 1732,	—	le 17 février 1632.
p. 91, n. 2,	—	C 833, fol. 407,	—	C 822, fol.107.
p. 95, l. 10,	—	les rençonnements,	—	les rançonnements.
p. 96, n. 1,	—	p. 328,	—	p. 528.
p. 111, n. 8,	—	fille de Mathieu de Levolle,	—	petite fille d'Antoine de Levolle.
p. 116, l. 13,	—	neuf excemps,	—	neuf exempts.
p. 118, n. 1,	—	C 852,	—	C 583.
p. 124, l. 30,	—	Marvjols,	—	Marvejols.
p. 120,	—	DE 1642 A 1696,	—	De 1720 A 1769.
p. 138, l. 1,	—	la compargnie,	—	la compagnie.
— n. 3,	—	avaat 1778,	—	avant 1778.
p. 140, l. 4.	—	Le syndict,	—	Le syndic.

TABLE DES MATIÈRES

Avertissement I
Chapitre I. — Introduction 1
Chapitre II. — De l'origine à 1606 (1re partie) 15
Chapitre III. — De l'origine à 1606 (2e partie) 37
Chapitre IV. — De 1606 à 1632 59
Chapitre V. — De 1632 à 1696 82
Chapitre VI. — De 1696 à 1720 104
Chapitre VII. — De 1720 à 1769 117
Chapitre VIII. — De 1789 à 1790 131
Appendice 149

Listes des prévôts généraux de Languedoc et des lieutenants de prévôt, chefs de brigade, archers, cavaliers et officiers de justice de la maréchaussée du Gévaudan 149
I. — Prévôts généraux de Languedoc. (Origine à 1790) 149
II. — Lieutenants du prévôt général, ou prévôts diocésains en Gévaudan. (Origine à 1720) 152
III. — Lieutenants du prévôt du Gévaudan (1696 à 1720) 156
IV. — Lieutenants au Puy (1720 à 1790) 157
V. — Sous-Lieutenants à Mende (1778 à 1790) 158
VI. — Archers. (Origine à 1720) 158
VII. — Chefs de brigade (1720 à 1790) 161
VIII. — Cavaliers (1720 à 1790) 163
IX. — Officiers de justice 168

Pièces justificatives 171

I. — « Procuration pour Mons. Gabriel de Pierresbesses, dict du Mazel » (11 septembre 1555) 171
II. — « Verbal des chevauchées et captures qui ont esté par nous Antoine de Rodier, lieutenant de prévost général de messieurs les mareschaux de France au païs de Gévaudan, la présente année mil six cens ung et sentences qui s'en ensuyvirent de nostre autorité » (1601) 172

III. — Extrait des registres des procès-verbaux des délibérations et conclusions prises par les commis et députés des Etats particuliers du Gévaudan (10 février 1607)............ 180
IV. — Lettre adressée à l'Intendant de Languedoc par le subdélégué de Barre (25 février 1789)........................ 182
V. — » Mémoire en réponse à la lettre de M. l'Intendant, du 9 février 1789, au sujet d'un nouvel établissement de brigades de maréchaussée « [Subdélégation de Mende](18 février 1789). 183
VI. — Extraits d'un « Mémoire en forme d'état, de l'Intendant de Languedoc, pour faire connoître le nombre des brigades de Maréchaussées établies en Languedoc et les lieux où il paroit nécessaire d'en établir » (1789)..................... 186
Bibliographie........................... 188
Errata.................................... 195
Table des matières........................ 197

Carte du Gévaudan ou diocèse de Mende.

www.ingramcontent.com/pod-product-compliance
Ingram Content Group UK Ltd.
Pitfield, Milton Keynes, MK11 3LW, UK
UKHW021053230726
13926UKWH00004B/1822